口絵1　野沢温泉（長野県野沢温泉村，2015年10月）
温泉街に隣接してスキー場が立地する老舗のスキーリゾートである。スキー場の標高差は1,085m〔1,650～565m〕に達する。今日，温泉街がもつさまざまな要素が外国人スキーヤーの人気を集めている。

口絵2　山形蔵王（山形県山形市，2015年2月）
蔵王温泉の温泉街に隣接してスキー場（標高差は880m〔1,660～780m〕）が立地する。スキー場の最上部，地蔵岳西斜面では，真冬になるとオオシラビソ（アオモリトドマツ）が樹氷に姿を変え，スキーヤーを楽しませてくれる。

口絵3　八方尾根（長野県白馬村，2014年2月）
白馬岳麓の農村集落である細野（現，八方）から唐松岳に至る八方尾根にスキー場が立地する。スキー場の標高差は1,071m〔1,831〜760m〕と大規模で，急斜面も多い。快晴時には，遠見尾根など北アルプスの雪景色が堪能できる。

口絵4　志賀高原（長野県山ノ内町，2017年1月）
志賀高原は，54のスキーリフトを有する日本最大のスキーリゾートである。写真奥中央の横手山（標高2,307m）が最高点で，そこから最北の奥志賀までの直線距離は13kmに達する。写真は焼額山ゲレンデから一の瀬地区に向かう斜面である。

口絵5　安比高原（岩手県八幡平市，2015年3月）
安比高原は，1981年，非居住地にホテルなどと併せて計画的に整備されたリゾートである。写真中央の前森山（標高1,304m）の北東斜面にスキーコースが広がる（標高差約800m）。雪質が良く，また整備された中斜度斜面を快適に滑降することができる。

口絵6　ニセコひらふ（北海道倶知安町，2012年1月）
グラン・ヒラフスキー場（標高差940m〔1,200〜260m〕）は，ニセコアンヌプリの東斜面に立地し，同山頂直下でほかのスキー場と連結している。写真のひらふ坂はリゾートタウンの中心で，大規模なアパートメントやホテルのほか，飲食店が集積している。

口絵7　人工降雪によるスキーコースづくり（オーバーグルグル Obergurgl，2011年12月）
アルプス地域の多くのスキー場では，毎年12月中旬の営業開始に向けて人工的に雪を降らせ，それを雪上車でならしてスキーコースがつくられている。写真はオーバーグルグルのリゾートタウン付近（標高約2,000m）である。

口絵8　人工降雪用の貯水池（マイヤーホーフェン Mayrhofen，2016年2月）
人工降雪機を稼働させるためには巨大な貯水池が必要である。スキー場内の比較的平坦な場所に貯水池が人工的に整備される。マイヤーホーフェンには人工降雪機が約300機あり，人工雪を降らせるために毎冬50万m^3の水が使用される。

口絵9　マイヤーホーフェンとトゥックスタール Tuxertal（2016年2月）
マイヤーホーフェンは，ツィラータール・アルプスの入り口に位置する。スキー場の標高差は630mであるが，面積は広く標高も高い〔2,500〜1,870m〕。写真はマイヤーホーフェンから南西にさかのぼるトゥックスタールで，最奥部には氷河スキー場がある。

口絵10　マイヤーホーフェン中心部（2016年2月）
マイヤーホーフェンは，ツィラータール鉄道の終点である。リゾートタウンの規模は比較的大きく，中心部には多くの飲食店や商店が集まる。スキーヤーは写真中央の駅舎からゴンドラリフトでスキー場へと向かう。シャトルバスも頻繁に走る。

口絵11　ホッホグルグルHochgurgl（2016年2月）
ホッホグルグルスキー場（標高差1,280m〔3,080～1,800m〕）は，最高点が3,000mを超え，南部のオーバーグルグルスキー場とゴンドラリフトで連結されている。標高2,154m地点には，7軒のホテルからなるホテル集落，ホッホグルグルがある。

口絵12　ゼルデンSölden中心部（2016年9月）
ゼルデンの中心部は，エッツタールアッヘ川に沿って走る国道沿いにある。尖塔をもつ教会は，国道から西にやや上った場所にあり，それに隣接して学校や図書館，郵便局がある。道路沿いには，さまざまな商業施設が並んでいる。

口絵13　インナーヴァルトInnerwald（ゼルデン，2014年2月）
インナーヴァルトは，ゼルデン中心部の南北方向の谷の西側山麓に位置する集落である。かつては小村であったが，スキー場への基点にもなることから宿泊施設などの建物が増えてきた。大規模なホテルになった施設も多い。

口絵14　レッテンバッハRettenbach氷河（ゼルデン，2014年2月）
レッテンバッハ氷河は，ゼルデンのリゾートタウンから南西方向にある。1975年，ここに氷河スキー場が完成した。当初は道路でしか到達できなかったが，1998年以降はスキーリフトを乗り継いで到達できるようになり，真冬の利用も可能となった。

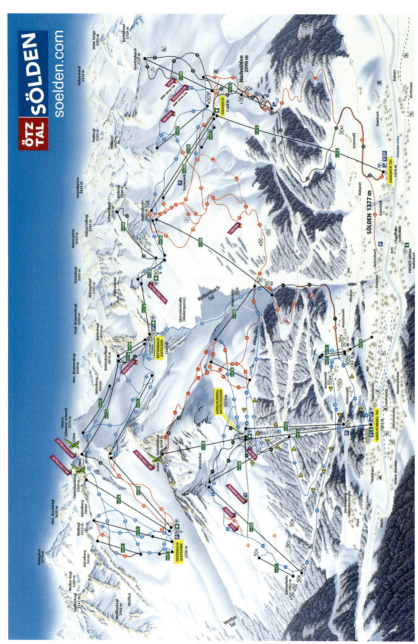

口絵15 ゼルデンのスキー場コース図（2016年）ゼルデンスキー場は、標高差約2,000m（3,340〜1,350m）に達する大規模スキー場である。スキーコースは、黒が上級、赤が中級、青が初級に区別されている。こうしたコース図はほとんどのスキー場で作成されており、スキーリフトの位置に加え、植生や地形のおおまかな様子がわかりやすく描かれている。

スキーリゾートの発展プロセス

日本とオーストリアの比較研究

呉羽正昭 著

二宮書店

Development Process of Ski Resorts
A Comparative Study of Japan and Austria

by Masaaki Kureha 2017
Ninomiya-Shoten Publishing Co.Ltd, Tokyo Japan

© Masaaki Kureha 2017

はじめに

　雪が降ると，雪かきをしなければならなかったり，道路が歩きにくかったり，さらに寒かったりと，われわれが暮らしていくうえで雪は不便をもたらしている側面がある。また山は，標高が高いために気温が低かったり，傾斜地が多かったりと，そこで暮らす人々の暮らしのみならず，産業立地にとっても大きな制約になってきた。

　しかし，これらの雪と山を一体化させることで産業を成立させ，また人々に楽しみをもたらしたものがスキーなのである。産業の近代化とともに，積雪農山村では一般に不利な条件が強調されていったが，スキーがもたらされたことによって，そこでの産業や暮らしは一変した。スキーリフト建設を伴ったスキー場ができると，周囲の農村や温泉地にスキーヤーが滞在するようになり，さらには新しい集落が立地する場合もみられるようになった。そうした地域では，スキーに関連する産業が重要な地位を占めるようになっており，スキーリゾートとして発展してきた。スキー場の圧雪されたゲレンデや新雪の斜面を滑り降りることが楽しいからこそ，毎冬スキーやスノーボードに熱をあげる人々が存在し，彼らの存在がスキーリゾートの持続的発展につながっていく。

　スキーリゾートは，世界地図上でみると北半球と南半球ともに温帯よりも極側に立地する。ところが，スキーという同じレクリエーションに基づいてスキーリゾートが成立するものの，たとえば，日本のスキーリゾートとヨーロッパアルプスのスキーリゾートとでは共通点もみられるが相違点もかなり多い。本書はこれらの共通点と相違点について，スキーリゾートの発展プロセスの分析を通じて明らかにする。また共通点と相違点をもたらす要因を，自然条件や文化的側面にみられる地域的な性格から考える。一方で，地球温暖化傾向がみられるなか，積雪の不安定さが頻繁に現れるようになってきており，雪をどのように確保するかといった点はスキーリゾートの展望にとっての重要な課題であり，これらも含めて検討する。

　本書の構成は次のようになっている。第Ⅰ部の序論は，スキーリゾートをめぐる理論的な検討（1章），スキーの歴史と世界のスキーリゾートの動向（2章），既往研究の検討（3章）からなる。

　第Ⅱ部は，日本におけるスキーリゾートの発展プロセスを分析する。まず4章では，全国スケールでスキーリゾートが時間的にどのように展開してきたのか，さらには

その地域的な特徴を示す。5章は，日本で2000年以降に顕著な現象となってきた，スキー場の閉鎖・休業についてその地域的な性格を分析する。6章は，日本のスキー観光停滞期においてスキーリゾートがどのように対応してきたのか，複数の具体的事例に基づいて説明する。

　第Ⅲ部は，オーストリア・アルプスにおけるスキーリゾートの発展プロセスを分析する。7章では，アルプス地域全体を取りあげて，そこでの（スキー）リゾートの発展プロセスの特徴を示す。それを受けて8章は，オーストリア・アルプスのスキーリゾートでみられる継続的な発展プロセスを分析する。9章では，オーストリア，チロル州のゼルデンにおけるスキーリゾートの発展プロセスを具体的に説明していく。最後の第Ⅳ部は結論となっている。

　なお，本書の基になった調査研究の一部は，次の研究助成を受けて実施したものである。2010～2012年度日本学術振興会科学研究費補助金基盤研究（C）「グローバル観光時代における日本のスキーリゾートの変容に関する研究」（課題番号：22520786，研究代表者：呉羽正昭），2015～2017年度日本学術振興会科学研究費補助金挑戦的萌芽研究「景観変化とイメージ創造に基づいたリゾート発展モデルの構築」（課題番号：15K12797，研究代表者：呉羽正昭），2015～2017年度日本学術振興会科学研究費補助金基盤研究（B）「日本におけるインバウンド・ツーリズムの発展に関する地理学的研究」（課題番号：15H03274，研究代表者：呉羽正昭）。

　周知の通り，日本ではスキー観光は低迷したままの状態が続いている。その一方で，オーストリアではさまざまな問題はあるものの，スキーリゾートはその発展傾向を維持させている。本書では，その違いの根源を，バカンスの取り方や過ごし方，スキー文化の差などで説明しようとした。もちろん，著者が気づいていない理由も多々あると思われる。こうした不十分な点については読者の方々にご指摘・ご批判いただき，スキーリゾートの研究を深化させていきたいと願っている。日本のスキーリゾートが，今後どのように進むべきなのかを考えるうえで，本書が何らかの参考になれば望外の喜びである。なお，本書の写真は注記のないかぎり全て筆者が撮影したものである。

2017年1月12日
レルヒによる日本初のスキー講習会開始日から106年後の日
呉羽　正昭

スキーリゾートの発展プロセス──日本とオーストリアの比較研究

目次

口絵 ·· *i〜viii*

はじめに ·· *3*

図表一覧 ·· *8*

I　序論　スキーリゾート研究の理論的枠組み

1　スキーリゾートをめぐる研究視角
　1）スキーがもつ地域的な意味 ·· *12*
　2）研究目的 ·· *14*
　3）研究方法 ·· *16*
　4）スキー場をめぐる諸事象の定義 ·· *17*

2　スキーの歴史とスキーリゾートの成立
　1）スキー技術の伝播とアルペン技術の確立 ·· *19*
　2）スキー場・スキーリゾートの成立 ·· *20*
　3）世界のスキー場とスキーリゾート ·· *22*

3　スキー観光に関する研究動向
　1）はじめに ·· *26*
　2）日本におけるスキー観光に関する展望研究 ···································· *26*
　3）日本のスキー場とスキーリゾートの立地・地域的展開に関する研究 ················ *27*
　4）日本の個別スキーリゾートに関する研究 ·· *29*
　5）日本におけるスキー観光行動およびスキー人口に関する研究 ···· *35*
　6）日本におけるスキーと自然環境に関する研究 ································ *37*
　7）アルプス地域における観光とスキーリゾートに関する研究
　　　　　　　　　　　　　　──オーストリアを中心に ···················· *38*
　8）まとめ ·· *41*

Ⅱ　日本におけるスキーリゾートの発展プロセス

4　日本におけるスキーリゾートの展開
 1）日本におけるスキーの移入 ································· 44
 2）第二次世界大戦前のスキー技術の伝播とスキー観光 ············· 45
 3）スキー観光復興期（1946～1955年） ························· 48
 4）スキー観光展開期（1955～1980年） ························· 48
 5）スキー観光発展期（1980～1993年） ························· 54
 6）スキー観光停滞期（1993年以降） ·························· 62
 7）まとめ ··· 65

5　日本におけるスキー場の閉鎖・休業
 1）はじめに ··· 66
 2）分析方法 ··· 67
 3）閉鎖・休業スキー場の地域的傾向 ·························· 68
 4）スキー場の閉鎖・休業に関する地域的要因 ·················· 74
 5）今後のスキー場をめぐる展望 ······························ 81
 6）まとめ ··· 86

6　日本のスキー観光停滞期におけるスキーリゾートの対応
 1）はじめに ··· 87
 2）長野県菅平高原 ··· 87
 3）群馬県片品村 ··· 91
 4）長野県乗鞍高原 ··· 95
 5）長野県黒姫高原 ··· 98
 6）北海道ニセコ地域 ······································· 101
 7）まとめ ··· 108

Ⅲ　オーストリアにおけるスキーリゾートの発展プロセス

7　アルプス地域におけるリゾート発展プロセス
 1）アルプス地域の概観 ····································· 112
 2）アルプス地域における観光とリゾートの発展プロセス ········· 115
 3）リゾート景観の地域的差異 ······························· 133
 4）まとめ ··· 137

8 オーストリア・アルプスにおけるスキーリゾートの発展特性
　1）スキーリゾートの分布 ･･････････････････････････････････ *138*
　2）冬季宿泊の全体的動向 ･･････････････････････････････････ *139*
　3）主要スキーリゾートの発展特性 ･･････････････････････････ *142*
　4）大規模スキーリゾートの継続的発展の諸要因 ･･････････････ *152*
　5）まとめ：オーストリア・アルプスにおける大規模スキーリゾートの諸課題 ･････ *159*

9 ゼルデンにおけるスキーリゾートの発展プロセス
　1）ゼルデンの概要 ･･････････････････････････････････････ *160*
　2）観光開始期（1940年半ばまで）････････････････････････････ *162*
　3）冬季観光導入期（1948〜1966年）････････････････････････ *164*
　4）冬季観光成長期（1966〜1979年）････････････････････････ *171*
　5）第一次発展期（1980〜1997年）･･････････････････････････ *177*
　6）第二次発展期（1998年以降）･････････････････････････････ *185*
　7）リゾートタウン景観の変化 ･･････････････････････････････ *193*
　8）まとめ ･･ *199*

IV　結論
　1）日本とオーストリアにおけるスキーリゾートの発展プロセス ･････ *200*
　2）日本とオーストリアにおけるスキーリゾートの要素 ･････････ *202*
　3）日本とオーストリアにおけるスキー文化の差異 ･････････････ *203*
　4）日本とオーストリアにおけるスキーリゾートの展望 ･････････ *204*

　文　献 ･･･ *207*
　あとがき ･･･ *220*

図表一覧

図 2-1　世界のスキーリフト分布（2010年代前半頃） ····················· 23
図 4-1　日本における新規スキー場開発の推移（1950〜2014年） ··········· 49
図 4-2　日本におけるスキー場分布の変化（1960〜2000年） ··············· 50
図 4-3　日本におけるスキー人口の性別・年齢階級別変化（1981〜2011年） ·· 54
図 4-4　日本における国有林野利用スキー場の推移（1972〜2013年） ······· 55
図 4-5　日本における新設スキーリフト数の種類別推移（1974〜2004年） ··· 56
図 4-6　日本における索道輸送人員の推移（1963〜2014年） ··············· 56
図 4-7　日本におけるスキー場の垂直的分布（1990年） ··················· 60
図 4-8　日本におけるスキー人口の変化（1981〜2015年） ················· 62
図 5-1　日本におけるスキー場数の変遷（1950〜2012年） ················· 69
図 5-2　日本におけるスキー場の閉鎖・休業数の推移（1962〜2012年） ····· 69
図 5-3　日本における閉鎖・休業スキー場および営業スキー場の標高差と規模指数の関係 ···· 71
図 5-4　日本におけるスキー場の分布（2012年） ························· 73
図 5-5　日本におけるスキー人口の都道府県別変化（1991〜2011年） ······· 80
図 6-1　長野県菅平高原の概観（2016年） ······························· 88
図 6-2　長野県菅平高原における観光地利用者数の推移（1984〜2014年） ··· 89
図 6-3　群馬県片品村の概観（2016年） ································· 91
図 6-4　群馬県片品村における観光地利用者数の推移（1964〜2013年度） ··· 92
図 6-5　長野県乗鞍高原の概観（2016年） ······························· 94
図 6-6　長野県乗鞍高原における観光地利用者数の推移（1980〜2014年） ··· 96
図 6-7　長野県黒姫高原における観光地利用者数の推移（1984〜2014年） ··· 99
図 6-8　北海道ニセコひらふ地区の概観 ································ 103
図 6-9　北海道ニセコひらふ地区における建物利用（2012年） ············ 105
図 7-1　アルプス地域の概観 ·· 113
図 7-2　アルプス地域の地質概略 ······································ 114
図 7-3　オーストリアにおける主要スキーリゾートの分布（1930年代後半） 119
図 7-4　スイスにおけるホテル宿泊数の推移（1935〜2015年度） ·········· 120
図 7-5　オーストリアにおける宿泊数の推移（1950〜2015年度） ·········· 120
図 7-6　オーストリアにおけるスキー場を有する市町村分布（1956年頃） · 123
図 7-7　アルプスにおける氷河スキー場の開発 ·························· 124
図 7-8　オーストリアの宿泊施設における冬半期ベッド数の推移（1955〜2015年） ·· 125
図 7-9　スイスにおける人工降雪機による積雪面積割合の推移（1990〜2013年） ···· 129
図 7-10　オーストリア・アルプスにおけるアパートメントの間取り例（ザルツブルク州のAペンション） ·· 130
図 7-11　アルプス地域における居住人口とゲストベッド数（1980年頃） ·· 135
図 7-12　西アルプス地域におけるリゾート発展モデル ·················· 136
図 7-13　東アルプス地域におけるリゾート発展モデル ·················· 136
図 8-1　オーストリアにおけるスキー場の分布（1990年） ··············· 138
図 8-2　宿泊施設の種類別にみたオーストリアの主要スキーリゾートにおける冬半期宿泊数の変化（1997〜2013年） ·· 140
図 8-3　オーストリアにおける主要国からの冬半期宿泊数の変化（1998〜2013年） ·· 141
図 8-4　オーストリアの主要スキーリゾートの分布と冬半期宿泊数変化（1998〜2012年） ·· 143
図 8-5　2013年度冬半期宿泊数の順位からみたスキーリゾート ··········· 146
図 8-6　オーストリアの主要スキーリゾートにおける宿泊施設ベッド数（冬季）の変化（1998〜2012年） ·· 147
図 8-7　オーストリアの主要スキーリゾートにおける高級宿泊施設（4星+5星施設）の冬半期宿泊数変化（1998〜2012年） ·· 147
図 8-8　オーストリアの主要スキーリゾートにおける高級宿泊施設（4星+5星施設）の冬半期宿泊数（2012年） ·· 149
図 8-9　オーストリアの主要スキーリゾートにおける冬半期宿泊数の割合（2012年） ·· 150
図 8-10　オーストリアの地勢 ·· 152

図 8-11	ゼルファウス・フィス・ラーディスの広域スキー場(2015年)	154
図 9- 1	ゼルデンの位置	161
図 9- 2	ゲマインデ・ゼルデンの概要	161
図 9- 3	ゼルデンの空中写真(1947年)	161
図 9- 4	ゲマインデ・ゼルデンにおける人口と建物数の推移	162
図 9- 5	ゲマインデ・ゼルデンにおける宿泊数の推移	167
図 9- 6	ゲマインデ・ゼルデンにおける国籍別宿泊数割合の推移(〜2000年)	168
図 9- 7	ゼルデンにおける宿泊数の月別推移の変化	174
図 9- 8	ゲマインデ・ゼルデンにおけるベッド数の推移	175
図 9- 9	ゼルデンスキー場における施設の分布(1993年)	178
図 9-10	ゴンドラリフトの輸送人員の日別変動(1992年12月〜1993年4月)	181
図 9-11	ゼルデンにおける国別宿泊数の月別推移(1991/92年)	183
図 9-12	ゼルデンスキー場における施設の分布(2016年)	186
図 9-13	ゲマインデ・ゼルデンにおける国籍別宿泊数割合の推移(2000〜2015年度)	190
図 9-14	ゼルデンにおける建物分布(1963・1987年)	194
図 9-15	ゼルデンにおける建物分布(1987・2014年)	195
図 9-16	ゼルデンにおける観光関連サービス施設の分布(2014年)	195

表 1- 1	日本のスキー場の属性・指標	17
表 2- 1	ガイドブック等に掲載された世界のスキーリゾートの分布	24
表 2- 2	世界の主要スキーリゾートの概要	24
表 4- 1	日本における1955年当時のスキー場	49
表 4- 2	日本におけるスキー場数および規模指数の推移(1959〜1999年度)	51
表 4- 3	日本における索道数の推移(1958〜2015年)	51
表 5- 1	日本における閉鎖・休業スキー場の諸特徴(2012年度)および推移	70
表 5- 2	日本における閉鎖・休業スキー場の地域別特徴	71
表 5- 3	日本における温泉地立地の主要な閉鎖・休業スキー場	76
表 5- 4	日本における主要なスキー場集積地域における閉鎖・休業例	77
表 5- 5	コクド(旧国土計画)系の経営スキー場の現状(2012年)	79
表 5- 6	日本における主要なスキー場経営グループ(2014年)	83
表 6- 1	インバウンド・ツーリズムの目的地としてのスキー場評価(2016年)	102
表 7- 1	オーストリアにおける主要スキーリゾートの概要(1930年代後半)	119
表 7- 2	オーストリアにおける索道数の種類別推移	122
表 7- 3	オーストリアにおける氷河スキー場の開発	125
表 7- 4	アルプス地域における人工降雪面積(2010年前後)	133
表 8- 1	オーストリアにおける主要出発国からみた冬半期宿泊数の変化(1998・2013年)	141
表 8- 2	オーストリアにおける主要スキーリゾートの概要(2013年)	144
表 8- 3	オーストリアにおける主要出発国からみた宿泊数上位のゲマインデ(2013年)	151
表 9- 1	ゼルデンにおける宿泊施設(1920年)	163
表 9- 2	ゼルデンスキー場における索道の設置・更新	165
表 9- 3	ゼルデンスキー場における索道数の種類別推移	166
表 9- 4	ゼルデンにおける宿泊施設数およびベッド数の推移	169
表 9- 5	ゲマインデ・ゼルデンにおける産業人口の推移	169
表 9- 6	ゲマインデ・ゼルデンにおける農林業経営体数の推移	169
表 9- 7	ゲマインデ・ゼルデンにおける宿泊業従事者数(1963/64年)	170
表 9- 8	ゼルデンおよびホッホゼルデンにおけるサービス業施設数(1967年・1993年)	171
表 9- 9	ゲマインデ・ゼルデンにおける冬季労働力(1973/74年)	176
表 9-10	ゲマインデ・ゼルデンにおける滞在種類からみたゲマインデ外冬季労働力(1974年)	176
表 9-11	ゼルデンおよびホッホゼルデンにおける冬季観光客の参加活動割合	183
表 9-12	ゼルデンスキー場における人工降雪システム(2016年)	187
表 9-13	ゼルデンスキー場におけるスキーコースの概要(2016年)	188

I

序 論
スキーリゾート研究の
理論的枠組み

山形蔵王スキー場（2015年2月）

1 スキーリゾートをめぐる研究視角

1) スキーがもつ地域的な意味

　スキーは雪上でのレクリエーションであるが，スキーの存在はさまざまな地域的な意味をもたらしてきた。その意味について，本書の冒頭で，環境およびスポーツという枠組みとともに考えてみよう。

(1) スキーと環境

　スキーは，特定の自然環境を利用することによって成立するレクリエーションである。屋内スキー場を除けば，積雪のある山岳地形は，本書で主に扱うアルペンスキーにとって必須条件となる。一方，雪が積もる山地という自然環境は，一般に人びとが生活の拠点とする集落の成立から避けられてきたように思われる。文明の進化プロセスにおける栽培化・家畜化において，山地は不利な条件をもたらしてきた。とくに栽培化において，傾斜地や標高が高まることによる低温は，農作業や作物の生育にとっての悪条件であった。ただし，ヨーロッパ・アルプスなどにおいても山地は作物栽培に不利ではあったが，森林限界上部の自然草地であるアルプ Alp（またはアルム Alm）が，家畜の放牧地としての利用機会をもたらし，有利に作用した。

　産業革命以降，地球上では多くの人びとが都市に居住するようになった。人口増加の大部分は大都市で生じており，山地地域ではフランス・アルプスのように一般に人口減少が顕著であった。さらに，大都市の多くは海岸沿いの平地に立地し，山がちな地形を有する地域に大都市が成立する例は希である。

　ところで，スキーをする人びとの規模は，積雪のある山地に位置するスキー場の近隣地域よりも大都市で大きい。つまり，世界の，とりわけ温帯よりも高緯度の地域においてはほとんどの人びとが大都市に居住するため，彼らの一部がスキーを行うためには，日常生活圏を離れて，山地地域に一時的に移動しなければならない。例外的に，積雪のある山地地域にも人びとが暮らしており，彼らにとっては日常生活圏でスキーを楽しむことが可能である。しかし，そうした環境におかれた人びとの人口規模は，大都市に比べるとかなり小さい。つまり，ほとんどの場合，スキーを楽しむということは，人びとが日常生活圏を離れて一時的に移動・行動すること，すなわち観光の一形態ととらえることができる。さらに多く人びとにとって，スキー

の目的地である山地地域は，日常生活圏である都市とは異なった環境を持つために，そこに長期滞在する形態，すなわちバカンスの目的地にもなってきた。

　スキーを楽しむ場所と日常生活圏との距離が離れれば離れるほど，スキー場の近隣で宿泊する必要性が生じる。距離については，時間距離やその費用が大きな制約になってきた。それゆえに，スキー場の近隣には，宿泊施設が整備・集積されてきた。後述するように，スイス・アルプスを始めとする多くの例では，まずは気候療養や避暑といった別の目的で，宿泊施設が整備され，その集積が進んだ。ただし，日本の民宿地域にみられるように，スキー場が開発されたことを直接的な原因として，宿泊施設の集積が進む場合もある。これらの集積空間がリゾートタウンととらえられる。

　スキーを楽しむ空間は山地であり，19世紀末から20世紀前半にかけてのスキー技術確立期には，山でスキーをする，もしくは登山の手段としてスキーは利用されていた。しかし，スキーリフトが発明されると，各地でその設置が相次ぎ，森林伐採などを伴いながら，スキー場の整備が進んだ。スキー場内には多数のスキーリフトが設置され，さらには常に最新で快適な登行が可能となるような索道の更新が続いている。スキーヤーはリフト券を購入し，こうしたリフトを利用する。スキー場内の斜面は，スキーヤーが滑降しやすいように地形改変がなされたり，雪上車で圧雪されたりする。また，スキー場内には複数のレストランが立地し，スキーヤーに飲食や休息の機会を提供している。このようにスキー場は自然環境としても認識されるものの，人工的に改変された空間であり，さらには経済的に収益をもたらす経済空間でもある。

(2) スキーとスポーツ

　観光の原初形態は，宗教による巡礼や療養のための温泉滞在，もしくは教育のための視察周遊旅行などととらえられているが，これは洋の東西を問わず共通する点である。それに対して，スポーツと観光の関係は，歴史的にはそれほど緊密ではなかったように思われる。両者は今日では深い結びつきがあるが，この関係が生まれたのは最近100年ほどのことにすぎないと考えられる。そもそも，スポーツというとらえ方が最近の現象であるという見方もできる。

　周知の通り，スポーツには競技的性格とレクリエーション的性格との二つの側面がある。観光と強く結びつくのは，スポーツが有するレクリエーションとしての性格が重視される場合である。さらに，観光は日常生活圏を離れることが前提とされるため，日常生活圏では実施不可能なスポーツ種目が観光と結びつく場合が多い。多くの人口が居住する大都市には山地や海岸・湖岸といった環境はあまり多く存在

しないため，特定のレクリエーションを楽しむために，そうした環境を求めて，郊外やさらに遠隔の地域に人びとは出かけていく。一方，スポーツ競技人口は一般には少数である。とくにスキーの場合には，アルペンとノルディックを含めても競技人口の規模はそれほど大きくないため，観光産業にとってはスキーが有するレクリエーションの性格が強調されることになる。

多くのスポーツ種目では，それぞれ独自の用具が必要とされる。なかでもスキーは，スキー板(＋ビンディング)，ブーツ，ストック，服装(ウェア，手袋，ゴーグル，サングラス，帽子，ヘルメット)などのさまざまな用具を必要とする。それゆえに，用具をめぐる製造業が発達する。また，これらの用具を揃えるためには経済的制約がある。したがって，たとえば，スキーなどの用具レンタル業が経済的にも成立することにもなる。

2) 研究目的

観光現象を分析対象とする地理学が，観光地理学と認識される。観光地理学の研究では，温泉観光地(山村，1998)，民宿地域(石井，1992)，海岸観光地(淡野，1998)など観光目的地を対象としたものが多い。これらは，いずれもマスツーリズムの進展によって，それらの目的地がどのように形成されたのか，もしくは発展したのかを，目的地に内在する地域条件などと関連づけて解明したものである。同様の視点でスキー観光について追究した研究に白坂(1986)がある。彼は，スキー場に近接するとともに有機的につながりのある集落を「スキー集落」ととらえ，その起源により既存集落移行型と新集落発生型の類型があることを示し，それぞれの形成プロセスにみられる諸特徴を明らかにした。

本書はこうした伝統的な観光地理学の視点に基づき，スキーリゾートの発展プロセスを解明する。発展とは，ものごとがより進んだ段階に移っていくことを意味する。ところが，今日の日本のスキーリゾートでは停滞・衰退傾向がみられる。しかし，その停滞・衰退もリゾートが新しい段階に変化していくという観点では「発展」ととらえることができるため，本書では発展の用語を用いた。

スキーリゾートの発展プロセスについては，前述した白坂(1986)がスキー集落の成立に注目して，日本の1970年代までの傾向の大部分を明らかにした。それに対して，本書は日本の1980年代以降の新しい発展プロセスを解明する。また，ヨーロッパのアルプス地域全体の，さらにはオーストリア・アルプスにおけるスキーリゾートの発展プロセスもあわせて明らかにする。さらに日本とオーストリアを比較検討しつつ，スキーリゾートの発展プロセスにみられる，両国独自の性格を示すと

ともに，共通する一般性を示すことにする。もちろん，発展プロセスにかかわる要因を地域的な観点から指摘する。具体的には，スキーリゾートがさまざまなスケールに展開する地域とどのような関係を有しているのかを説明することになる。

　リゾートがどのように発展していくのか，そのプロセスを説明しようとしたモデルは複数ある（Pearce, 1995）。なかでも著名であるのは，バトラー（Butler, 1980）による観光地進化モデルであろう。このモデルは，製品のライフサイクル概念に基づいて，観光者数と時間との関係を示している。観光地は，時間の経過とともにその観光者数がS字カーブを描いて増加するように発展していき，その特徴を次の五つの段階に分けて説明した。最初の段階はその地域独特の自然や文化に魅せられた少数のツーリストが滞在する「探検」であり，第2段階「関与」では，観光者のための施設整備のように地域住民による観光業への本格的関与が始まる。さらに外部からの資本による施設整備や宣伝に基づいて観光者数が急増する第3段階「発展」を経て，第4段階「強化」では観光客の増加率は低下するものの観光業は地域経済の主体となる。しかし，目的地の許容限界圏に達すると来訪者数はピークとなり，第5段階「停滞」に入る。その後は，停滞のまま「安定」する場合，魅力が低下して「衰退」する場合，何らかの理由によって再び観光者数が増加し「回復」する場合が想定されている。

　バトラーモデルを含めて，これに類似するテュロのモデル，ゴームセンのモデルもいずれも（Pearce, 1995参照），いわゆるマス・ツーリズム卓越下で目的地としてのリゾートがどのように発展していくのかについて示している。しかし，マス・ツーリズムのみが強調された時代は過ぎ，オルタナティブ・ツーリズムが支配的になってきた現在，これらのモデルでは説明できない部分も多くなってきたと思われる。つまり，バトラーが示した第5段階である「停滞期」以後の動向も含めて，スキーリゾートはどのように発展してきたのかをとらえる必要がある。

　ここで，リゾートの定義について検討する。リゾートは非常に曖昧な概念であるが，一般にはバカンス，すなわち長期休暇の目的地ととらえられてきた。一方で，「東京ディズニーリゾート」などのような施設をさしたり，「いいづなリゾート」のようにスキー場名称にリゾートが付されている場合もある。リゾートはこうした複雑な用語ではあるが，本書では前者の意味で用いる。つまり，リゾートは目的地という場所をさすものとし，本書では「リゾート地」という表現は使用しない。

　本研究でいうスキーリゾートは，次のような構成となるものとしてとらえる。スキーリゾートは，スキー場とリゾートタウン（またはスキー集落）という要素からなる。スキーリゾートにゲストとしてのスキーヤーが訪問し，滞在期間中にスキーやそのほかの活動を楽しむ。リゾートタウンは，一般にはスキー場の最下部を中心と

した地区で，そこには宿泊施設や飲食店，スポーツ店，商店などの複数のサービス業が立地する．それゆえに，リゾートタウンは観光業の重要な拠点になり，また景観的にも特徴のある地域となる．さらにはスキーは冬季の活動であるために，それを支えるサービス業も季節経営という側面が強い特性をもつ．

ところで，日本でみられるような日帰りスキーヤーへのサービスに特化したスキー場にはリゾートタウンがなく，厳密には，これらはスキーリゾートとはいえない．つまり，スキー場があればスキーリゾートが成立するとは限らないのである．ただし，本書の分析では多くの分析はスキー場を対象としており，その場合にはスキーリゾートに関する分析とは異なる点に留意して記述することにする．

3) 研究方法

スキーリゾートの発展プロセスを解明するために，スキーリゾートの要素ごとにその時系列的な変化を分析する．そこで本研究では，スキーリゾートの要素であるスキー場，リゾートタウン，スキーヤーの三つについて，それぞれ時間的な変化とその地域的性格を分析していく．

スキー場については，後述するように索道の開発，標高，規模，利用者数などを指標にして分析を進めるとともに，発展傾向の地域的な特徴についても示していく．リゾートタウンでは，その中心的なサービス施設である宿泊施設や飲食施設について，規模，景観，分布の変化に注目して分析する．スキーヤーについては，スキー場利用者数，宿泊施設での宿泊数に基づいてその変化プロセスをみる．それとともに，スキー場やリゾートタウンにおける施設の立地やその変化を，スキーヤーの行動嗜好が反映されたものとして，行動パターンを考えていく．また，スキーを楽しむ文化といった枠組みでも考察を加えたい．この点では，スキーの歴史的な側面や，世界のスキー文化における位置づけといった側面に基づいて考えていく．スキー文化とは，スキーリゾートでの過ごし方，スキーヤーの行動特性などが反映されたものである．

地域のスケールという点では，まず，国もしくは複数の国にまたがる地域レベルで，スキーリゾートの要素ごとにその発展プロセスを分析する．また，とくに2000年前後以降の変化については詳細な分析を通じて，特徴を描き出す．さらには，典型的な地域を選び，個別のスキーリゾートの発展プロセスにみられる特徴を具体的に明らかにしていく．

上記の諸点について，本書では日本（第Ⅱ部）とアルプス地域（とくにオーストリア）（第Ⅲ部）のそれぞれで分析する．さらには，それらを比較・検討することによっ

表1-1 日本のスキー場の属性・指標

属性・指標	単位・特性	資料
定義	スキーに用いられる普通索道または特殊索道(鉄道事業法施行規則47条)を有する施設。	
位置	緯度、経度。	地形図、空中写真
標高と標高差	標高(可能な限り、最大規模時の最低地点標高、最高地点標高を参照)。	地形図
開設年	最初の普通索道または特殊索道が営業開始された年。	『鉄道要覧』(『私鉄要覧』『民鉄要覧』)
範囲	右記のスキー場ガイドブックの区分に従う。	昭文社編『'95スキーマップル(東日本編・西日本編)』1994
開発資本	市町村等、地元、都市、第3セクター、不明に分類(1990年時点での索道経営会社を指す。複数の会社で経営される場合には、最大規模指数の資本とする。1990年時点ですでに閉鎖されている例については遡り、1991年以降に開設されたものは開業時の会社とする)。地元資本は、スキー場の近接地区およびその周辺地区からの出資を中心とする民間資本を、都市資本はそれ以外の地域(地方中心都市や大都市)から進出した民間資本を指す。なお、いずれの資本に該当するかが「不明」である例も複数存在する。	綜合ユニコム編『スキーリゾート年鑑』1997 市町村史(誌)等
索道規模指数	人km/h:1時間当たりの輸送人員に斜長距離(km)を乗じ(各索道の1時間当たりの輸送人員は下記の数値を使用)、それをスキー場ごとに総和算出する。チェアリフト1人乗り:600、2人乗り:900、3人乗り:1800、4人乗り:2400、ゴンドラリフト4人乗り:1200、6人乗り:1800、8人乗り:2400、シュレップリフト:450	『鉄道要覧』(『私鉄要覧』『民鉄要覧』)

著者作成

て、スキーリゾートの発展プロセスにみられる諸相を解明する。日本とオーストリアを比べると、スキーの導入という点ではややオーストリアが早いものの、大きな違いはない。しかし、その後の発展プロセスには類似点もある一方で、相違点も多々ある。第二次世界大戦後のマス・ツーリズム時代には、両国ともに著しい発展傾向がみられた。2000年前後以降は、日本のスキーリゾートでは停滞・衰退の傾向が目立っているが、オーストリアでは一部のスキーリゾートで発展傾向が続いている。これらの諸相を詳細に説明するとともに、2国間での違いをもたらした要因を、自然条件や社会経済的条件などから考察していく。

4) スキー場をめぐる諸事象の定義

スキー場に関する公的な統計はなく、その定義は非常に曖昧である。本書の日本のスキー場に関する分析では、その数を基準とする場合もあるため、統一基準でスキー場を定義する必要がある。この条件を満たす最適の指標は、スキーリフトの設置に基づくものである(表1-1)。それゆえ、分析対象であるスキー場は、スキーに用いられる普通索道または特殊索道(鉄道事業法施行規則47条)を有する施設とする。同様に、スキー場が営業されているかどうかの状態を索道の有無で判断する。スキー場の開設年とは、最初の普通索道または特殊索道が営業開始された年とする。一方、鉄道事業法対象外の輸送設備(たとえば、ロープトゥ[1])のみを有する施設、輸送設備のない施設は除外した。それは、鉄道事業法対象外の輸送設備はその許認

---

[1] ロープ塔またはスキートゥともいう。環状のロープを動力で回転させ、スキーヤーはロープをつかんでシュレップリフトのように上に進んでいく。

可が曖昧であるために，同じ基準で設置の有無を確認することが困難なためである。

ただし，Kureha (1995, 2008) と呉羽 (1999, 2009) は，1990年以降に存在したスキー場を対象とし，また丙種特殊索道（シュレップリフトまたはTバーリフト〈写真7-1〉等の滑走式の索道）のみを有するスキー場が除外されていた点で，上記の定義と異なっていることに留意する必要がある。本書の分析は，これまでにスキーリフトを所有した全スキー場を対象としていることになる。というのも，旧鉄道事業法でいう普通索道または乙種（スキー用チェアリフト）と丙種の特殊索道を有していた複数のスキー場において，普通索道または乙種の営業は休止・廃止されたものの，丙種のみで営業がなされているためである。この場合，Kureha (1995) 等による従来の定義ではスキー場は閉鎖された状態になるが，実際には丙種のリフトで営業が継続されている。こうした齟齬を解消するために，新しい定義で分析を進める。ただし，分析によっては，丙種特殊索道のみのスキー場を除外した図表が含まれている。普通索道または特殊索道の有無は，『鉄道要覧』によった。この資料は，かつては『私鉄要覧』『民鉄要覧』の名称であり，国土交通省（旧運輸省）の監修により1956年以降，1959年を除いて毎年発行されている。以下では，旧名称での刊行物も含めて『鉄道要覧』を表記する（図表の注記は除く）。

加えて，スキー場の範囲も検討する必要がある。それは，たとえば長野県の菅平高原や志賀高原をそれぞれ1か所のスキー場と数えるか，それともダボスや大松山，奥志賀高原や丸池，熊ノ湯などを個々に別個のものとして数えるかによってスキー場数が異なってくるためである。現実には，自治体や観光協会・連盟，スキー場ガイドブックなどが独自にスキー場の範囲を定めている状況にある。本研究では，ある特定のスキー場ガイドブックによる基準を採用した。それは，昭文社が1994年に発行した『'95スキーマップル（東日本編・西日本編）』（三浦監修，1995a, b）で，これらは当時の最も詳細なスキー場ガイドとして位置づけられる。ただし，1995年以降に開設されたスキー場については，同社発行の後継ガイドを，一方1994年までに閉鎖されたスキー場については，様々なスキー場ガイドおよび『鉄道要覧』を参照した。本研究でスキー場の分析に用いる指標や属性は，先述したもののほかは，表1-1にあげたものである。

一方，アルプス地域，オーストリアのスキーリゾートについては，宿泊数や宿泊施設のデータに基づいて分析するため，多くの場合でゲマインデ（8章：p.142注3参照）を単位としている。ただし，一つのゲマインデに複数のスキー場がある場合や，一つのスキー場が複数のゲマインデにまたがって立地する場合もある。こうした場合にはその都度説明を加える。スキー場の範囲については，ガイドブック（Fritz und Fettner, 2013）に基づいた。

2 スキーの歴史とスキーリゾートの成立

1）スキー技術の伝播とアルペン技術の確立

　世界のスキーの歴史に関しては複数の概説書がある。Lunn（1927）は伝統的な成果としては最も定評があり，最近の新しい研究としては，Allen（2007, 2012）がある。日本語の成果としては，天野ほか編（1970, 1971），中浦（1999），新井（2011）などがある。本節では，それらの記述に基づいて，スキー技術の伝播を，次節ではスキーリゾート成立にかかわる部分を説明する。

　世界のスキー史には未知の部分が多い。もともとスキーは中央アジアで発祥したという説もあるが定かではない。確かであるのは，紀元前2500年頃のノルウェーの壁画に，スキーに乗った人の姿が描かれていることである。ヨーロッパでは，その後1870年代頃まで北欧のみでスキーが存在した。そこでのスキーは，現在知られている「ノルディック」スキーであった。もちろん，競技としての性格はほとんどなく，基本的にはスキーは雪上での移動手段として存在した。さらに，軍人の移動にも使用されていた。

　このようにスキー史の大半はノルディックスキーによるものであり，今日，日本で一般的な「アルペン」スキーは，わずか100年程度の歴史を有するにすぎない。19世紀後半に，北欧から世界各地にスキーを伝播させる主たる契機となったのは，ノルウェーの探検家ナンセン Fridtjof Nansen（1861-1930）によるグリーンランド旅行記の出版（1890年）といわれている。ノルウェー語版刊行の翌年には，英語とドイツ語にそれぞれ翻訳されて出版された。スキー技術は北欧から南下し，さらにはドイツの一部の地域を飛び越えてアルプス地域へともたらされた。それには，後述するように，さまざまな経路が存在した。またヨーロッパからの移民によって北米大陸へ，さらにはスキー技術を有した重要人物の来日が日本へのスキー移入をもたらした。

　スキー技術をアルプス山脈の高山地域へと適用させた，すなわち「アルペン」スキー技術を確立させた第一人者は，オーストリア人のツダルスキー Mathias Zdarsky（1856-1940）である。彼は，ナンセンの書に刺激を受け，ノルウェーからスキーを取り寄せて，居住地リリエンフェルト（Lilienfeld，ウィーンの西南西約70kmの郡中心地）の周囲でスキー技術を研究した。1896年にはアルペンスキーの最初のスキー

教科書(Zdarsky, 1897)を完成させ，翌年に出版した。その書名は彼の居住地の名前をとり，リリエンフェルト・スキー術 Lilienfelder Skilauftechnik とされた。ツダルスキーの技術は一本杖のものであり，教科書では写真も交えた習得方法が示されている(Wolfgang, 1985)。この技術は，彼の弟子であるレルヒ少佐を通じて1911年に日本にもたらされたものとほぼ同一のものである。ツダルスキーはビンディングの考案に時間を要し，6年間に200種類も発明した(中浦, 1999)。それは，アルペン技術では，平地の水平移動とは異なり山地を下降するため，その際に生ずる位置エネルギーが，スキー靴(当時は登山靴)とスキー板との結合に大きな影響を及ぼすからであろう。つまり，ノルディック技術では，ビンディングは非常に簡易なもので間に合うが，アルペン技術では身体の意思をスキー板に伝える媒介としてのビンディングが重要となるからであった。

　ただし，ツダルスキー以外にもさまざまなスキー技術の形態も存在した。1878年のパリ万博ではノルウェー館にスキーが展示され，それに興味を示した登山家のアンリ・デュアメル Henry Duhamel (1853-1917)はフランス人で最初のスキー使用者となった(ボワイエ, 2006；Allen, 2012)。フランスではスキーの軍事目的使用も注目された。スイスでは，ドイツ人地質学者パウルケ Wilhelm Paulcke (1873-1949)が，母の療養のために1883年に一家でダヴォスに滞在し，同年のクリスマスに父からテレマークスキー板を贈ってもらった(Barton, 2008)。パウルケがその板でスキーを試みたことは想像に難くない。同じくダヴォスでは，1893年から翌年にかけて，シャーロック・ホームズの生みの親コナン・ドイルがスキー三昧の日々を過ごしている(河村, 2013)。河村(2013)の写真を見る限り，ドイルの履いた板はかかとの上がる北欧型のようである。上記のパウルケはドイツのシュヴァルツヴァルト Schwarzwald でのスキークラブ設立(1895年)にもかかわっている(Ski-Club Freiburg e.V., 1995)。このように，北欧からアルプスへのスキー技術の伝播には複数の経路があったが，スキーが本格的に普及するのは山地滑降技術を確立させたツダルスキー以降のことであると考えられる。

2) スキー場・スキーリゾートの成立

　アルペン技術にはさまざまな系統があったではあろうが，いずれの技術についてもその習得はそう簡単なものではなく，そのために練習場が必要であった。それは，練習場 Übungsgelände で速度の制御や方向転換技術を習得しなければ，雪山で実際に滑降することができなかったためである。つまり，人々は練習場で技術を習得してから，雪山登山に出かけたのである。逆に，スキー技術を習得した人にとっては，

写真2-1　ベーデレのスキーリフト
（年代不明）　動力で大規模なソリが引っ張られていく仕組みであった。
資料：Allgeuer (1998)

練習場は不要な場所であった。つまり，当初のアルペン技術は今日でいえば「山岳スキー」の技術であり，技術習得のために練習場が存在した。その背景には，19世紀半ば以降にアルプス山脈でアルピニズムが発展したことがある。しかし，そうした練習場に索道が設置されるようになると，また当時注目を集めつつあったアルプス地域のリゾートが冬季にも営業されるようになると，練習場でのスキー，つまりゲレンデスキーこそがスキーであると認識されるようになった。

　アルプス地域における最初のスキーリフト，もしくはスキー専用の索道は，1907年，オーストリア・フォアアールベルク州，ドルンビルン郊外のベーデレBödeleに設けられた（写真2-1；Allgeuer,1998：25）。これはソリに人を乗せて，それを動力で上に引っ張るものであった。やや遅れて1920年代になると，大型のロープウェイの建設が進み，スキー向けにも用いられるようになった。ちなみに，スイスでは1870年代のリギ・クルムでの敷設を嚆矢に登山鉄道建設が展開し（脇田，1989），オーストリアではスイスにやや遅れて登山鉄道が建設された（呉羽，2016）。

　ゲレンデスキーが主流になると，限られた練習場内を滑走して楽しむスキーヤーを生み出した。山岳スキーが衰退することはなかったものの，その人数は限られていた。それに比べて斜面をスキーで登る苦労の少ないゲレンデスキーヤーは急激に増加したのである。つまり，スキーが有する意味は，徐々に登山・移動手段からレクリエーションへと変化し，その結果，スキー場というレクリエーション空間が誕生した。

　ゲレンデスキー発展の背景には，スキー技術の進化も関係していると思われる。技術習得の場として，スキー場が重要であったためである。第二次世界大戦前に

脚光をあびた技術は，オーストリア人の名手ハネス・シュナイダー Hannes Schneider（1890-1955，後にアメリカ合衆国へ亡命）のアールベルク技術であった。1920年代に確立されたその技術は，映画や，連続写真を掲載した書籍というメディアを通じて，世界に普及した。日本人のスキーヤーもアールベルク技術に注目し，解説本も出版されている（たとえば，高橋〈1929〉）。さらに驚くべきことに，シュナイダーは玉川学園長の招聘に応じて1930年に来日し，長野県菅平高原や新潟県池の平，北海道の十勝でスキー滑降をした。

　スキー場がスキーリフトによって機械的に整備されると，その近隣にリゾートタウンが発達するようになった。また，夏の登山やハイキングの拠点として発展した既存のリゾートにスキー場が付加されると，そこには冬季リゾートとしての性格も備えるようになった。リゾートではスキーのほか，スケートなどの別のレクリエーションや，スキーの後を意味するアプレスキーという楽しみも組み合わされた。

　第二次世界大戦後も技術の進化は続き，フランスやオーストリアでロタシオンやバインシュピールといった新たな技術が確立された。そうした技術は，ゲレンデをいかに上手く滑り降りるかに力点をおいたものであり，つまり，基礎スキーもしくはゲレンデスキー向けであった。同時に1950年以降は，マスツーリズムの進展によってスキーリゾートに大量の人びとが訪問するようになった。スキー人口が増加するとともに，スキー場開発や宿泊施設の整備が進んだ。スキー場は，スキーリフトが存在するところといった認識が一般的になり，変化に富む長いコースが求められるようになると，その規模は急激に拡大していった。1980年代前半には，アルプス地域において，量の多少はあるものの，その全域にスキーリフトが分布していた（Hannss und Schröder, 1985）。そのほか，北アメリカ，日本に多くのスキーリフトが存在した。それと同時に，それらの後背地でスキー人口は増えていった。1990年前後の時点で，世界のスキー人口は約6,000万と見積もられており，その40％はヨーロッパに存在した（Goeldner, 1992；Hudson, 2000）。

　ただし，1980年代のアメリカ，4章以降で分析する2000年代の日本のように，そのほかアルプス地域においてもスキー場の淘汰がみられるようになってきた。アメリカでは，1980年代に小規模スキー場の淘汰が進み，スキー場数で18％減少したが，全体の規模は約50％増加した（Hudson and Hudson, 2015）。

3）世界のスキー場とスキーリゾート

　過去約100年でスキーが普及し，その間に世界のさまざまな地域でスキーリゾートが成立するようになった。しかし，残念ながら国際的には共通した指標によって

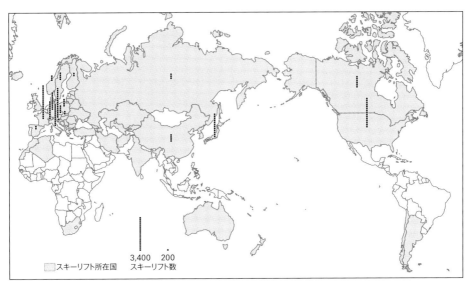

図2-1 世界のスキーリフト分布（2010年代前半頃）　　　資料：Vanat (2015)
注：リフト数200以上の国についてのみリフト数を表記。

スキーリゾートを把握することは難しい。ここでは，Vanat (2015) による国別のスキーリフト数を用いる（図2-1）。年次は不明であるが，およそ2010年代前半の状態を示していると思われる。

　世界でスキー場の存在する地域は，積雪がみられる温帯から寒帯に存在する。さらに，南半球の南アメリカ，アフリカではほとんどの地域でスキーリフトが存在しないのに対して，北半球では，北アメリカからユーラシアにかけてほとんどの地域がスキーリフトを有する。スキーリフト数200基以上の国について，その数の分布をみると，ヨーロッパへの集中が顕著である。そのなかでも，とくにアルプス地域に位置する，フランス，オーストリア，イタリア，ドイツ，スイスで合わせて1,700基以上のスキーリフトがある。ヨーロッパでは，上記のほか，北欧・東欧諸国，スペインにみられる。ヨーロッパ以外ではアメリカと日本でアルプス諸国レベルの規模がみられるが，カナダ，さらには中国やロシアになるとその規模はかなり小さくなる。

　次に，ガイドブックを利用して，世界のスキーリゾートの分布を検討する。当然ながら，世界を股にかけて移動するスキーヤーはほとんど存在せず，またそうした楽しみ方が主流でもないために，世界のリゾートガイドは少ない。つまり，ガイドブックは特定の地域のスキーヤー向けに，特定地域の情報が編集されたものとなっている。一般にはヨーロッパ・アルプスや北アメリカを対象としたものが多く，日本のスキー場ガイドは日本人のスキーヤー向けに日本語で発行されている。

表2-1 ガイドブック等に掲載された世界のスキーリゾートの分布

国	"Where to ski and snowboard" Gill and Watts (2015)	"Top ski resorts" Wilson (2007)	"100 best ski resorts" Wingenbach (2006)
オーストリア	20	3	13
フランス	34	5	13
ドイツ	1	1	1
イタリア	12	2	6
スイス	18	5	13
アメリカ	18	7	39
カナダ	10	3	8
その他	アンドラ2，スペイン，フィンランド，ノルウェー，スウェーデン，ブルガリア，ルーマニア，スロベニア，スコットランド，日本	スウェーデン1，ノルウェー1，チリ，アルゼンチン2，日本1（志賀高原+八方尾根で1項目），ニュージーランド2，オーストラリア1	スペイン1，スウェーデン1，アルゼンチン1，チリ1，ニュージーランド2

注：Gill and Watts (2015) で2ページ以上の情報が掲載された国について集計し，それ以外はその他にまとめた（アンドラを除く）。その他欄の数値は2ページ以上の情報が掲載されたスキーリゾート数を示す。

資料：Gill and Watts (2015)，Wilson (2007)，Wingenbach (2006)

表2-2 世界の主要スキーリゾートの概要

国・地域	スキーリゾート	スキーリフト数	コース標高（m）
フランス	Val d' isèle & Tignes	46+47	1,550～3,660（Tignes）
	Courchevel & the Trois Vallées	67+200	1,300～3,200（Trois Vallées）
	Chamonix & Argentière	49	1,040～3,840
	Les Arcs & La Plagne Paradiski	76+109	1,250～3,250（La Plagne）
	La Grave & Les DuexAlpes	63	1,400～3,550（La Grave）
オーストリア	St. Anton am Arlberg	86*)	1,300～2,810
	Kitzbühel	60	800～2,000
	Ischgl	42	1,400～2,900
スイス	Zermatt	57*)	1,620～3,820
	Verbier	95*)	1,500～3,330
	St. Moritz	23	1,820～3,060
	Davos & Kloster	54	1,560～2,840（Davos）
	Andermatt	34	1,450～2,960
ドイツ	Garmisch～Partenkirchen	38	740～2,830
イタリア	Cortina d' Ampezzo	51	1,220～3,240
	Selva & Val Gardina	83	1,060～2,520
スカンジナビア	Åre	44	380～1,270
	Riksgänsen & Narvik	6+5	520～910（Riksgänsen）
カナダ	Whistler & Blackomb	37	675～2,280（Blackomb）
	Lake Louise & Banff	24*)	1,645～2,640
	Fernie	10	1,070～1,920
アメリカ	Aspen	42	2,400
	Jackson Hole	16	3,800（Snowmass）
	Lake Tahoe	64	1,920～3,190（Jackson）
	Vail	33	2,000～3,000（Heavenly）
	Park City &Snowbird/Alta	15+25	2,470～3,550
	Taos Ski Valley	12	2,100～3,000（Park City）
	Telluride	16	2,800～3,600
			2,650～3,730
チリ	Valle Nevado, La Parva & El Colorado	11+14+18	2,880～3,670（Valle Nevado）
	Portillo	12	2,510～3,350
アルゼンチン	Las Leñas	13	2,250～3,430
	San Carlos de Bariloche	39	1,050～2,040
日本	八方尾根+志賀高原	34+75	760～1,830（八方尾根）
ニュージーランド	Treble Cone	7	1,200～1,860
	Ruapehu	14+9	1,600～2,320（Whakapapa）
オーストラリア	Jindabyne: Thredbo & Perisher Blue	50	1,370～2,040

注：スキーリフト数の*)は，広域のスキーエリア内でのスキーリフト数を示す。

資料：Wilson (2007)

かつてはドイツ語圏でアルプス地域を対象とした複数のガイドブックが出版されていたが，現在はいずれも定期的には刊行されていない（オランダのSnow Plaza〈2013〉も2015年以降は出版されていない）。定期的なものとしては，"Where to ski and snowboard"がイギリスで刊行されている。ほかにも，世界のスキーリゾートを紹介する単行本として発行されたものがある。これらのうちの代表的な3冊に掲載されたスキーリゾートの分布を検討する（表2-1）。上記の"Where to ski and snowboard"（Gill and Watts, 2015）に加え，イギリス（Wilson, 2007）とアメリカ（Wingenbach, 2006）で刊行されたものに基づく。

　Gill and Watts（2015）とWingenbach（2006）は実用的なリゾートまたはスキー場ガイドといった性格が強く，前者はアルプス地域，後者はアメリカについて多くが取りあげられている。一方，Wilson（2007）は大判の書籍であり，写真を中心に事典的に世界の著名スキーリゾートが紹介・解説されている。Wilson（2007）によれば，世界のスキーリゾートの大半はアルプス地域と北アメリカに存在する（表2-2）。そのほかは，北欧，南米，日本，オセアニアである。いずれもスキーリフト数や標高差の規模からみてかなり大規模である。志賀高原や八方尾根のような規模，さらにはそれを大きく上回るような規模のスキーリゾートが多く存在しているのである。多くの大規模スキーリゾートでは，スキー場の最高地点標高が3,000mを越えている。

　日本については，国全体の総スキーリフト数ではイタリアやスイス，カナダよりも多いが（図2-1），小規模なスキー場の卓越や情報の不足によって，世界の中でのスキーリゾートの地位は相対的に低いのであろう。ちなみに，Wilson（2007）において，志賀高原と八方尾根についてあわせて3ページ分掲載されているが，3枚の写真のうちスキー場の写真は1枚（志賀高原・東館山）で，残りは地獄谷温泉の猿と神社（場所不明）の写真であった。

　こうしたスキーリフトやスキーリゾートの分布は，スキー人口の分布に関係している。マクロにみれば，スキー人口が多く居住する地域に近接してスキー場は立地する。それゆえ，スキー人口の多いヨーロッパには，アルプス地域を中心としてスキー場が集積している。その一方で，オーストラリアからは日本や北アメリカへ，スキーをするために大陸間を移動する例も存在する。スキーは，長距離移動を行ってまでも楽しむことのできるレクリエーションという位置づけもできるのであろう。こうした移動がスキーリゾートにさまざまな機能を持たせるようになっている。

3 スキー観光に関する研究動向

1) はじめに

　アルペンスキー技術が確立された後，スキーという楽しみのために日常生活圏を離れて積雪地域に滞在する「スキー観光」が成立した。これが第二次世界大戦後に大きく発展すると，スキー観光はさまざまな地域的特徴を示すようになった。このプロセスで，地理学のみならず多くの分野で，スキー観光やスキーリゾートを対象とした研究がなされるようになった。

　本章は，日本とアルプス地域のスキー観光に関する地理学的研究の動向にみられる諸特徴を明確にし，その課題と展望についても検討する。スキー観光に関する研究成果は，地理学分野だけで生み出されてきたものではないが，地理学の成果を中心にして，関連して隣接する社会学や林学分野等の一部の研究も含めて検討する。

2) 日本におけるスキー観光に関する展望研究

　これまでの日本のスキー観光に関する研究課題と展望については，白坂(1986)およびKureha(1995)にまとめられている。しかし，前者については，1980年までの研究が対象とされており，また後者では，主要な研究成果のみが検討されているにすぎない。一方，社会学者の加納(1993)は，観光地理学におけるスキー場開発に関する研究を概観している。また，スキー場と自然環境に関する研究に焦点を絞った展望論文として中村(1999)もある。より広い枠組みでは，雪国に関する研究について，山下(1988)が展望した。

　観光地理学全体に関する課題と展望については，青木・山村(1976)や山村(1995)などがまとめている。そこでは，第二次世界大戦前の研究萌芽期とそれ以降の研究増加期に分けて論じられているが，スキー観光関連の研究成果も検討対象の一部となっている。また，Ishii and Shirasaka(1988)も，1960年代末から1980年代半ばまでの日本における観光地理学研究の成果を整理し，その問題点と課題を述べている。そのほか，佐川(1992)はリゾートを，呉羽(2003)は環境を，山田(2003)は山村を，それぞれキーワードとして研究展望をした。これらの展望論文を参考にした呉羽(2011)では，観光地理学では目的地に関する研究が非常に多いことが強調

された。

　本章前半では，日本のスキー観光に関する地理学的研究について，次の四つに分けて論じる。すなわち，スキー場やスキーリゾートの立地・地域的展開に関する研究，個別のスキーリゾートに関する研究，スキー人口およびスキー観光行動に関する研究，スキーと自然環境に関する研究である。この四つの区分の中で，個別のスキーリゾートに関する研究が最も多いため，それらを地域別にまとめた。

3) 日本のスキー場とスキーリゾートの立地・地域的展開に関する研究

　日本におけるスキー場・スキーリゾートの分布や立地形態については，さまざまな地域スケールにおいて論じられてきたが，最も早い研究は1940年代初頭に現れた。安田（1941a）は，1938年頃の日本のスキー場285か所（本書のスキー場の定義とは異なる）について，その分布を検討し，積雪深，地形，人口密集地域との交通等から説明を試みた。野本（1962）は，西日本におけるスキー場立地や観光客流動からみたスキー場類型を検討した。さらに，そのなかで大山スキー場の地位を明らかにした。

　日本のスキー場やスキーリゾート立地に関する研究では，白坂の一連の業績を見逃すことができない（白坂，1986；Shirasaka，1984；1993）。彼は，まずスキー場の立地を検討し，積雪や地形といった自然条件，大都市との関係，開発資本の動向などの社会経済的条件から検討した。また，1章で既に述べたように，スキー場周辺の集落変化に注目して「スキー集落」の概念を明確にした。さらにスキー集落が既存集落移行型と新集落発生型とに分類できることを示し，またその発展形態やそれに関わる地域的条件について考察した。Kureha（1995；1998；2008）はスキー場立地について，1980年代の動向を加えて分析した。後の章で述べるように，1980年代から1990年代初頭は日本における第二次スキー場開発ブーム期に該当し，スキー場内には輸送能力に優れた索道，人工降雪機，洗練されたレストラン，新しいホテルなどの施設が急増した。こうした新しい傾向を含めてスキーリゾートの特徴を検討し，スキーリゾートの発展類型には大都市圏型と北日本型があり，前者では大都市からの近接性が，後者では大資本の進出が大きな発展要因であることを示した。また，呉羽（1999）とKureha（2005）は，日本におけるスキー場開発の進展と農山村地域の変容についてまとめている。日本におけるスキー場立地に関しては，呉羽（2006a；2008）もある。

　一方，土屋（1997a）は，戦後の日本におけるスキー場開発の展開を開発資本の進出という点からまとめた。その過程で，スキー場経営を開発資本との関係から五つ

のタイプに分けた。すなわち，地元独占型，地元主導型，地元・外部資本共存型，外部資本並立型，外部資本独占型である。地元主導型の例（八方尾根の事例）に基づいて，共同体的土地所有の存在が地元に発展の主導権を与える可能性をもたらすこと，具体的には外来資本に対する様々な規制や地元住民への優遇措置がもたらされたことを強調した。また，村田（2002）はスキーリゾートが有する観光資源からみたスキー場の類型化を試みた。

　このほかにも多くの研究があるが，日本全体の地域スケールに関しては，スキー場が展開する森林との関連の中で論じたものがある。土屋（1986）は全国の大規模スキー場の経営形態と土地所有について分析した。佐々木（1987）は，国有林野に展開する「レクリエーションの森」を検討する中でスキー場について触れた。また，鈴木（2001）は国有林野内におけるスキー場の動向について言及している。スキー場の開発という視点では，淡野（1978）が日本の主要観光地における大手私鉄資本進出の実態について報告する中で，スキー場の開発資本についても言及している。また，徳久（1978）はスキー場開発条件について，日暮（1991a）はスキー場の開発方式について論じた。一方，溝尾（1994）やKano（1997）は，日本におけるスキー観光およびスキー場開発のプロセスについて分析した。同様の視点のものとして，宮沢（1994）や山田（2004）もある。またスキー民宿については，白坂（1983）がその展開と課題をまとめている。近年のスキー場経営の問題点を指摘した大谷（2001）もある。

　一方，東北地方というスケールでは，八木ほか（1991）がある。彼らは，東北地方におけるスキー場開発の推移とその立地類型について検討し，スキー場の立地要因は時代とともに変遷していることを明らかにした。またスキー場の地形，位置，規模および経営形態からスキー場の類型化を試みた。都道府県レベルでは，北海道についてまとめた小澤（2010）や石井（1989），菊地（1999）がある。また吉﨑（1991）は，秋田県における公営スキー場の特性について報告した。呉羽（1997）は長野県におけるスキー場開発の進展について分析を行った。市川（1998；2004）は，長野県におけるスキー観光の展開について，とくにその導入やスキー場開発と山村の変容という視点からまとめている。また，新井（2002）は，福井県における第二次世界大戦前のスキー場立地の経緯を分析した。さらに，吉本（2002）は兵庫県北部について，阿部（1991）は島根・広島県境地域についてスキー場の立地展開を分析した。

　さらに細かな地域に関しては，土田（1973）が新潟県魚沼地域のスキー場立地について分析し，東京からの距離に基づいた南北差を強調した。また，市川（1997）は，越後湯沢，志賀高原，野沢温泉，八方尾根について，それぞれのスキーリゾートの開発経緯，立地条件，宿泊施設などの相違点を検討した。一方，山村（1975a）は，

中央高地における観光開発についてその主体と方式に注目し，地元資本主導型と外来資本導入型とに分けて論じた。

　以上は，スキー場立地の地域的展開に関する成果であるが，逆に閉鎖されるスキーやスキーリゾートについての研究も出現している。日本のスキー観光は1990年代半ば頃から停滞・衰退傾向を示している。こうした傾向のもと，スキー場経営自体が悪化し，倒産する会社，経営変更する会社が出現している。さらに，休業するスキー場も現れ，また閉鎖に至る場合もある（呉羽，2008）。Kureha（2008）は，閉鎖されたスキー場の地域的傾向の概要を分析し，多くの閉鎖スキー場は，標高段階が低い小規模スキー場であることを示している。複数のスキー場について，その経営を検討した桜田（2015）もある。

4）日本の個別スキーリゾートに関する研究

（1）北海道

　北海道のスキーリゾートに関しては，進藤ほか（1991）が上川・石狩地域のさまざまなスキーリゾートの特徴を報告している。そのほかの例としては，小松原（1993）がルスツ高原を，米浪（1989）と武田（1993a）がトマムを，芳賀（1991）が富良野を，小松原（2007）がニセコを取りあげている。また，武田（1993b；1994）は赤井川村におけるキロロリゾートについて報告し，土屋（1997b）はリゾート開発反対運動を分析する例としてサホロを事例に分析した。

　スキー観光が停滞し，スキー場経営にさまざまな問題が出現すると，スキー場の経営戦略に関する研究も現れた。河西（1999）は，北海道全体のスキー場について，それぞれの戦略を分析した。また，河西（2000）では，具体的事例として，ニセコアンヌプリ，ルスツ，トマム，キロロ，札幌国際，赤平山の各スキー場の経営戦略が分析されている。さらに，河西（2006）は公営スキー場の経営再生の例として，ぴっぷスキー場（比布町）について検討した。その中では，対比例として，メムロ（芽室町），宮城蔵王白石，野沢温泉，立山山麓粟巣野（富山市）も取りあげられている。トマムにおける経営主体変更に伴うリゾート再編について検討もなされた（菊地，2004）。そのほか，今西（2006）による深川スキー場，臼井（2008）による阿寒湖畔スキー場をめぐる報告もある。

　2000年代半ば以降，オーストラリア人の来訪によるニセコ地域の動向に研究者の注目が集まっている。まず市岡・成澤（2006）と市岡ほか（2008）がインバウンド・ツーリズム成長の経緯と課題を指摘した。菊地（2008）はスキーリゾートの変容という視点でまとめた。外国資本の進出に注目した研究（菊地，2009；菅原，

2012)もある。外国人向けアパートメントの急増に伴う土地利用・景観変化の検討（Kureha, 2014；呉羽, 2014a）や，景観地区指定に至るプロセスの検討（上崎，2009），起業という視点からの研究例もある（伊東・前田，2003；河西，2009）。熊谷（2009）や後藤ほか（2016）は，外国人居住者や観光客への意識についてアンケート調査に基づいて分析している。インバウンド・ツーリズムならではの特徴が現れた研究として，スキーリゾートの多言語化（加藤，2009）や外国語表記の看板についての検討（山川，2011）もなされるようになった。さらに，小澤・池村（2011）は，ひらふ地区のリゾート形成プロセスを，開拓以来というより長い時間的スケールで土地所有も含めて，詳細に分析した。リゾートと倶知安市街地との関係を論じた山崎・十代田（2009）もある。

(2) 東北地方

青森県では，相馬（1991）による大鰐町におけるスキーリゾート開発についての報告がある。岩手県の安比高原に関しては，リゾート開発ブーム時の研究が非常に多い。太田（1987）は安比高原開発の概要について報告し，中島（1988）は林野利用の変遷とスキー場開発との関連を論じた。岡田（1988）は，安比高原の開発と村おこしとの関連を分析した。一方，呉羽（1991a）は，安比高原の開発経緯，観光客の特徴，地域社会との関連についてまとめた。安食・柏倉（1988）は，安比高原スキー民宿の立地について報告した。また，万木ほか（1993）の報告もある。安比高原以外では，山村・五島（1983）が松尾村（現，八幡平市）の東八幡平について温泉集落を中心に分析した。木村（1992）は雫石町篠崎地区におけるスキーリゾートについて報告し，伊藤（1992）は岩手山南麓における土地利用パターンの変化を分析する中で，スキー場について言及した。

秋田県については，船澤（1986），金谷（1992）および佐川（1993）が，それぞれ視点は異なるものの，田沢湖高原について分析している。阿仁町（現，北秋田市）については，川俣（1992）や松岡（1997），熊谷（2008）があり，山口（1999）は森吉山でなされたスキー場開発による地域振興について報告した。また，佐藤（1989）は秋田市仁別地区の林野利用についてまとめた。宮城県では，鬼首スキー場の新傾向を分析した三橋（2003）がある。さらに，千・溝尾（1997）は，宮城・山形県境に位置する蔵王山の両側に展開するスキーリゾートについて，一体的観光開発の課題と展望を論じた。

山形県においては，蔵王に関する研究成果が多い。白坂（1978），中川・渋谷（1985），山口（1990）および甲斐（1999）が，それぞれ視点は異なるものの，蔵王山麓におけるスキーリゾートの形成プロセスを論じた。また，佐藤・白坂（1983）は春から初

夏にかけて営業する月山スキー場に隣接する山地集落の性格を分析した。櫛引町（現，鶴岡市）梭代におけるスキー場開発に対する地域の対応について論じた加納(1988)もある。

福島県では，野邊(1991)，山村(1993)，松村(1993)および川崎(1999)が舘岩村（現，南会津町）におけるスキーリゾート（たかつえ）の開発について報告した。同じく南会津では，山村(1994)が田島町（現，南会津町）針生地区のリゾート（台鞍山）開発について分析している。磐梯山周辺では，松村・佐藤(1993a)，佐藤(1993)，松村(1995)は磐梯山周辺の観光開発と地域社会との関連を報告した。また，松村・佐藤(1993b)は福島県における「リゾート法」開発について言及した。さらに，佐藤利明(1997；2007)や松村(1997)による裏磐梯の地域社会分析，松村・佐藤(1997)の磐梯山周辺のレジャー開発に関する分析もある。一方，石井(1991)は猪苗代スキー場に隣接する民宿地域について報告した。

(3) 関東地方

関東地方ではスキー場立地が少ないため，個別のスキーリゾートに関する研究成果も少ない。栃木県では，堀場(1991)がハンターマウンテンスキー場の開設に伴う塩原温泉の変容を報告した。群馬県に関しては，呉羽(1991b；1996)が片品村におけるスキーリゾートについて，スキー場の開発，宿泊施設の動向から分析した。一方，桑原(2010)は片品村における民宿の農村ツーリズムへの対応を分析した。中島(1992)と関戸(1994)は川場村における都市農村交流に注目した。菊地ほか(1995)は，水上町（現，みなかみ町）藤原の生業システム変化について，スキー観光も含めて分析した。また，廣井(1995)はノルン水上スキー場について報告している。草津温泉に関しては，佐々木(1997)がそのリゾートとしての特質を，山村(1978；1992)は草津温泉の変化プロセスをまとめた。

(4) 新潟県

新潟県には多くの大規模スキー場が集積しているため，スキー観光に関する研究成果も多い。南魚沼という地域範囲では，石井(1970)が山地型民宿地域の形成について分析した。また，土田(1973)と戸田(1981)は上越線沿線に立地するスキー場の特徴を明らかにした。横山(2003)はリゾートの変容と課題をまとめている。

湯沢町に関しては，呉羽(1995)が町内におけるスキー場開発の展開について，交通条件と土地条件などと関連づけて分析した。一方，伊澤(1990)はリゾート形成に注目し，笹岡ほか(1994)はリゾート施設整備の実態を報告した。湯沢町におけるリゾートマンションに注目した研究も多い。佐々木(1992)はその立地展開を

分析してリゾートマンションが地域に与える影響について考察し，池田(1993)はその開発を詳細に示した。一方，佐藤(1990)は，湯沢町においてリゾート開発が進行する中で子どもの生活形態が変化していることを報告した。スキー観光低迷下の経営に着目した柴田(2014)もある。個別のスキーリゾートとしては，三井田(1982)が三国・三俣地区について，池野(1981)と三井田(1979；1986)が浅貝(苗場)について研究した。

隣接する塩沢町(現，南魚沼市)石打地区は内発的発展がみられた地区として，しばしば研究対象とされてきた地域である。それぞれで視点は異なるものの，土屋(1987)，楜沢・名和田(1993)，保母(1996)，桑原(2010)がある。さらに，篠田(1995)は安塚町のスキーリゾート開発について農林業的土地利用と絡めて分析した。

妙高高原に関する研究成果も多い。砂本(2000；2008)は，第二次世界大戦前の妙高赤倉の特徴について分析している。赤倉に関しては，野本(1961)や桐山(1977)による研究もある。一方，尾崎(1979)は池の平地区について報告した。小西(1980)は民宿集落について社会的な分析を試み，妙高高原・杉野沢地区が民宿集落として発展した背景には，強固な共同体的結びつきがあること指摘した。杉野沢については横田(1980)もある。

下越地域の黒川村(現，胎内市)も観光開発に関しては著名であるが，池田(1994)や上江洲・徐(1996)は胎内スキー場について言及している。

(5)長野県

長野県についても，新潟県と同様，多くの研究例がある。最北部の飯山市では，松田(1980)が市内の複数のスキー場について，その開発過程や土地所有，雇用形態から分析した。一方，梅沢(1974)は，戸狩スキー場近隣の太田地区における民宿の発達過程について明らかにした。また，太田地区については，内川(2003)がスキー観光停滞期の農家民宿の生き残り戦略について詳細に分析した。同地区については，村山(2005)や佐藤(2015)もある。信濃平スキー場近隣地区については，加納(1994)の分析がある。斑尾高原については近藤(2003)が調査した。

野沢温泉に関しては，白坂(1976)による詳細な分析が特筆される。彼は，さまざまな視点から野沢温泉のスキー観光を論じた。また，関口ほか(1995)は，野沢温泉村のリゾート発展を内発的発展ととらえて分析した。一方，藤森(1995)および藤森ほか(1996)は，中山間地域の活性化という視点に注目し，とくに情報発信に着目して詳細に分析した。スキー観光停滞期では，吉田(2006)が村営スキー場の民営化について述べた。野沢温泉と戸狩の2スキー場について，近隣地区も含めた土地利用変化を，自然条件と社会・経済的条件で説明した渡辺ほか(2016)もある。

隣接する木島平村については，山田（2002）がグリーンツーリズムに注目して分析している。

志賀高原も多くの研究成果の対象地域となってきた。古くは，白石（1956）が志賀高原の特徴について宿泊施設整備と観光客流動から明らかにした。広瀬（1968）は一時的ではあるものの，1960年代半ばの志賀高原におけるスキー客数減少の一因としてのスキー場形態について論じた。山村（1975b）および山村（1990）は，志賀高原の観光とその変遷に関してまとめている。白坂（1986）は，志賀高原における新集落発生型スキー集落について詳細に分析した。停滞期における山岳リゾートとしての志賀高原の独自性を示した清水（2014）もある。

長野盆地西部では，戸隠高原について岩鼻（1981；1993；1999）が，山岳宗教集落の変貌という視点から定点調査を実施している。黒姫高原に関しては，花島ほか（2009）がスキー観光が低迷するなかでスポーツ合宿や「癒しの森」事業などへの経営転換がみられることを示した。

菅平高原に関しては，まず桝田（1940）がその性格を地誌的にまとめた。また，伊藤・青木（1962）は，菅平高原における観光産業の発展要因を分析した。山本ほか（1980）では，1970年頃からスポーツ施設の建設が盛んになり，冬季と夏季の２季型の観光地域として発展したことが示された。一方，石井（1984）は菅平の農業と民宿経営の関係を分析した。2000年以降の動向については，新藤ほか（2003），Kureha et al.（2003），呉羽・渡邊（2015）にまとめられており，宿泊施設経営の重心がスキー観光からスポーツ合宿へと移行し，それに伴った景観変化が生じたことが明示された。菅平高原に隣接する峰の原高原では，市川（1981）がペンション立地や経営に注目して報告した。

中信地域に関しても多くの研究成果がある。山野（1980）は，小谷村栂池高原の観光開発過程や民宿経営の実態について論じた。白坂（1982）は，栂池高原において，スキー場の発展とともに農業集落がスキー場に隣接する場所へと移動したことを明らかにした。白馬村では，浅川（1964）がスキー民宿について，その誕生に関する経緯，農業経営との関連などから論じた。一方，石井（1977；1986；1992）は，同じ白馬村において，農林業に基づいたかつての地域統一体が，スキー場開発に伴って民宿を中心とした統一体に変化したことを示した。土屋（1997a）は村内のスキー場について，その敷地の土地所有に注目して分析した。小谷（1978）は，白馬村における観光開発プロセスと地域経済との関連について論じた。さらにリゾート開発ブーム期には，日暮（1991b），石塚（1992）が発表された。堀田（2001）は，白馬村において長野オリンピックがもたらした影響を，聞き取り調査を基に記述した。石原（2000）や小谷（2003）は白馬村の新しい傾向を論じている。白馬村や小谷村では

ニセコ地域よりもやや遅れたが，外国人スキーヤー訪問の増加が顕著である。これに関しては眞田(2009)と小室(2014)の速報がある。大町市では，佐々木(2006)が青木湖周辺の山村の変貌を分析した。乗鞍高原については，市川・白坂(1978)が山地集落の変貌という視点から分析した。また，呉羽ほか(2001)，豊島ほか(2001)，呉羽(2006b)がスキー観光停滞期での宿泊施設経営の二極分化を指摘している。

一方，県南地域に関する研究もある。戦前には，高池(1936)が霧ヶ峰スキー場の特徴を報告した。また，池(1986；2006)は，蓼科高原の入会林野(たてしないりあい)の利用を分析する中でスキー場開発についても論じた。開田村(現，木曽町)については神谷(1993)がある。大浦ほか(2002)は，王滝村におけるスキー場の過剰開発によって生じた問題点をまとめた。さらに土屋(1984)は王滝村について言及するとともに，立科町(東信)や麻績(おみ)村(中信)のスキー場開発についても取りあげた。

(6)西日本

西日本では，スキー場立地が少ないこともあって，研究成果も少ない。岐阜県では，山村(1985)が久々野(くぐの)町(現，高山市)の例を報告した。馬渕(1990)は，岐阜県奥美濃(おくみの)における諸スキー場の性格を述べた。また，依光(1996)は御岳山西麓について，佐藤延子(1997)は丹生川村(にゅうかわ)(現，高山市)について報告した。福井県については，勝山市の例を分析した北村(1990)がある。

兵庫県では，矢島(2004a)が但馬(たじま)地域におけるスキー場の立地展開およびスキーリゾートの変容についてまとめている。さらに矢島(2004b)は，関宮町(現，養父市)において，スキーリゾートとしての発展と村落の生活基盤としての生活用水・排水システムとの関係を分析した。そのほか，岡山県蒜山(ひるぜん)高原に関する石原(1991)，愛媛県久万(くま)町(現，久万高原町)に関する篠原(1996)もある。また，横山(1995)は日本最南端に位置する宮崎県五ヶ瀬町のスキー場開発と観光客の動向について分析した。

(7)小括

以上では個別のスキーリゾートに関する研究を地域別にまとめた。ほとんどの研究が東日本，とくに長野県と新潟県のスキーリゾートを対象としたものである。スキー場の数では長野・新潟両県と遜色ない北海道や東北であるが，スキーリゾートにおける宿泊施設の集積などを考慮すると，リゾートの規模が小さいために，研究対象としては選択されない場合が多いのであろう。

これらの研究が有する分析視点は，分析がなされる時期に応じて異なっている。1950年代頃までは地誌的な研究が卓越する。1960年代や1970年代になると，多

くのスキー場開発が進行し，それに伴う宿泊施設の整備，スキーヤーの来訪やスキー場経営がもたらす雇用効果も分析されるようになった。またスキー場の近隣集落が，土地利用，経済活動および就業構造において著しく変化したことが示された。したがって，そうした変化が顕著にみられた大規模スキー場に関する調査・研究が多かった。たとえば，東北地方では蔵王，中央高地では妙高高原，戸狩，野沢温泉，志賀高原，菅平高原，白馬村がそれに該当する。

　第Ⅱ部で詳述するが，1980年以降，日本のスキー場開発の形態は大きく変化した。とくにリゾート開発ブーム期（溝尾，1990）と時期を同じくしたこともあって，リゾート指向のスキー場に関する研究が増加した。それは，とくに北海道と東北地方で顕著であり，具体的には安比高原やトマムに関する研究が多かった。さらに，スキー人口の増加とともにスキー観光が爆発的に発展し，そうした時代的背景のもとで多くの研究がなされたとみることもできる。

　しかし，1993年頃からスキー観光が停滞すると，スキー場開発の停滞も生じ，個々のスキーリゾートに関する研究成果は大幅に減少した。そのなかで，スキー観光に代わる観光形態を模索するスキーリゾートといった視点が分析の背景となっている。また，インバウンド・ツーリズムの発展に伴って，とくに，ニセコ地域に関する研究の増加がみられる。

5）日本におけるスキー観光行動およびスキー人口に関する研究

　スキーヤーの観光行動やスキー人口に関する研究において，主たる研究対象はスキーヤーである。こうした課題に取り組んだ研究は，地理学分野のみならず他の分野においても少ない。多くの場合，個別のスキーリゾートに関する研究の中で，スキーヤーの行動が部分的に分析されてきたにすぎない。しかし，これに関して全般的な傾向を解明しようとした研究には松村（1994）や呉羽（2008）があり，スキーが有するレクリエーションとしての特性が論じられた。また，菊地（1997）は北海道におけるスキー観光の特徴について，本州との比較に基づいて明らかにした。さらに菊地（2000）は，北海道内居住者がスキー場を選択する要因について分析した。

　スキー旅行については，長津（1973）の分析がある。彼は，当時主流であった鉄道を利用した前夜行日帰り型のスキー旅行の特徴を示した。また，菊地（1998a）はスキーと修学旅行との関連について報告した。これを受けて，菊地（1998b）は北海道におけるスキー修学旅行の動向についてまとめている。さらに，建元（2002）はスキー場を利用した環境教育プログラムを検討した。スキー旅行の交通手段に関して，興味深いデータを提供している三井（1985）もある。

一方，スキー人口に関する研究の多くは，競技スキーヤーに関する研究であった。第二次世界大戦前，木原（1937）は，競技大会の成績結果を都道府県または地方別に得点化した。一方，安田（1941b）は，地理学の立場からスキー盛大地域をスキー技術に優れた人口が多く存在する地域とみなし，全日本スキー競技大会の成績結果からその地域を画定した。その結果，東日本，さらにはその日本海側にスキー盛大地域が集中していることを明らかにした。その要因として積雪条件および地形条件を指摘した。戦後では成瀬（1973）による類似の研究がある。また加納（1989）は，安田（1941b）と全く同じ方法で，スキー盛大地域の推移を分析した。その結果は戦前の結果とほぼ同様で，東日本の日本海側にスキー盛大地域が集中していることを示した。

　以上の研究が競技スキーを対象としているのに対して，西野（1978；1979；1980）は一般（レクリエーション）スキーヤーを分析対象とした。西野（1978）は「スキー人口」を，「何らかの交通機関を使ってスキー地へ移動する，日常生活圏とスキー地とが同一でないスキーヤーの人口」と定義し，日本におけるスキー人口の推移を推察した。その結果，1932年から1936年にかけての「戦前急増期」と，1951年頃から1965年頃までの「戦後急増期」とが存在することを明らかにした。一方，西野（1979）は，スキー人口の増加に対応するかたちで，スキークラブ数にも増加傾向がみられたことを示した。さらに，西野（1980）は，こうしたスキー人口増加に関する要因を検討した。1950年代以降，スキー場ではスキーリフトの急激な増加や圧雪車によるゲレンデ整備の進展がみられ，その結果としてスキーヤーがスキーを行いやすくなったことを強調した。

　一方，呉羽（2002a）は『世論調査』や『レジャー白書』などの資料を用いて，スキー人口全体の推移傾向やそれに関する地域的特徴を明らかにした。日本のスキー人口は1960年代から1970年代初めにかけての「第一次スキーブーム期」と，1980年代から1990年代初めにかけての「第二次スキーブーム期」で急激に増加した。後者では，女性の若年層でスキー人口が大幅に増加したことが最大の特徴であった。一方，1993年頃以降，男女含めた若年層でのスキー人口が大きく減少している。日本のスキー人口は，北海道や新潟県など東日本の日本海側という積雪地域に多く存在するものの，実際にはその大半が太平洋側の大都市圏に居住するという特徴が見いだされた。この要因について，ファッション性が強く，またスキーが有する「経済的制約が大きいレクリエーション」として特徴と関連させて論じた（Kureha, 2004a）。

　スキーヤーの意識については地理学分野の研究はないものの，山根（2006）による若年層のスキー志向調査結果，宮崎（2005）によるスキーヤーの意識とスキー産

業の市場開発戦略との関連分析がある。また，宮本（2006）は，スキー民宿でアルバイトをしながら滞在する大学生スキーヤーのイソウロウに注目した。

6）日本におけるスキーと自然環境に関する研究

　スキー場開発が自然環境に与える影響に関する研究も多々ある。このテーマに関して，石塚（1975）が既に1970年代に警鐘を鳴らしている。その影響の視点は多様であるが，藤原編（1994）に多くの具体的な例が収められている。また，露崎（1988），中村（1990），建元・中村（1999a）は，自然環境からみたスキー場開発の問題点を簡潔にまとめている。一方，渡辺（1999）は長野県におけるスキー場開発をめぐる自然保護問題を分析した。

　スキーと自然環境に関する研究で最も多いのは，スキー場の植生に関する研究成果である。具体的な研究成果を概観したものとして，中村（1999）による展望論文がある。具体的な研究成果の中でも特筆されるものは中村（1988）である。彼は日本における50か所近くのスキー場植生を調査し，スキー場植生の一般的特徴を明らかにした。さらに，中村ほか（1999）の野沢温泉に関する分析のほか多数の成果がある。一方，露崎（1991；1999）は北海道を中心に詳細な分析を実施している。Tsuyuzaki（1994）はスキー場開発の地域的な分布も考慮して分析した好論文である。

　冬季間，スキー場斜面には，融雪防止のため，また雪面硬化のために硫酸アンモニウム（硫安）が散布される（建元・中村，1998）。その結果として生ずる，地下水の汚染など環境への影響に関して追究した建元・中村（1999b）もある。川相ほか（2000）は菅平高原で，下平ほか（2001）は野沢温泉で，村上ほか（2003）は岐阜県長良川上流域において分析を実施した。楊ほか（1997）は岩手県雫石町におけるスキー場開発に伴う土壌環境の変化を分析した。

　自然保護や環境保全といった視点では，志賀高原について，自然保護と観光開発との関連を論じた和田（1995）や，自然復元についてまとめた服部（1995）がある。別の視点では，小山・小林（2000），小山・小山（2002）および小山（2006）が，長野県における休廃止スキー場の植生変化について調査・分析した。

　地球温暖化とスキー観光との関連については，Fukushima *et al.*（2002），畑中ほか（2000；2006），Kureha（2008）が分析している。これに関しては，中口（2010）や大田原ほか（2014）もある。

7) アルプス地域における観光とスキーリゾートに関する研究
　　―オーストリアを中心に―

(1) アルプス地域における地誌学的研究

　アルプス地域における観光の変遷に関しては，多くの研究がある。一つのかたちとしては，アルプス地域の地誌によるもので，アルプス地域全体や特定の地域に関する観光の地域的な性格が描かれている。アルプス地誌の古典としては，たとえばMartonne (1926) やKrebs (1928a, b) が，その後は，Birkenhauer (1980) などがある。最新の成果としてはBätzing (1991, 2003, 2015) やVeit (2002) をあげることができる。日本語で刊行されたものには阪口(1973)やグラウエルトゥ(1980)，呉羽(2014b)，浮田ほか(2015)などがある。それぞれ質量ともに異なっているが，なかでもBätzing (1991, 2003, 2015) やHannss (1977) は，アルプス地域全域の観光史を系統的にまとめている。この内容に関しては，7章で説明する。アルプス地域全域のスキー観光の地域差について，スキーリフトの輸送人員を用いて分析したHannss und Schröder (1985) もある。

　もう一つのかたちとしては，アルプスの観光にみられる特徴を描き出そうとするものがあり，その多くは特定の国や領域を対象としたものであった。たとえば，オーストリアに関しては，Lichtenberger (1976) は1970年代初めまでの観光にみられる需要と供給構造を分析し，観光者，特に外国人需要のオーストリア西部への集中，小規模な宿泊施設の卓越を指摘した。1980年代になると，Zimmermann(1985)は，オーストリアにおける冬季観光の著しい発展を示し，またスキーリゾートのほとんどは冬季観光と夏季観光の組み合わせによって特徴づけられることを述べた。またチロル州における観光の性格を描き出そうとしたHaimayer (1988) は，観光者の需要は冬季における発展の潜在力をもつ特定の場所に集中することを明らかにした。オーストリアにおける州単位の分析としては，Stenzel (1988) によるザルツブルク州に関するもの，Zimmermann (1984)によるケルンテン州に関するもの，Eder (1991)によるシュタイアーマルク州に関するものなどがある。

(2) アルプス地域における(スキー)リゾートの発展プロセスに関する研究

　アルプス地域におけるリゾートの発展プロセスは複数の研究者によって検討されてきた。これは，広い範囲の地域における観光の地域差に注目して分析され，その例としてBarker (1982) とPenz (1984) をあげることができる。Barker (1982)はアルプス地域における東部と西部の差異を強調して，モデルを構築した(詳細は7章で説明)。Penz (1984)は森林限界付近以上の高地放牧地の農業的利用に着目し，

スキーリゾートの形成モデルには，ドイツ語圏チロル（オーストリアのチロル州とイタリアの南チロル）における「段階システム」と，トレンティーノ（イタリア）における「上層システム」とに分けられるとした。段階システムでは，索道によって高地放牧地が谷底のリゾートと結びつけられる。それに対して，上層システムでは，生活域よりもずっと標高の高い土地に新しいスキーリゾートが成立する。これらに類似する指摘は，Haimayer (1984)によってもなされている。また，Job (2005)は，独自のモデルに基づいて2000年代前半までのアルプス地域におけるリゾートの変遷を整理し，最新の特徴としてスキー場内コースの頻繁な人工雪利用やイベントへの依存，さらには標高の高い地域への移行を示した。しかしながら，新しい傾向については概観的な説明にとどまっており，実証研究が求められる。

(3)個別地域におけるスキーリゾートの発展プロセスに関する研究

オーストリアのスキーリゾートに焦点を絞った古典的研究としては，Jülg (1984)がある。彼は，オーストリアにおけるスキーリゾートの発展条件として，地形条件，気候条件および社会経済的な条件を示した。しかし，分析の重点はスキーヤーの需要に置かれており，発展プロセスの構造を説明するには至っていない。オーストリアにおけるスキーリゾートの発展に関しては多くの研究がある。たとえばKureha (1995)は，自然条件に恵まれること，相対位置や類似文化による関係に基づいてドイツ人という長期滞在型顧客を多く受け入れ可能であったことが主要な発展条件であることを指摘した。さらに1990年代半ば以降は，東ヨーロッパからの新しい顧客を獲得して発展した点（Kureha, 2004b）も解明されている。Haimayer (2006)は，スキーリゾートにみられる新しい傾向を具体的な地域を示しつつ解明している。Mayer (2009)は，索道会社による新しいスキーリフトの建設をイノベーションととらえ，その採用には階層効果や近接効果がみられること，またスキーリフトの新しさが訪問者数の確保に重要な役割を果たすことを指摘した。このように，一部のスキーリゾートでは，冬季におけるツーリズムの発展傾向が顕著であることが示されている。

その一方で，スキーリゾートの発展やスキー場経営にみられる不安定さにも研究の注目が集まっている。Jülg (2004)は，オーストリアにおけるスキーリゾートの発展プロセスに注目した。1950年頃からの急激な成長傾向から，2000年前後にはすでに停滞期に入り，また多くの場所で衰退していることを示している。その背景には積雪の不安定状態が増したことや，スキー人口の減少などをあげた。同様の傾向は，それはスイスにおいて冬季の宿泊数が1980年代以降継続的に停滞していること（呉羽，2014b），フランスのスキーリゾートがさまざまな問題を抱えているこ

と（Tuppen, 2000），アメリカのスキー関連産業が1980年代後半から停滞したこと（Scott, 2006；Hudson and Hudson, 2015），などにもみられる。

　こうした停滞傾向は特定の地域全体に及ぶ場合もあり，また一部のスキーリゾートに限られる場合もある。Falk (2010) は，スキーリゾートの宿泊客数の変動に大きく影響するのは，スキーヤー出発国のGDPであること，復活祭による休暇開始時期が早いほど多くの宿泊客数をもたらすことを指摘した。一方，地域的に限定される例は，スイスにおける廃業されたスキー場の研究である（Heise und Schuck, 2016）。同様の研究例はアメリカには多数存在する（たとえば，Boddie and Boddie, 2015）。ただし，年代的にやや古いが，スイスに関してはスキー場コースの拡大やスキー場の統合などの計画も多数あることが報告された（Mathis et al., 2003）。Falk (2013) は，オーストリアにおけるスキー場の閉鎖に注目し，索道経営会社の生き残り条件を検討した。その結果，人工降雪システムを早く整備していると残存すること，平均標高が1,700m以上のスキー場では閉鎖リスクが小さいこと，経済的な不況の時期では閉鎖リスクが高いこと，積雪深と閉鎖とには有意な関係がないことを明らかにした。

　個別のスキーリゾートを分析した研究は伝統的には大量にあり，とくに，その発展プロセスが分析の中心になっている。たとえば，Profunser (1980) は，南チロル全体について，さらに対象地域であるコルヴァーラインバディーアCorvara in Badiaについて，索道，観光需要および宿泊施設といった指標に基づいて分析した。Beyer (1987) は，オーバータウエルンObertauern（オーストリア・ザルツブルク州，標高1,664m）が，季節的な農業集落からスキーリゾートへと変化したことを，確実に積雪が見込めることや道路によるアクセスの良さと関連づけて説明した。Chucholl (2003) は，ガルミッシュパルテンキルヘン（ドイツ）のリゾート発展をバトラーモデルを援用して説明しようとした。しかし，ドイツ語圏では一般的に個別の事例研究は減る傾向にあり，わずかに卒業論文や修士論文などでみられるようになってきた。

(4) 地球温暖化とアルプス地域のスキーリゾートに関する研究

　現在，オーストリアのみならずアルプス地域におけるスキーリゾートに関する研究者の関心は，温暖化との関連をみることにあるようで，これに関しては大量の研究がなされている。たとえばアルプス全体 (Abegg et al., 2007) やオーストリア (Steiger and Stätter, 2013)，スイス (Gonseth, 2013) において，温暖化の進行とともに標高の低いスキー場が経営困難になるであろうことが指摘されている。逆に，Töglhofer et al. (2011) は，標高の高いスキー場では，これまで積雪の年々変

動の影響をあまり受けてこなかったことを示した。Gonseth (2013) は晴天日数の増加は訪問者数増加をもたらすことを指摘した。温暖化の影響下では人工降雪が注目され，その利用についても多くの分析がある（たとえば，Steiger and Mayer, 2008）。Steiger (2011) は，少雪であった2006年度シーズンについて，チロル州のスキー場経営の脆弱性を分析し，その脆弱性は標高の低い中小規模のスキー場でみられることを指摘した。Hoffmann et al. (2009) は，スイスのスキーリフト会社について，温暖化に対して意識の高い会社がそれに対する適応策を実施しているが，温暖化の影響を受けやすい会社が適応策を実施している証拠は見つからなかったことを示した。アルプス地域の夏季観光にみられる温暖化の影響を分析した研究もある (Steiger and Abegg, 2011)。温暖化と（スキー）観光の関係にみられる諸特徴については，Scott et al. (2012) などにまとめられている。

8) まとめ

　日本のスキー観光に関しては，個別のスキーリゾートを扱った研究が多く，地域的には中央日本北部も含めた東日本を対象としていた。さらに時代に注目すれば，それらは高度経済成長期やリゾート開発ブーム期に集中していた。最近の傾向としては，ニセコ地域にみられるようなインバウンド・ツーリズムに対応したスキーリゾートの研究，さらにはスキー観光に対する温暖化の影響についての研究が多くみられる。しかし，目下，スキー場の休業や閉鎖が出現し，スキー観光の低迷傾向は今後も続くことが予測される。こうした傾向下，どのような地域的条件のもとで，スキーリゾートが持続的に発展するのか，それはどのような発展プロセスなのかを追究するような研究が求められよう。

　アルプス地域に関しては，観光に関する地誌的なまとめも含めて多くの研究がある。リゾートの発展プロセスについては1980年代頃まで，すなわちマス・ツーリズムの目的地という性格で論じられてきた。その後は，オルタナティブ・ツーリズムが主流になったものの発展傾向は続いており，スキーリゾートでもさまざまな変化が生じているように思われる。つまり，発展プロセスとしてどのように変遷しているのかが未解明のままである。オーストリアのみに限れば，スキーリゾートをめぐる近年の研究視点は，温暖化に関するものに集中している。それに対して，これまで継続的に発展している傾向を追究した研究はほとんどなく，この視点での研究が必要になると思われる。

II

日本における
スキーリゾートの
発展プロセス

ニセコひらふ地区のペンションビレッジ（2013年2月）

4 日本におけるスキーリゾートの展開

1) 日本におけるスキーの移入

　日本におけるスキーの導入は，1911年1月のレルヒ少佐（写真4-1）によるものとされている。ただし，実際にはスキー導入をめぐって，複数の契機が存在した。北海道大学（当時は東北帝国大学農科大学）のドイツ語講師であったハンス・コラー Hans Kollerのように，何人かがスキー板を別々の経路で輸入していた（中浦，2010a）。また居留外国人による移入もあり，横浜ジーメンス社の駐在員クラッツアー Egon von Kratzer（オーストリア・ハンガリー帝国）による富士山スキー登山などがみられた（仁藤，1982）。クラッツアーはまた，山形県五色温泉でもスキーをしている（瓜生，1978ほか）。しかしながら，いずれの場合にもスキー技術の体系的伝授・習得というプロセスが欠けていたために，本格的な技術導入には至らなかった。

　テオドア・フォン・レルヒ Theodor Edler von Lerchは，オーストリア・ハンガリー帝国の軍人（1869〜1945，参謀将校少佐〈日本滞在中に中佐に昇格〉，以下レルヒ）で，アルペンスキーの父ツダルスキー（第Ⅰ部2章参照）の弟子でもあった。レルヒは，日本の軍隊視察を目的として，1910年11月末に来日した（1912年9月末帰国）。すなわち，スキー技術を教えるために来日したのではなく，同帝国国防省参謀本部による東アジアの軍事視察を目的としたものであり，レルヒ自身による日本に対する関心の高さにも基づいていた（新井，2011）。

　当時の日本陸軍はスキーの軍事利用に興味を有しており，またスキー板をオーストリアから持参してきたレルヒも積雪地への配属を希望した。その結果，第13師団（現新潟県上越市高田）でスキー講習が実施されることになった。レルヒは1911年1月5日に高田に到着し，東京の陸軍省で製造された10台のスキー板を用いて1月12日から軍人にスキーの指導を開始した。彼が伝授した技術は，ツダルスキー流の長い一本杖のストックを用いたものであった。高田でのスキー導入が日本スキーの開始とされる理由は，第13師団においてレルヒや師団長・長岡外史を中心に，軍隊関係者以外向けの講習会が開かれたことにもある。長岡師団長は冬季における子どものレクリエーションとしてのスキーに注目し，新潟県の教員向け講習会が実行された。これによって体系的なスキー技術の普及がなされた。さらにレルヒ自身がスキー登山への関心を高くもち，高田近隣の南葉山のみならず，妙高山や富士山

への登山も試みられた。

　翌シーズン，1912年1月，講習会は高田および小千谷で開催された。宣伝もより本格的になされ，民間人では新潟県に加えて長野県からの参加者があった（中浦，2010b）。また，当時の第8師団，青森県と秋田県という積雪地域から軍人が講習会に参加した。レルヒは1912年2月初めに北海道旭川の第7師団に移動し，そこでもスキーの指導を行った（中浦，1999）。同年4月には羊蹄山へのスキー登山を実施した。一方，レルヒが去ったあとの高田では，日本スキー倶楽部高田支部によって組織的に講習会が開催されたり，さらには個人的な講習も行われた（中浦，2010b）。そこには全国の積雪地域から参加者がみられ，受講者らは地元にスキー技術を持ち帰ったのである。

写真4-1　新潟県上越市高田にあるレルヒ像
（2011年2月）
高田金谷山は日本スキー発祥の地ととらえられ，日本スキー発祥記念館もある。レルヒの銅像は高田のほか，北海道の旭川空港と倶知安町にある。

2）第二次世界大戦前のスキー技術の伝播とスキー観光

　レルヒやその弟子たちから伝授された初期のスキー技術は，講習会という媒介を通じて積雪地域に伝播した。つまり，積雪地においてスキーというイノベーションが普及していった。その受け皿は，スキーの利用のしかたで二つに分けることが可能である。まず，積雪地域における軍事・業務のためのスキー技術受容がある。もう一つは，スキーをレクリエーションや競技種目としてとらえたもので，これについてはスキー技術は積雪地域に加えて大都市にも普及した。

　第1の軍事・業務のためのスキーについては，積雪地域の軍隊，警察，営林局（署），郵便，電力会社などが受け皿となった。雪上での移動手段としてスキーが注目され，軍事・業務に用いられた。同時に，それらの受け入れ団体では競技スキーも盛んになった。たとえば，青森営林局では，大正期初期に署員の数人がスキーを開始し，1920年代にはスキー競技会への参加者が現れた（きったほか，1982）。1926年2月には青森林友スキー倶楽部が創設されている。

　第2のレクリエーションや競技種目としてのスキーについては，まず積雪地域の

写真4-2　赤倉観光ホテル（2014年3月）
赤倉観光ホテルは、赤倉温泉の旅館街から南西の斜面に整備された。戦前当時のインバウンド観光政策のもと国際リゾート開発計画が進められ、オークラホテルが経営した。

人びとに普及した。その結果、多くの積雪地域でスキークラブが設立された。とくに、温泉地におけるスキークラブの設立が顕著であった。当時、積雪温泉地のほとんどは湯治場的な性格であったが、冬季には積雪のため利用者が少ない、「冬枯れ」状態となっていた（白坂、1986）。そこで、旅館経営者らは、冬季の利用客を増加させるため、積極的にスキーの導入に取り組んだのである。スキークラブが中心となって、立木の少ない採草地や萱場がスキー斜面に転用された。こうした形態は、野沢温泉（口絵1）、志賀高原発哺・熊の湯、燕温泉、妙高赤倉温泉、草津温泉、蔵王温泉（口絵2）などでみられた。

　もちろん温泉地以外の積雪地域においても、スキークラブが設立されていった。たとえば、長野県の飯山市や北安曇郡、菅平高原などをあげることができる。そこでもまた住民が積極的にスキー斜面を整備し、自らもスキー技術の向上に努めていた。大都市からのアクセスに恵まれ、また雪質や地形がスキーに適したために、それらの地域へのスキーヤー訪問が増えていった。そのうち、現白馬村八方（口絵3）や菅平高原では、宿泊施設としての温泉旅館に代わる民宿の原初形態が出現した。大正末期には、八方で登山ガイドをしていた2戸の農家がスキー客を宿泊させ、その後は警察の許可を得て多数の宿泊営業がみられた（市川、1975）。菅平高原では、農家の蚕棚にスキー客を宿泊させたという。

　さらに、第二次世界大戦前の観光政策の主流をなした外国人観光客誘致のために、スキーリゾートの核となる洋風ホテルが整備された。1940年開催予定のオリンピック冬季大会母候補地としての施設整備も期待された（砂本、2008）。1937年には志賀高原丸池に「志賀高原温泉ホテル」が、妙高赤倉温泉南部に「赤倉観光ホテル」（写真4-2）が建設された。このように、温泉地や農村において徐々にスキーリゾートの原型が形成されていった。また、1932年に建設された「岩原スキー・ロッジ」のように、富裕層の財界人がリゾート形成の基礎をなした例もある（ホイチョイ・プロダクショ

ン編，1987)。

　また，積雪地域の教育機関への伝播も盛んにみられた。たとえば長野県では，大正初期までに，飯山市のみならず，長野市，大町市，諏訪郡，木曽郡などの小中学校や師範学校でスキーが普及した（臼田，2013)。北海道では北海道大学や小樽商科大学（中浦，1999；中川，2011）で盛んとなった。また，大正期を通じて競技会の開催が増加してくると，競技スキーもそのような教育機関で大きく発展した（たとえば，高田中学・高田高校スキー部OB会，2005)。

　一方，大都市におけるスキー技術受容の担い手になったのは，大学のスキー部・山岳部員であった。1911年12月には学習院大学の学生が高田でレルヒからスキーを学んでいる。慶応大学や東京帝国大学，早稲田大学にも広がっていき，関西では京都二中の校長・中山再次郎が，スキー技術のみならずスキー場開発の普及に貢献した（中浦，2010a)。もちろん，大学生以外にもスキーは普及した。1914年2月，明治末から大正初期に高田などでスキー技術を習得した東京在住のスキーヤーが集まり，日本スキー倶楽部東京支部が結成された（中浦，2010a)。スキーは，用具代や移動費のために経済的制約の大きいものであるが，大都市では比較的裕福な大学生や富裕層がスキーの担い手になった。当時は高速交通網が未整備のため移動時間が長く，宿泊を伴ったスキー旅行が一般的であった。彼らが，スキー斜面の整備された温泉地を訪れ，温泉旅館などに宿泊したのである。また彼らに特有の経済的な余裕は，長期滞在によるスキー観光を確立させた。

　ヨーロッパ・アルプスと同様に，日本においてもスキーが有する意味の変化が生じた。登山・移動手段としてのスキーから，スキー場内でのスキーへの移行である。この移行は，スキー登山の普及が遅れた日本においては，ヨーロッパよりも短期間になされたと思われる。その結果，ゲレンデ内でのスキーが主流化し，ゲレンデスキー自体がスキーとしてとらえられ，ゲレンデ，すなわちスキー場がレクリエーション空間化していった。ただし，第二次世界大戦前の日本ではスキーリフトは存在しなかった。

　大正末期頃，中央日本北部や日本海側の積雪地域において，温泉地，さらには大都市からの鉄道アクセスに恵まれた地域にスキー斜面が多く分布した。白坂（1986）は，1924（大正13）年に国内初のスキー場ガイドとして刊行された『スキーとスケート』（鉄道省，1924）に基づいて分布図を作成している。それらの中心は上述したスキーリゾートであるが，伊吹山や大山のように西日本における立地もみられた。志賀高原スキークラブ（1991）にも1936年当時のスキー場分布図が示されており，同様の傾向がうかがえる。1934年に刊行された『全日本スキー地案内』（長田，1934）には，樺太や朝鮮も含めて200か所以上のスキー場・斜面の案内がある。

3）スキー観光復興期（1946〜1955年）

　第二次世界大戦直後（1946/47年シーズン），進駐軍によって，札幌藻岩山と志賀高原丸池に日本最初のスキーリフトが設置された。進駐軍が，そこでレクリエーションのためにスキーを楽しんだのである。進駐軍の藻岩山スキー場は現存するスキー場とは異なり，「もいわやまロープウェイ」の西側に位置していた。これらの日本最初のスキーリフトは，既設のスキー斜面を有する地域に刺激をもたらした。1948年には草津温泉にスキーリフトが設置され，それはカラマツで支柱が組まれ，また近隣の小串硫黄鉱山のケーブルが用いられたものであった。1950年代に入ると，各地でスキーリフトの設置が始まった。当初は，大鰐，山形蔵王，五色，沼尻，草津，妙高赤倉，越後湯沢，野沢温泉，宇奈月などの温泉地でのスキーリフト架設が多かった（表4-1）。そのほか，志賀高原（口絵4）や菅平，霧が峰などの高原や，石打丸山，八方尾根などの農村にもスキーリフト設置が進んだ。地域的には長野県と新潟県の2県で半分を占めていた。この時期のスキーリフトは一人乗りのシングルリフトであり，そのほとんどはスキー場近隣の温泉旅館経営者や有力農民が出資した地元資本，市町村当局で設置され，一部には岩原のように都市資本（日本ケーブル）の進出がみられた。

4）スキー観光展開期（1955〜1980年）

　高度経済成長期になると，国民の所得は増大し，スキーは徐々に大衆化した。すなわち，それまでのスキーはどちらかといえば，富裕層に限られたレクリエーションという性格が強かった。しかし，この時期における余暇時間の拡大や所得上昇とともに，スキーは徐々に大衆化していった。スキー場へのアクセスも多様化し，夜行列車を利用した前夜行日帰型のスキー旅行も出現した（長津，1973）。

（1）スキー場開発の進展
　スキーヤーの増加とともに，スキー場開発も増加し，スキー場の立地傾向にも変化が生ずるようになった。スキー滑走技術が徐々に向上したことによって，より大規模なスキー場が求められた（白坂，1986）。第二次世界大戦前，多くのスキー場が積雪温泉地に立地していたが，それは温泉地における宿泊施設の存在が重要であったためである。しかし，高度経済成長期，後述するように多様な宿泊施設の出現がその要因を変化させた。新たなスキー場が，農村の裏山や非居住地の森林内に開発されていった。この時期の初期には，農村の背後に存在する採草地や萱場がス

キー斜面へと転用された。一方，1972年以降は，斑尾高原の開発を嚆矢として，それまでの非居住地であった空間に大規模な開発が進行した。こうしたスキー場の立地変化は交通手段の変化とも関連していた。すなわち，伝統的にはスキー旅行は鉄道交通の利用に基づいていたが，自動車化の進展とともに道路交通への依存度が高まり，自家用車やスキーバスでのスキー旅行が増えていった。その結果，鉄道駅から離れたスキー場の開発がみられるようになった（白坂，1986）。

この時期，多くのスキー場が新規に開発された（図4-1）。1950年代後半から開発数が増え始め，1960年から1973年頃までの期間には，毎年20か所前後のスキー場が新たに開設された。とくに，1960年代前半と1970年代の特定年には30か所前後の新設がみられた。しかし，1970年代半ば以降，オイルショックの影響で低成長時代となり，新規開発は急激に減少した。この時期，スキー場の地域的立地傾向は大きく変化した。1960年までは長野県と新潟県にスキー場が集中

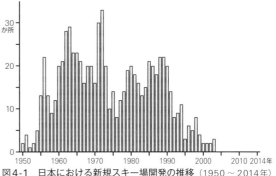

図4-1　日本における新規スキー場開発の推移（1950～2014年）
資料：国土交通省（運輸省）監修『鉄道要覧』（『私鉄要覧』『民鉄要覧』）

表4-1　日本における1955年当時のスキー場

番号	スキー場名	道県名	開設年	リフト数	備考
1	荒井山市民	北海道	1955	乙1	1999年閉鎖・休業
2	赤平山	北海道	1955	丙1	2004年閉鎖・休業
3	旭川富沢	北海道	1955	丙1	1968年閉鎖・休業
4	芦別中の丘	北海道	1955	丙1	1973年閉鎖・休業
5	大鰐温泉	青森	1954	乙1	
6	十和田大湯温泉	秋田	1955	乙1	2002年閉鎖・休業
7	上野々	宮城	1955	乙1	
8	蔵王温泉	山形	1952	乙2	
9	五色	山形	1955	乙1	1997年閉鎖・休業
10	あだたら高原	福島	1954	乙1	
11	沼尻	福島	1955	乙1	
12	草津・本白根	群馬	1953	乙2	
13	赤倉温泉	新潟	1950	乙2丙1	
14	池の平	新潟	1950	乙1	
15	石打丸山	新潟	1954	乙2	
16	土樽	新潟	1955	乙1	2005年閉鎖・休業
17	湯沢高原・布場	新潟	1955	乙2	
18	野沢温泉	長野	1951	乙1	
19	サンバレー・丸池・蓮池	長野	1952	乙3	
20	岩岳	長野	1952	乙1	
21	やぶはら高原	長野	1952	乙1	
22	霧ヶ峰	長野	1953	乙1	
23	八方尾根	長野	1954	乙1	
24	木戸池	長野	1955	乙1	
25	菅平高原	長野	1955	乙1	
26	飯山（神明ケ丘）	長野	1955	乙1	1970年閉鎖・休業
27	宇奈月温泉	富山	1955	乙1	
28	奥神鍋	兵庫	1954	乙2	

注：開設年は下記資料に記載されたスキーリフトの運輸開始年とした。乙は乙種特殊索道（スキー用チェアリフト）を，丙は丙種特殊索道（滑走式の索道（シュレップリフト））をさす。　資料：運輸省『私鉄要覧』昭和32年度：昭和40年度』

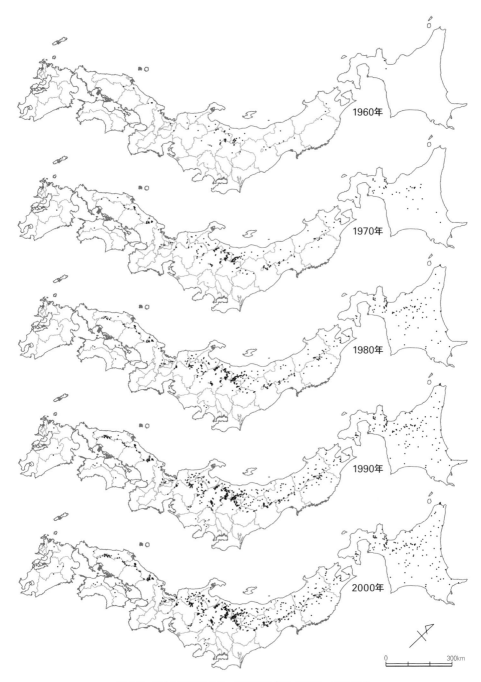

図4-2 日本におけるスキー場分布の変化（1960～2000年）
注：丙種特殊索道のみのスキー場は含まれていない。　　　　　資料：国土交通省（運輸省）監修『鉄道要覧』、『私鉄要覧』、『民鉄要覧』

表4-2 日本におけるスキー場数および規模指数の推移(1959～1999年度)

分類		スキー場数					規模指数(人km/h)			
		1959	1969	1979	1989	1999	1969	1979	1989	1999
総数		83	294	445	601	631	237,659	562,250	1,687,978	2,362,303
地域	北海道	8	51	91	125	131	24,365	81,266	263,777	338,086
	北東北	2	21	40	61	66	11,024	27,800	147,940	198,720
	南東北	13	33	46	66	68	29,369	49,049	164,039	244,830
	関東	7	21	26	37	40	17,772	36,540	136,995	213,957
	新潟	19	44	60	74	73	49,707	106,093	298,992	390,226
	北陸	4	12	21	26	35	6,804	25,033	53,095	96,093
	長野	16	55	62	87	89	66,826	151,885	415,797	557,307
	東海	3	17	39	42	43	10,134	36,985	80,023	146,777
	近畿	8	25	30	38	35	14,856	30,506	68,215	79,038
	中国	3	14	26	38	41	6,463	16,033	54,621	88,071
	四国・九州	0	1	4	7	10	339	1,060	4,484	9,198
索道会社資本	市町村等	20	76	149	232	251	46,690	119,675	322,527	423,752
	地元	29	91	104	112	91	68,175	120,704	282,719	346,035
	都市	29	99	149	199	209	99,537	260,153	824,631	1,122,631
	第3セクター	4	22	35	52	73	20,629	57,214	245,631	456,155
	不明	1	6	8	6	7	2,628	4,504	12,470	13,730

注1:スキー場規模指数=Σ(IL×TC)。 IL:スキーリフトの斜長距離(km) TC:スキーリフトの輸送能力(人/h)
注2:北東北(青森県、岩手県、秋田県)、南東北(宮城県、山形県、福島県)、関東(栃木県、群馬県、山梨県)、東海(静岡県、愛知県、岐阜県、三重県)。 資料:国土交通省(運輸省)監修『鉄道要覧』『私鉄要覧』『民鉄要覧』

表4-3 日本における索道数の推移(1958～2015年)

年	普通索道		特殊索道					
			甲種		乙種		丙種	
	施設数	距離(km)	施設数	距離(km)	施設数	距離(km)	施設数	距離(km)
1958	32	20	3	1	83	36	4	1
1960	56	47	24	9	169	77	10	3
1965	84	72	56	24	422	187	22	6
1970	106	100	128	57	784	376	30	8
1975	112	120	149	67	1,283	648	27	8
1980	114	129	147	66	1,626	854	48	21
1985	130	165	149	64	2,158	1,181	64	34
1990	166	248	150	67	2,596	1,514	58	32
1995	188	303	167	71	2,774	1,717	47	25
2000	186	307	施設数	2,857	距離(km)	1,771		
2005	188	321		2,631		1,651		
2010	174	301		2,328		1,489		
2015	171	300		2,187		1,415		

注:普通索道:ロープウェイ、ケーブルカー、ゴンドラリフト 甲種特殊索道:スキー用以外のリフト(チェアリフト)
乙種特殊索道:スキーリフト(チェアリフト) 丙種特殊索道:スキートー(シュレップリフト)
2000年以降は特殊索道の細区分なし。各年3月末現在。資料:国土交通省(運輸省)監修『鉄道要覧』『私鉄要覧』『民鉄要覧』

していた(図4-2;表4-2)。しかし、1960年代以降には、日本全国でスキー場が増加した。1960年代は、北海道、南東北、近畿地方で増加がみられた。とくに、北海道での増加が顕著であった。1970年代には、北海道に加え、北東北、関東、東海、中国地方でスキー場が増えた。もちろん、1960年までの核心地域であった、長野県と新潟県に群馬県を加えた中央日本北部でもスキー場数は増えていった。

スキー場開発の進行とともに、スキーリフトの建設が増加した(表4-3)。スキー向けのチェアリフトである乙種特殊索道数、またその延長距離は1960年代と1970年代を通じて大幅に増加した。当時はチェアリフトのほとんどが1人乗りリフトで

写真4-3　苗場スキー場（2012年12月）
苗場スキー場は，1961年，新潟県湯沢町浅貝集落の筍山山麓に開設され，競技会の開催も多い。国土計画による単一資本経営によるスキーリゾートで（現在はプリンスホテル経営），複数棟のホテル（写真中央）がある。中央奥の斜面上の建物は浅貝のリゾートマンションである。

あり，輸送人員は少なかった。1971年，長野県志賀高原に日本初の2人乗りリフト（ペアリフト）が建設されたが，その数は1970年代を通じて大きく増えることはなかった。また，スキー場内には，複数の食堂が整備された。そのほとんどは，地元の人びとが自己所有地に整備したものであった。

スキー場開発への投資のほとんどは索道建設向けであり，収益部門も索道が大半を占める。それゆえ，開発資本といえば，スキーリフトの経営会社をさすことが多い。この時期における大規模なスキー場開発の進行は，大都市からの大資本の参入をもたらした。これは，それまで中心であった地元資本（表4-2）では資金が不足したことに基づいていた。加えて，スキー場の開発・経営が観光事業として確立された点も重要であった。その結果，複数の鉄道系資本がスキー場開発に進出した。これはスキー場の主要施設である索道が法令上[1]は鉄道に含まれることに起因している。その例として，西武鉄道系の国土計画（現在はコクド，ただしスキー場経営はプリンスホテル），東急，東武などをあげることができる。国土計画による苗場（写真4-3）や万座，東急による白馬などが代表的なスキー場であろう。また，前述した斑尾高原スキー場を開発した藤田観光のように，観光事業会社よる開発もみられるようになった。さらに，市町村による開発もみられ，野沢温泉村のような典型例もある。

(2)宿泊施設地区の整備

1960・1970年代におけるスキー場開発の増加は，新たな宿泊施設を誕生させた。その典型例は民宿とペンションである。民宿については，すでに述べたように第二次世界大戦以前にもその原型が存在した。しかし，1960年以降，農村地域においてスキー場開発が増えると，農家が家屋の一部を改造して営業する民宿（写真4-4）が急速に普及したのである（石井，1992）。スキー人口の増加に伴い，低廉な宿泊施設が不可欠になった側面や，また薪炭生産に代わる農家の副業としての必要性も

---

1) かつては地方鉄道法，1987年以降は鉄道事業法による。

あって民宿による宿泊業が増加した。その結果，冬季は民宿経営，それ以外の時期は農業を生業とする積雪農村が定着した。当時，多くの山村で人口減少が問題視されていたが，スキー民宿が地域の重要な要素となった「民宿地域」では，人口が維持されることも多かった（三井田，1979）。

写真4-4　長野県白馬村飯森地区の民宿（2011年9月）
大規模な農家が民宿に改装されている。五竜遠見スキー場飯森ゲレンデに近接する。

群馬県片品村，新潟県湯沢町，塩沢町（当時），妙高高原町（当時），長野県飯山市，真田町（当時）菅平高原，白馬村，小谷村などがその典型例で，さらには温泉地である野沢温泉などにも多くの民宿が集積した。

「農業＋冬季宿泊業」が定着するようになった一方で，宿泊業専門化へのプロセスを進む地域も現れた。1970年前後から民宿の夏季営業もなされるようになったのである。民宿の起ち上げに多くの投資をした場合，できるだけ早く借金を返済するために，夏季には利用されずにいた施設の利用がはかられるようになった。とくに標高の高い山村の場合には，もともと農業生産性も悪いために，それに代わる産業が模索された。こうした状況下，夏季観光の形態で注目されたのは合宿，とくにスポーツ合宿であった。その基盤としてグラウンド，テニスコート，体育館といったスポーツ施設が整備され，大学生を中心とする多くの合宿客が訪れた。群馬県片品村では，1968年に片品高原スキー場が開設されると，近隣の中里地区には民宿が次々と開始された。その4年後の1972年には，4軒の民宿が農地を転用し，共同でテニスコート22面を完成させた（呉羽，1991b）。その後，同村では多くのテニスコートやグラウンド，体育館が個人や公的団体によって整備され，民宿は夏季に合宿客を，冬季にスキー客を受け入れるようになった。一方，長野県の菅平高原では，畑がラグビーグラウンドへと転用され，一部の民宿が夏季に営業を行うようになり，その受け入れは拡大していった（山本ほか，1981；新藤ほか，2003）。こうした事例にみられるように，一部の民宿地域は宿泊業に特化するような地域へと変貌した。

また，この時期には一部のスキー観光地域内で洋風民宿であるペンションが出現した。この形態の宿泊施設は，洋風という点が女性や若年層を惹き付けた。ペンションは民宿とは異なり，外来者が洋風建築・内装，洋風な食事を売り物として経営するものであり，また個人経営に特徴がある。多くの場合，脱サラの都市住民がペン

写真4-5 草津温泉のペンション（2016年2月）
綿貫ペンションは日本最初のペンションで，1969年に開設された。付近にはペンションの集積がみられる。現在は，併設レストランの人気も高い。

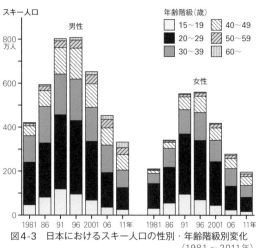

図4-3 日本におけるスキー人口の性別・年齢階級別変化
（1981～2011年）
注：2011年はスノーボードを含む。　資料：総務省『社会生活基本調査』

ション用地を購入し，そこにスイスのシャレー風など自分の好みの建物を建てた。1969年に，草津温泉に開設された「綿貫ペンション」が日本初である（写真4-5）。その後，1970年代前半にペンション用地の大規模集団分譲が長野県須坂市の峰の原高原，同白馬村のエコーランドなどで行われ，ペンションビレッジが成立した。これらは，当時絶頂期にあった首都圏外縁部の別荘地分譲（呉羽，2009b）と形態が類似していた。また，小規模なペンション集積も複数の地域でみられるようになった（Suzuki, 2015）。

5）スキー観光発展期（1980～1993年）

　1980年代から1990年代の初めにかけてのこの時期は，日本のスキー観光が最も発展した時期である。余暇開発センター刊行の『レジャー白書』によると，1993年にはスキー人口が約1,860万に達した。当時，スキーをすることが若者世代の間で流行になり，最新のスキーウェアとスキー用具を身につけ，ゲレンデを完璧なパラレルターンなどできれいに滑り降りること，すなわち演技（パフォーマンス）をすることがステイタスととらえられた。映画「私をスキーに連れてって」（1987年）の公開も，スキー人口増加に影響を与えた。また，後述するように，それまではどちらかというと農村的なイメージが卓越したスキー場に都市的な要素が増えると，スキー場が流行空間となり，流行に敏感な20歳代の女性スキーヤーの大幅な増加をもたらした。上記の『レジャー白書』とはデータが異なるが，1991年と1996年の社会生活基本調査によれば，1990年代前半頃，全国で1,350万程度のスキー人口が

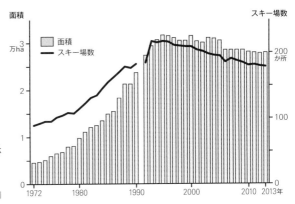

図4-4 日本における国有林野利用スキー場の推移
(1972～2013年)
注：1991年はデータなし。
資料：林野庁『国有林野事業統計書』

存在した。1981年から1991年にかけての変化に注目すれば(図4-3)、男性スキー人口がおよそ2倍に増加したのに対して、女性は3倍近くに増加した。男性・女性ともに20歳代の増加が著しかったが、とくに女性の上昇が目立っていた。その増加の大半は大都市で生じた(呉羽、2002a)。

(1) スキー場開発の発展

スキー観光の増大とともに、いくつかの時代的特性に基づいて、スキー場開発はこの時期に再び急激に拡大した(図4-1)。とくに、1980年代後半から1990年代初頭にかけては、毎年20か所程度のスキー場が新たに誕生していた。地域的な分布傾向を1980年と1990年についてみると(図4-2)、全体として、旧年の特徴が継承され、1990年時点ではそれぞれの地域で若干分布密度が大きくなっている。ただし、北海道、東北地方北部、関東地方北部、長野県南東部、岐阜県では分布図からもスキー場の増加が把握できる。

こうしたスキー場のさらなる増加の特徴やその背景には、次の4点がある。第1に、リゾート開発ブームであったことがあげられる。バブル経済に基づく好景気の下、日本ではリゾート開発が急激に進行した(佐藤、1990)。さらに1987年に総合保養地域整備法が制定され、さらなるリゾート開発が計画された。

第2に、国有林が多くの敷地をスキー場に提供したことである。1980年前後から、国有林野内のスキー場数は順調に増えていた(図4-4)。さらに、面積はスキー場数に比べて大きな割合で増加した。すなわち、利用面積が増え、大規模なスキー場が開発されるようになったことがわかる。1990年代初頭には国有林野内を利用するスキー場数は200か所を超え、面積は3万haを上回るようになった。国有林野は、一般には標高の高い奥山に位置するため、スキー場開発がそのような地域へと拡大していったことが把握できる。たとえば、群馬県片品村の尾瀬岩鞍スキー場

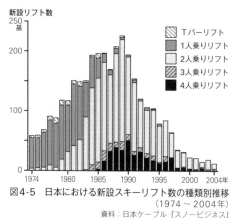

図4-5　日本における新設スキーリフト数の種類別推移
（1974～2004年）
資料：日本ケーブル『スノービジネス』

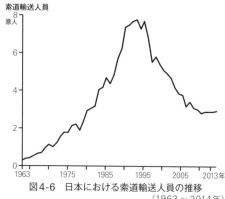

図4-6　日本における索道輸送人員の推移
（1963～2014年）
注：1997年までは乙種特殊索道の，1998年以降は特殊索道全体の輸送人員．
資料：国土交通省（運輸省）『鉄道輸送統計年報』

では，スキー場は国有林野を利用して，より標高の高い地域へと拡大した（呉羽，1991b）。こうした変化がみられた背景には，赤字経営が続いていた国有林野事業が，赤字解消の手段として観光経営に積極的な態度を示したことがあると考えられる。

　第3には，大都市から積雪地域への高速交通網の完成があげられる。とくに，東京からの関越自動車道，東北自動車道は，自家用車やスキーバスが主要な交通手段となったスキーヤーの利便性を大きく向上させた。とくに，1985年秋に関越トンネルが開通すると，首都圏から新潟県南部のスキー場集積地域への近接性が著しく向上した。また，スキーバスを運行する専門の旅行会社も現れ，往復のバスに宿泊とスキーリフト券をセットにした格安のツアーが発売され，若年層に人気となった。東京都下のターミナルでは週末前夜には多くのスキーバスが出発する光景がみられた。

　第4には，スキー場内の設備について技術革新が急速に進んだことがあげられる。それにより輸送能力の高いスキーリフト，人工降雪機，圧雪車が普及した。先述のように，スキーリフトについては，1970年代までは1人乗りチェアリフトが一般的であったが，1980年代に入ると2人乗りチェアリフトがその地位を逆転させた（図4-5）。さらに1980年代半ば以降は，より輸送能力に優れる3人乗り・4人乗りチェアリフトが増えた。スキーリフトの輸送人員は，その時々の運行速度によっても異なるが，一般値としては，1人乗りチェアリフトで1時間当たり600人である。概数としては椅子の人数分に600人をかけると1時間当たりの輸送人員になり，4人乗りチェアリフトでは1人乗りチェアリフトの4倍の輸送能力があることになる。結果として，乙種特殊索道リフトの総数は増え続けた（表4-3）。加えてゴンドラリフトの設置も急激に増えた。ゴンドラリフトは普通索道に分類されるが，この時期

写真4-6　尾瀬岩鞍スキー場の人工降雪機(1995年9月)
群馬県片品村の尾瀬岩鞍スキー場は、1974年に開設された。スキー場は東向き斜面が中心で、国有林野が広がる西部へと開発が進んでいった。1979年以降、人工降雪機が設置されている。写真左端の柱状のものがガンタイプの人工降雪機である。

写真4-7　ナスパニューオータニ（1994年8月）
ナスパは、1992年、新潟県湯沢高原スキー場の南に開設された。越後湯沢はリゾートマンション銀座であったこともあり、スキー場直下にホテル（写真中央）のほか、オーナーズマンション（タワー）、リゾートマンション（奥）が整備された。

に非積雪地での設置はほとんどないため、1980年代以降の増加分はほぼスキー場でのゴンドラリフト増加とみることができる。こうした輸送能力に優れる索道増加の結果、またスキー人口増加ともあいまって、索道輸送人員は急激に増加した（図4-6）。索道数の増加とともに、グラフでは1960年代から順調に増加を示していたが、とくに1980年代半ば以降はグラフの傾きが急激に増したことがわかる。

人工降雪機の使用は、1960年代、軽井沢プリンスホテルスキー場で試行使用されたが、1980年代半ば以降にその降雪技術の進歩とともに利用が本格化した。人工降雪機の利用によって、寡雪地域においても気温が低くスキー場に適した地形条件があればスキー場経営が可能となり、関東地方北部、八ヶ岳山麓、岐阜県などに多くのスキー場を新規立地させた（図4-2）。もちろん、それ以外に年末年始時期での積雪の確保に代表される積雪の安定化、早期オープンなどによるほかスキー場との差別化を図るために、人工降雪機は多くのスキー場で導入された（写真4-6）。また快適なスキーコースとするために地形改変も頻繁に行われるようになった。圧雪車を用いた斜面の整備も、多くのスキー場で導入された。

(2) 新しいスキーリゾートとスキー場の出現

急激に拡大したスキー場開発は、新規のスキー場開発と、既存スキー場の拡大・拡充とに分けることができる。新規開発は、新たなタイプのスキー場を生み出したことに特徴がある。それは、リゾート型とコンビニエンス型のスキー場であった。

リゾート型スキー場は、リゾートホテルを備え、そのホテルとスキー場が機能的に統一されているものである。またプールやそのほかのスポーツ施設も有し、リゾートマンション（写真4-7）を有する場合もあり、総合的なリゾートとしての性格

が強い。7章で説明するフランス・アルプスの統合型スキーリゾートに類似する。日本では，北海道や東北地方に多くみられ，北海道のトマムやサホロ，岩手県の安比高原がなどがその典型例である。このタイプは，既に述べた苗場や斑尾高原のように1960年代と1970年代にも若干は存在したが，1980年代のリゾート開発ブームの中で大幅に増加したとみることができる。いずれも，大都市から進出した単一大資本によって計画的に開発が進められた。リゾートタイプの出現によって，スキー場のイメージは大幅に向上した。

写真4-8　安比高原スキー場（2015年3月）
安比高原スキー場は，岩手県安代町（現八幡平市）に開発された。スキーコースは，標高1,328mから500mにおよぶ。リゾートの中心はスキー場下部にある2棟のホテルである。

写真4-9　ガーラ湯沢スキー場（2005年10月）
ガーラ湯沢は，1990年，上越新幹線の越後湯沢駅に隣接する保線基地から，駅を拠点に開設された。ホームを出ると，目の前にゴンドラリフト乗り場が配置されている。

安比高原スキー場（口絵5）は，八幡平地域総合森林レクリエーションエリア・安比地区整備事業の枠組みのなかで1981年12月に開設された（呉羽，1991a）。事業区域は3,353ha（国有林野2,844ha，民有地509ha）におよび，スキー場は区域の東部約1/3を占める。事業主体は第三セクターの安比総合開発株式会社で，日本リクルートセンター株式会社（当時）がほぼ半分を出資していた。スキー場内には，当時最新のスキーリフトや洋風のレストランが，中央ゲレンデ下部にはホテル2棟（写真4-8），リゾートマンション3棟が，いずれも1990年代初めまでに整備された。また49軒（1990年）からなるペンションビレッジ，別荘地区もあわせて整備され，一大スキーリゾートを形成するようになった。

一方のコンビニエンス型スキー場は，とくに首都圏近隣地域で開発された日帰りのスキー旅行に対応したタイプである。大規模な駐車場を備え，深夜にスキー場に到着するスキーヤーのために仮眠施設を整備し，早朝5時前後からスキーリフトの運行を開始した。余暇時間の少なさや高速交通体系の発達を背景として成立したタイプのスキー場で，その代表例としては，新潟県の神立高原，群馬県の川場，長野県の富士見パノラマ，ザイラーバレーなどがある。また，新幹線の駅に直結したガーラ湯沢スキー場（写真4-9）もこのタイプである。1993年，千葉県船橋市に開設され

た，ららぽーとスキードームザウスは積雪地域を訪問することなく楽しむことのできる屋内人工雪スキー場として，コンビニエンス型スキー場の典型例と位置づけられるのかもしれない（2002年9月で営業終了，その後解体）。

このような大規模なスキー場開発を支えたものは，大都市からの資本であった。従来の鉄道系資本に加えて，不動産やゼネコンなどが進出し，そのなかには前述のリクルートなどの異業種参入もみられた。こうした異業種の参入がスキー場経営に新しい視点を持ち込んだ結果，上記のような新しいタイプのスキー場が生じたとも解釈することができる。もちろん，国土計画（当時）のような鉄道系資本も開発を拡大し，同社は1990年の時点で28か所のスキー場を有していた（Kureha, 1995）。

スキー資本の種類別にスキー場数やその規模を検討すると（表4-2），スキー場数では市町村などの地方自治体によるものが多い。しかし，規模指数やその平均をみると，都市資本あるいはそれが含まれた第3セクターで大規模なスキー場開発がなされていることがわかる。こうした都市資本への依存は，次の停滞期において問題を生じさせることになる。一方，市町村による開発についても，過剰投資が市町村財政を圧迫することにつながっていく。

(3) 既存スキーリゾートの変化

既存のスキー場においても，規模の拡大，施設の更新が活発に行われた。旧タイプのスキーリフトは輸送能力の高いものに更新され，輸送人員は劇的に増加した。また新たなスキーコースが開拓・整備され，おもに標高の高い地域へと面積が拡大した。レストランなどの施設は，増加しつつあった若年女性スキーヤーに対応するように改装され，従来の「食堂」的イメージを有する施設からセルフサービス形式の西洋風施設へと変化した。さらには，自家用車で訪れるスキーヤー増加に対応するために，多くのスキー場で駐車場の拡張がなされた。

スキー人口の急速な増加は，スキー場開発の進展のみならず，民宿地域やペンションビレッジ，温泉地など，既存の宿泊施設の集積地区にも大きな変化をもたらした。これらの地区では全体の宿泊施設数の増加はほとんどみられなくなった。つまり，すでに可能性のある施設がほぼ開設つくされていた。宿泊者増加に対しては，個々の宿泊施設が規模拡大を図った。多くの民宿は，近代的な建築物へと建て替えられ，温泉旅館も規模拡大が図られた。民宿地域では，多くの宿泊施設が建て替えや改築を行うため，建築業が大きく成長した。さらに，一部のリゾートタウンには，居酒屋やディスコが立地するようになった。

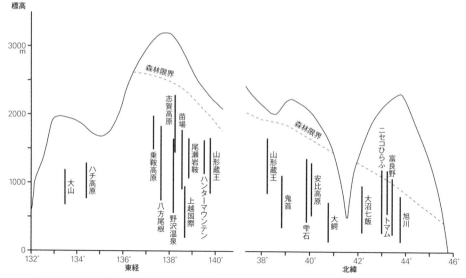

図4-7 日本におけるスキー場の垂直的分布（1990年）　　資料：Kureha（1995）（一部改変）

(4) スキー場の地域的分布

　ここで，1990年時点の日本のスキー場分布を説明する（図4-2）。2010年代現在のスキー場分布と基本的な特徴は同様である。日本のスキー場は，日本海側に集中して分布する。また，全般的にみると，東日本での分布密度が西日本に比べて高いが，とくに中央日本北部，すなわち群馬県北部，新潟県西部から長野県北部にかけての地域の密度が高い。さらに，東北地方では奥羽山脈に沿って分布し，北海道ではニセコ周辺への集中もみられるものの，分散傾向にある。こうした分布は，まず積雪によって説明できる。日本における積雪は日本海側の地域に集中する。それゆえに日本海側へのスキー場分布がみられる。第2に地形の要因が重要である。日本の大規模なスキー場は，ニセコ，蔵王，磐梯山，苗場，妙高などのように火山山麓に立地するものが多い。また，志賀高原（写真4-10）や野沢温泉のような侵食の進んだ壮年期山地にもスキー場がみられる。その一方で，北アルプスのような著しく標高の高い山地では，白馬山麓などの例外を除いてスキー場はあまりない。これは，急傾斜や積雪量過多などが原因なのであろう。第3に交通条件が重要である。中央日本北部へのスキー場集中は，大都市圏からの近接性による。それというのも，日本のスキー人口の約半分は，東京，大阪，名古屋の大都市圏に居住しているからである。日本人のスキー旅行は，日帰りを中心とした短期性に特徴がある。つまり，居住地である大都市からスキー場への近接性が重視されるゆえに，また三大都市圏を背景に有するゆえに，中央日本北部にスキー場が集中する。

写真4-10　志賀高原寺子屋スキー場（2012年1月）
寺子屋スキー場は東館山の南東，志賀高原のほぼ中央にある（標高2,000m前後）。右側奥は焼額山および奥志賀スキー場である。志賀高原は南北約13kmにおよび，標高差が大きいというよりも面積が広いという特徴をもつ。

次に，スキー場の垂直的分布に注目する（図4-7，1990年）。スキー場の高度差について，西日本から中央日本にかけては経度に沿って東西方向に，東北日本では，緯度に沿って南北方向にみる。スキー場の最高点は，2,000から3,000m級の高山が集中する中央日本で高い。たとえば，志賀高原（最高点＝2,307m〈横手山〉口絵4）や乗鞍高原，八方尾根があげられる。日本で

写真4-11　八方尾根スキー場黒菱ゲレンデ（2014年2月）
八方尾根スキー場は北アルプスの東斜面，標高1,831mから760mに展開する。写真の上のレストハウスの標高は約1,680mで，森林はすでにまばらであり，その上部にスキーリフトが1基ある。

は，山地の標高は，一般に中央日本で最も高く，そこから西または北に向かうにつれてそれぞれ低下するが，スキー場の最高点標高はこれと同様の傾向を示す。また，日本には，北海道のニセコやトマム，富良野，八方尾根（写真4-11）などのそれぞれ上部を除いて，森林限界を越えるスキー場はほとんどない。スキー場の高低差はその規模を示す一つの指標となる。この図には国内で比較的大規模なスキー場のみが示されているが，野沢温泉と八方尾根のともに1,100m弱が最大であり，志賀高原でも700m程度にすぎない。これら以外のほとんどのスキー場では，その数値は500m以下である。

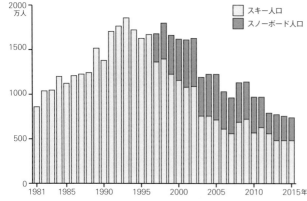

図4-8 日本におけるスキー人口の変化（1981～2015年）
資料：余暇開発センター（日本生産性本部）『レジャー白書』

6) スキー観光停滞期（1993年以降）

(1) スキー人口の減少

　1990年代初頭まで急激に成長してきたスキー観光であるが，その後，瞬く間に停滞・衰退傾向を示すようになった。この時期をスキー観光停滞期とする。

　停滞傾向は，まずスキー人口の減少に現れた。スキー人口は，1993年のピーク約1,800万人から減少に転じた（図4-8）。1997年からはスノーボード人口の統計数値も得られるようになり，2000年頃まではスノーボード人口がスキー人口減少を補っているようにみえる。しかし，2000年代前半以降の減少が顕著である。社会生活基本調査では，より大きな減少が示されており（図4-3），年齢階層でみれば，とくに20歳代や30歳代のスキーヤーの減少が著しい。すなわち，大学生や20歳代の世代では，スキーはもはや流行ではなくなり，多様化したレクリエーションの一つとしてとらえられるようになった。彼らの間では，スキーよりもスノーボードの人気が高いが，スノーボーダーもスキーヤー減少の穴埋めにはなっていない。流行というイノベーションが大都市を中心に発生・消滅するために，大都市でのスキー人口減少が顕著である（呉羽，2002a）。

　こうした傾向下，スキーリフトの輸送人員も急激に減少した（図4-6）。とくに，1990年代半ばに急激にグラフが落下している。さらにその後も2010年頃まで減少を続けている。その結果，スキー場開発は停滞し，既存スキー場内の施設更新は急激に減少し，スキー場の新規立地もほとんどみられなくなった（図4-1）。

　こうしたスキー観光の停滞・衰退は，マス・ツーリズムの一つの形態が衰退したことを意味する（呉羽，2009a）。日本のスキー観光が有していたマス・ツーリズムとしての側面は次のようなものであろう。まず，アクセス道路の渋滞がある。スキー人口の多くは大都市に居住しており，さらに彼らがスキー旅行に出かける時期は週

末や連休に著しく集中し,その結果,1990年前後には大都市から積雪地域に向かう高速道路では大渋滞が生じた。また,スキー場内では,スキーリフトに乗るために数十分以上続く待ち行列に並ばなければならなかった。さらに,休憩時には,レストラン内で席を確保し,セルフサービス形式のカウンターで料理を受け取るために数十分要することも珍しくなかった。宿泊施設では,多くの宿泊客を受け入れるために,画一的な料理やサービスが提供された。また帰路では,往路と同様の大渋滞が生じた。このように,スキー観光の大衆化というよりも,むしろ大量化または画一化といった性格がみられた。

　マス・ツーリズム化したスキー観光が,1980年代後半から1990年代初頭まで維持できたのは,スキーが当時の流行の最先端であるという認識が非常に強かったためであろう(呉羽,2009a)。そのため,そうした過剰認識がなくなると,スキー観光は急速に衰退した。つまり,上で示したような「つらい」経験を克服してまでもスキーをすることに,魅力を感じなくなったと思われる。それに最も敏感に反応したのは,20歳代女性のスキーヤーであったと思われる。もちろん,魅力づくりという点については,多くのスキー場が積極的に行っていたかどうかは疑問である。すなわち,スキーの流行のピーク時には,特別の集客戦略がなくともスキー客の訪問がみられたのである。当時のスキー業界では,「黙っていても客が来る」といわれていた。また,スキー場内施設や宿泊施設の規模拡大が図られるのみで,スキーリフトやレストランでの待ち時間のストレス,民宿での対応の悪さなどを本質的に考える機会も少なかったのであろう。

(2) スキーリゾートの変化

　スキー客数の減少に対して,スキー場経営側も来訪者の減少を食い止めるための努力をしてきた。1990年代後半,長野県内のスキー場では,人工降雪機やスキーリフトの自動改札機の設置が進んだ(呉羽,1999)。また,当時はスノーボーダーの滑走を疑問視する声が多く,滑走不可とするスキー場が多かった。しかし,逆に,滑走可能として,スノーボーダーを積極的に受け入れるスキー場が徐々に増えていった(呉羽,1999)。また,特定のスキーヤーに的を絞った経営戦略もみられるようになってきた(呉羽,2009a)。たとえば,子ども向けの遊具施設やスキー学校の整備がなされ,スノーボーダーを排除する群馬県片品高原がある。またモーグルスキーやスノーボードへのサービスに特化するスキー場も現れている。外国人スキーヤーへの対応特化も,こうした経営と類似するものであろう。北海道ニセコ地域,山形蔵王,新潟県赤倉温泉,長野県白馬村や野沢温泉村などにおいて,オーストラリアなどからのスキーヤーへの対応が積極的に行われている(6章参照)。

しかし，索道経営収入の減少が続くと，当然のことながら，スキー場の経営悪化が目立つようになった。バブル経済期にスキーリフトなどの諸施設整備のために多額投資がなされたことも経営悪化の一因である。経営赤字の一部は，自治体によって補填される場合もみられる。しかし，2005年頃から，索道事業者の変更が頻繁になされるようになっている。たとえば，2007年に存在したスキー場数（約530か所：丙種特殊索道のみのスキー場を含まない）の45％（約240か所）が索道事業者を変更していた（呉羽，2009a）。とくに，大都市の資本が撤退する例が多くみられた。さらには，経営会社の倒産（たとえば，群馬県の川場〈2000年〉，長野県の斑尾や竜王〈ともに2005年〉では民事再生法の適用を受け倒産）もみられるようになった。

　経営変更の特徴的な形態は，第3セクター形式での経営会社からの大都市資本の撤退や，民事再生法などによる索道事業者の倒産に伴い別の経営会社に経営移行する場合であった（呉羽，2009a）。買収する企業のタイプとしては，加森観光や星野リゾートなどの特定の観光開発・経営会社，ジェイマウンテンズグループ（2012年，マックアースが経営権取得）などのスキー場の経営再生を専門に行うコンサルタント会社，Citiグループやモルガンスタンレーなどの外資系投資会社などがあげられる。また，宮城県白石市のように地元NPOがスキー場経営を引き受ける場合もある。市町村経営のスキー場の経営悪化が市町村合併に影響を及ぼす場合も出現した[2]。

　こうした経営体変更は大規模・中規模なスキー場に多くみられたため，そうしたスキー場が多い東日本に集中している（呉羽，2009a）。上記の例のほかに，北海道のトマム，岩手県の安比高原，福島県のアルツ磐梯などがその例で，バブル期の開発投資額が多かったことが，スキー観光停滞期での経営を圧迫したと考えられる。もちろん，これらのスキー場については，今後の経営戦略次第で事業として成立可能であるとの判断にもとづいて，買収企業が進出しているのであろう。しかし，その後のリーマンショックなどの経済変化や時間の進行とともに状況は変化し続けており，トマムやキロロへのアジア資本の進出などもみられるようになっている。さらに，スキー場の休業や閉鎖も目立ってきている。

　スキー場経営に関する問題が顕在化するなか，当然，その問題はスキー場下部の

---

2) 長野県木曽郡王滝村は，1986年に「おんたけスキー場」を村営事業として大規模に開発し，1993年には67万人を集客した。しかし，その後訪問客数が10分の1以下に激減し，20億円以上の債務をかかえることになった。そのため，2004年，木曽郡内での市町村合併協議の際におんたけスキー場の多額債務が問題視され，王滝村は新設の木曽町に加わらなかった（呉羽，2009a）。その後の財政努力によって実質公債費比率は低下し，2008年度には財政再建団体から脱却した。スキー場経営は問題深刻化当時は加森観光が担っていたが，2012年からはマックアースが運営を受託している。王滝村に類似する公営スキー場による経営問題の例として，青森県大鰐町をあげることができる。

地区にも及んでいる。スキー場に隣接し宿泊施設などが卓越するリゾートタウンでは，スキー客数の減少，さらには日帰り客の増加によって，大きな打撃を受けている。

　長野県菅平高原では，夏季のスポーツ合宿の受け入れに，より積極的になり，その体制整備やグラウンド整備に基づいて経営の重点を変更させている（新藤ほか，2003；Kureha *et al.*, 2003）。また，同県飯山市戸狩地区では，冬季以外の時期，グリーンツーリズムを推進し，冬季の営業のみに依存しない形態を模索している（内川，2003）。これらの例は，いずれもスキー以外の観光形態にも重点を置こうとするものである。

7）まとめ

　1911年，日本にスキー技術が体系的に導入されると，スキーは急速に普及した。さらに観光の要素としてのスキーの性格が強まり，スキーヤーが増加すると，彼らを受け入れるスキーリゾートが温泉地を中心に展開するようになった。第二次世界大戦後，1960年代から1990年代初頭にかけて，日本のスキー観光はマス・ツーリズム的性格を伴いながら大きく発展した。その前半にあたる「スキー観光展開期」では，多くの積雪農山村にスキー場が新規開発されて，空間的な拡大を示した。スキー場に付随する農山村地域では，民宿を中心とした宿泊施設経営などに基づいて観光業の著しい成長がみられた。さらに，非居住空間において新しいスキーリゾートが開発される形態も出現するようになった。

　1980年代と1990年代初頭にかけての「スキー観光発展期」では，全国的なリゾート開発ブームのもとで，スキー場のさらなる開発が生じた。「リゾート型」「日帰り型」といった新しいタイプのスキー場が，当時の最新のスキーリフトや人工降雪機，リゾートホテルなどを伴って登場した。さらにスキーが若者世代，とくに女性の間で流行の最先端と認識されるようになり，スキー人口が爆発的に増加した。スキーリゾートは，そうした巨大化したスキー人口を背景に，多くのスキーヤー訪問によって大きく発展した。

　しかし，1990年代半ばころからスキー観光は停滞し始めるようになり，スキー人口は急速に減少した。その結果，スキー場経営会社の倒産，経営会社変更，スキー場の閉鎖・休業のみならず，リゾートタウンでは宿泊施設の廃業などが目立っている。現存する個々のスキーリゾートは，スキーヤーの確保のために，またスキー以外の観光業の充実のためにさまざまな形態で対応している。これらの諸点については，次の5章および6章で説明する。

5 日本におけるスキー場の閉鎖・休業

1) はじめに

　4章で述べたように，日本にスキーが本格的に移入されたのは1911年のことである。当初，スキーは登山の手段や競技スポーツとしてとらえられていたが，その後レクリエーションとしてのスキー，いわゆるゲレンデスキーが発達した。1950年頃になるとスキーリフトを伴った本格的なスキー場開発が始まる。その後のスキー場開発・整備のプロセスは，次のようにまとめられる。1960年から1973年頃にかけて，高度経済成長期とそれに続く日本列島改造論に特徴づけられる観光開発ブームのもとで「第一次スキー場開発ブーム」が生じた。このブーム下，地域的には中央日本北部から北海道・東北地方や西日本の日本海側の地域へ，また空間的には温泉地から農村や非居住空間へと開発が拡大していった。オイルショックを経て，1980年代から1990年代初頭にかけては，リゾート開発ブームが生じ，バブル経済とも相まってスキー場開発は再び活発化し，「第二次スキー場開発ブーム」となった。スキー人口の急激な増加とともに，大規模なスキー場開発が生じたのである。さまざまな大都市資本が投資し，輸送能力の高い索道の設置，洋風レストラン・ホテルの整備，地形改変，人工降雪機や雪上車の導入による快適な滑走コースの整備がなされた。こうしたスキー場開発やスキー場経営の発展は，スキー観光の発展，つまりスキー人口の成長や関連産業の発展と密接に関連していた。

　しかし，1993年頃以降，スキー人口は急激な減少を示すようになった。バブル経済の崩壊とほぼ時期を同じくして第二次スキー場開発ブームが去り，新規のスキー場開発は著しく減少し，また既存スキー場においても，施設の更新はほとんど行われなくなった。さらに，索道経営会社の倒産，それに伴う経営変更，スキー場自体の休業や廃業が生じている（Kureha，2008；呉羽，2009a）。その分析の中心は索道経営会社の主体変更にあり，閉鎖・休業については概括的な分析にとどまっている。しかし，後述するように，日本において閉鎖・休業スキー場数が，開発総数の3分の1を超えるようになり，改めてより詳細な分析が求められている。

　周知の通り，日本ではスキーというレクリエーションがなされる空間はスキー場内に限定される傾向が非常に強い。スキー場内でのゲレンデスキーが卓越するがゆえに，スキー場の動向を分析することは，スキーリゾートやスキー観光の諸特徴を

理解するために不可欠である。それゆえ，本章は，日本全国におけるスキー場の閉鎖・休業の動向を明らかにし，さらにそこにみられる地域的な特徴を検討する。加えて現存して営業を続けているスキー場の今後を展望する。

2) 分析方法

スキー場の閉鎖・休業は次のように定義した。国土交通省が監修する『鉄道要覧』(1章参照)において，普通索道または特殊索道が非掲載となった場合は「閉鎖」とする。また，『鉄道要覧』で，あるスキー場の全ての普通索道および特殊索道が「休止中」と表記されている場合は「休業」とする。つまり，休業の場合には，今後，経営が再開される可能性があることを意味している。実際に再開された例として，長野県の鹿島槍スキー場，北海道のウィンザースノービレッジ洞爺湖などがある。ただし，スキー場によっては，閉鎖と休業の区別がつかない時期もある。実際には短期間休業され，その後に閉鎖される例が多い。そこで，たとえば，3年間の休業を経て閉鎖されたスキー場の場合，把握できる限りはその休業開始年を閉鎖年としている。この点からすれば，休業と閉鎖を厳密に分けることは困難であるため，多くの分析では「閉鎖・休業スキー場」として一括に扱う。本章では，これら以外のスキー場は，「営業スキー場」と呼ぶ。

ただし，スキー場自体が閉鎖されたにもかかわらず『鉄道要覧』に記載され続ける例，実際に休止状態にあるにもかかわらず『鉄道要覧』では「休止中」と表記されていない例も散見された。それゆえ，『鉄道要覧』からの情報に加えて，朝日新聞や日本経済新聞などの新聞記事，さらには『月刊レジャー産業資料』や『スノービジネス』などの業界誌等を参考にして，閉鎖年や休止年を確定した。

また年の表記にも注意する必要がある。一般に，スキー場をめぐる経営年は年末年始を挟んで翌年にも及ぶため，本章では年度を採用する。たとえば2005年度という場合には，2005年の秋から2006年の春までを指す。本章の分析は，一部の例外を除いて，2013年3月の時点，もしくは2012年度までのデータに基づく。以下，本章では，ことわりのない限り年度を年と表記する。

世界的にみるとスキー場の閉鎖は日本のみで生じているわけではない。たとえば，アメリカ合衆国ではスキー場数が1982年の735か所から2009年には471か所へと減少し[1]，またオーストリアにおいても閉鎖がみられる (Falk, 2013)。3章での説明のくり返しになるが，Falk (2013) はオーストリアの索道経営会社の残存

---

1) アメリカ合衆国に関しては，剣持 (2002) も参考になる。

survivalに関連する要素として，次の3点から分析した。すわなち，索道経営会社の企業としての特性（例：開業年，人工雪設備の保有，新しい高性能タイプのスキーリフトの保有），立地特性（例：平均標高，積雪の変動，最近隣都市からの距離，ローカルスケールでの競合），およびマクロ経済的な要因（例：ビジネスサイクル）である。その結果，人工降雪システムを早く整備していると残存すること，平均標高が1,700m以上のスキー場では閉鎖リスクが小さいこと，経済的な不況の時期では閉鎖リスクが高いこと，積雪深と閉鎖とには有意な関係がないことを明らかにした。

　本章では，Falk (2013) が示したような，スキー場閉鎖と関連する諸要素を取りあげて分析を進める。ただし，オーストリアのスキー場と同様のデータが，日本では得られない場合もある。「開業年」と「新しい高性能タイプのスキーリフトの保有」についてはデータはあるが，「人工雪設備の保有」についてはデータがないため，分析の対象外とした。ただし，「新しい高性能タイプのスキーリフトの保有」については，後述するような規模指数と連動するため，規模指数で分析する。立地特性のなかでは，標高とローカルスケールでの競合について，本章の分析・考察項目に加える。なお，最近隣都市からの距離とマクロ経済的な要因の考慮については，分析が複雑になるために分析から除いた。本章でスキー場の分析に用いる指標や属性は，上述したもののほかは，表1-1にあげたものである。

　分析の手順は次の通りである。まず，スキー場数の変遷を分析する。すなわち，全国におけるスキー場の開設傾向をとらえるとともに，スキー場の閉鎖や休業の動向について詳細に示す。第2に，閉鎖・休業スキー場がどのような属性にあるのかを分析する。その際に分析する指標は，標高，スキー場の規模を表す標高差と索道からみた規模指数，索道経営会社の資本の性格である。第3に，現在の時点で，スキー場の閉鎖や休業がどこでみられるのかを，分布図に基づいて分析する。同時に上記二つの分析をあわせて，地域的な傾向を解明する。これらの分析結果について，スキー場の立地条件，それと関連する地域的特性，市町村合併，経営上の問題などと関連させて考察する。最後に営業スキー場やスキーリゾートの今後について展望する。

3）閉鎖・休業スキー場の地域的傾向

(1) スキー場の閉鎖・休業の変遷

　日本では1960年から1975年頃にかけての「第一次スキー場開発ブーム」期に，最も多くのスキー場が生じた（図4-1，図5-1）。オイルショックを経た1970年代後半には開発数がやや減少したものの，1980年頃から1990年代初頭にかけての「第

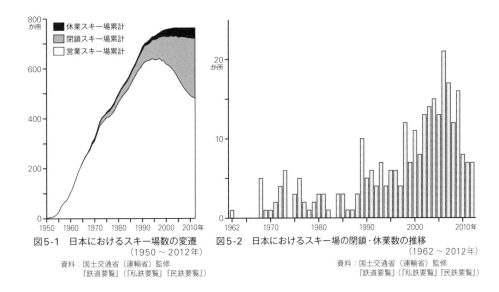

図5-1 日本におけるスキー場数の変遷
（1950～2012年）
資料：国土交通省（運輸省）監修
『鉄道要覧』『私鉄要覧』『民鉄要覧』

図5-2 日本におけるスキー場の閉鎖・休業数の推移
（1962～2012年）
資料：国土交通省（運輸省）監修
『鉄道要覧』『私鉄要覧』『民鉄要覧』

二次スキー場開発ブーム」で新規開発のスキー場が再び増加した。しかし，その後，スキー場の新規開発はほとんど存在しない。

一方，最初の閉鎖は1962年で，石筵スキー場（福島県郡山市熱海町）であった（図5-2）。その後は，1960年代後半から徐々に休業・閉鎖スキー場が出現し，1970年代以降はある程度の数のスキー場が閉鎖されるようになった。この傾向は，休業スキー場数の累計をみると，1990年以降，とくに2000年頃以降にかなり強まっていることがわかる（図5-1）。逆に営業スキー場数が連続して減少している。具体的には1989年は例外的に閉鎖・休業数が多いものの，2000年に11か所の閉鎖がみられ，その後に年間閉鎖・休業数が急激に増えた。2006年には21件とピークに達した。2010年代に入りその数は減少傾向にはあるが，依然として閉鎖・休業スキー場は存在している。つまり，2000年代半ばごろに閉鎖・休業が集中したと判断できる。

以上の傾向に関する数値を確認しておくと，索道の存在に基づいた本書の数え方によれば，日本で2012年までに開設されたスキー場総数は763か所である。そのうち，閉鎖されたものは241か所，休業は43か所存在する。つまり，閉鎖・休業スキー場は284か所あり，それはこれまで開発された全スキー場数の37％に達する。一方，479か所が2012年時点で営業していた。

(2) 閉鎖・休業スキー場の諸特性

閉鎖・休業スキー場は，全体として次のような特徴を有している。第1に，小規模なスキー場，すなわち，標高差が小さく，また設置された索道数が1～2基と少

表5-1 日本における閉鎖・休業スキー場の諸特徴（2012年度）および推移

分類		スキー場数	平均規模指数（人 km/h）					平均標高（m）			分類別の閉鎖・休業スキー場の割合（%）	全スキー場に対する閉鎖・休業スキー場の割合（%）
			1969	1979	1989	1999	2009	最高点	最低点	標高差		
総数		763	808	1,263	2,809	3,744	4,047	865	582	263	—	—
営業スキー場		479	1,120	1,722	3,675	4,495	4,133	941	608	333	—	—
閉鎖・休業スキー場		284	337	529	1,059	1,534	2,179	732	536	197	100.0	37.2
索道経営会社資本	市町村等	102	306	391	567	618	788	618	467	153	35.9	34.9
	地元	78	326	444	708	1,140	1,228	628	473	155	27.4	54.5
	都市	86	354	741	1,832	2,432	3,338	928	668	260	30.3	35.7
	第3セクター	11	773	1,040	2,328	4,027	7,553	1,117	666	452	3.9	14.7
	不明	7	191	252	497	702	—	507	38	125	22.5	58.3
地域	北海道	63	225	510	813	1,034	732	369	205	164	22.1	39.1
	北東北	33	377	500	1,002	1,321	260	526	309	225	11.6	40.2
	南東北	32	337	500	904	1,852	246	684	475	209	11.3	35.6
	関東	15	470	604	1,988	3,217	7,569	1,348	1,155	192	5.3	31.3
	新潟県	36	371	408	836	2,091	2,452	526	333	193	12.7	40.0
	北陸	13	238	657	1,448	2,016	2,769	668	387	281	4.6	36.1
	長野県	32	375	691	1,504	1,953	3,244	1,239	1,017	222	11.3	30.5
	東海	28	346	598	1,123	1,388	1,193	1,107	904	204	9.9	51.9
	近畿	18	353	560	1,198	1,169	3,130	660	478	182	6.3	42.9
	中国	10	324	391	758	939	—	787	647	140	3.5	23.3
	四国・九州	4	339	244	436	581	1,128	1,213	1,073	140	1.4	33.3

注：北東北（青森県，岩手県，秋田県），南東北（宮城県，山形県，福島県），関東（栃木県，群馬県，山梨県），東海（静岡県，愛知県，岐阜県，三重県）

資料：表1-1参照

ないスキー場が卓越することである。第2に，索道の経営資本が市町村であるスキー場がとくに多いことである。

「小規模性」は，閉鎖・休業スキー場の標高差と規模指数について，全ての開設スキー場での位置づけをみると明瞭である。開設された全スキー場についての標高差の総和は213kmであるが，このうち閉鎖・休業スキー場は54kmで25%を占める。また規模指数では，国内全スキー場の総和250万人km/hのうち（2009年），閉鎖・休業スキー場は31万人km/hで，わずか12%を占めるに過ぎない。つまり，閉鎖・休業スキー場の数に比べ，その規模，とくに索道からみた規模では，閉鎖・休業スキー場はかなり小規模であることがわかる。

一般に，ゲレンデスキーの場合には高低差のある斜面を滑降するため，標高差の大きなスキー場が好まれる。また，そこには多くのリフトが架設されるため，規模指数も大きくなる。ゆえに両者は強い正の相関関係を持つ。この状況を個々のスキー場について考えると（図5-3），閉鎖・休業スキー場は，標高差200m以下で規模指数が約2,000人km/h以下の領域に著しく集中している。それに対して，営業スキー場では，標高差が全国平均（263m）の2倍以上に達する場合も多く，規模指数の値が高い領域にまで分散する傾向がある。またスキー場の最高点標高に注目すると，閉鎖・休業スキー場は営業スキー場に比べ，200mほど低い（表5-1）。

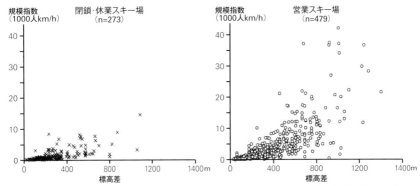

図5-3 日本における閉鎖・休業スキー場および営業スキー場の標高差と規模指数の関係

注1:閉鎖・休業スキー場の規模指数と標高差は,営業時のおおむね最大値を採用し,その数値が不明のスキー場は表現していない。
注2:営業スキー場については2009年度現在の規模指数および標高差を示している。

表5-2 日本における閉鎖・休業スキー場の地域別特徴

	閉鎖・休業スキー場数	閉鎖・休業年代からみた割合 (%)					索道経営資本からみた割合 (%)				
		1970	1980	1990	2000	2010	市町村等	地元	都市	第3セクター	不明
総数	284	11.6	9.9	21.5	49.3	7.7	35.8	27.5	30.3	3.9	2.5
北海道	63	20.6	4.8	15.9	55.5	3.2	52.4	23.8	20.6	0.0	3.2
北東北	33	9.1	12.1	24.2	51.6	3.0	45.6	24.2	24.2	3.0	3.0
南東北	32	21.9	15.6	28.1	31.3	3.1	25.0	43.8	15.6	12.5	3.1
関東	15	13.3	6.7	33.3	40.0	6.7	40.0	20.0	26.7	13.3	0.0
新潟県	36	2.8	11.1	30.6	47.2	8.3	22.2	30.6	38.8	5.6	2.8
北陸	13	0.0	7.7	0.0	61.5	30.8	53.8	23.1	15.4	7.7	0.0
長野県	32	21.9	12.5	18.8	37.4	9.4	15.6	34.4	43.8	3.1	3.1
東海	28	0.0	17.9	21.4	42.8	17.9	39.3	14.3	42.8	0.0	3.6
近畿	18	0.0	5.6	27.8	61.0	5.6	5.6	33.3	61.1	0.0	0.0
中国	10	0.0	0.0	10.0	90.0	0.0	50.0	30.0	20.0	0.0	0.0
四国・九州	4	0.0	0.0	0.0	75.0	25.0	75.0	0.0	25.0	0.0	0.0

注:北東北(青森県,岩手県,秋田県),南東北(宮城県,山形県,福島県),関東(栃木県,群馬県,山梨県),東海(静岡県,愛知県,岐阜県,三重県)
資料:表1-1参照

　一方,規模指数の推移を検討すると,閉鎖・休業スキー場は,営業スキー場が1980年代にその規模を大きく拡大したこととは対照的に,ずっと小規模のまま推移してきた(表5-1)。その数値は大きくとも1,500から2,000人km/h程度で,この規模は営業スキー場の1979年当時の規模指数にほぼ相当する。つまり,閉鎖・休業スキー場の小規模性がさらに強調される。

　閉鎖・休業スキー場について索道経営会社の資本の違いに注目すると(表5-2),市町村による経営が102か所で最も多く,36%を占めている。次いで都市資本が30%,地元資本が27%となっている。ここで指摘すべき点は,市町村経営スキー場の規模の小ささである(表5-1)。同様に地元資本の場合も比較的規模が小さく,市町村経営と地元資本ともに標高差も小さい傾向がうかがえる。一方,都市資本のスキー場については比較的規模が大きく,新潟県のArai Ski Resort(1993年開設,

2006年から休業，2017年12月営業再開予定）のように，規模指数が約14,000人km/hに達する例もある。

次に，閉鎖・休業スキー場について，開業された全スキー場数に対する割合を索道経営会社の資本別にみる。地元資本によるスキー場では143か所が開業されたうち，実に半分以上の78か所（55％）が閉鎖・休業状態にある。同様に都市資本については，241か所開業のうち86か所（36％）が，市町村では292か所のうち102か所（35％）が閉鎖されたか，休業状態にある。割合では，地元資本による閉鎖・休業が目立っている。

最後に閉鎖・休業スキー場の開設年に注目すると，平均は1972年となる。これは営業スキー場の平均開業年の1976年と比べてやや古いとはいえるものの，決定的に異なるとは言い難い。したがって，古いスキー場ほど閉鎖・休業に至っているわけではなく，開業の古さはあまり関係がないといえる。

（3）スキー場の閉鎖・休業にみられる地域的特徴

2012年時点で閉鎖・休業スキー場の分布をみると（図5-4），日本全国レベルの地域スケールでは，同時点での営業スキー場の分布と大きな違いはない[2]。すなわち，全国レベルではスキー場は日本海側に立地し，西日本に比べて東日本で多く，また中央日本北部に集中するといった分布傾向を示す（4章参照）。一方，閉鎖・休業スキー場の分布も，西日本でやや少ないことが示されるものの，営業スキー場と同様の傾向を示している。すなわち，日本全国というスケールにおいては，閉鎖・休業スキー場も営業スキー場も類似した地域的条件のもとに分布しているといえる。

この傾向を地域別にみると，北海道で63か所と最も多い（表5-2）。これは全国の閉鎖・休業スキー場の2割以上を占めている。これに続くのは，新潟県36か所，長野県32か所，東海28か所である。東海については，岐阜県がそのうちの26か所を占めている。つまり，スキー場が多く分布する地域ではスキー場の閉鎖や休業も多くみられる。

これまでに開設された全てのスキー場数に対する閉鎖・休業スキー場数の割合に注目すると（表5-1），この4地域の中では東海で割合が最も高く，52％と半数以上のスキー場が閉鎖・休業していることになる。これに新潟県（40％），北海道（39％），長野県（30％）が続く。

---

[2] 次の6スキー場については，地形図上での位置を正確に特定できなかったため，分布図には表現していない。旭川富沢スキー場（北海道旭川市），見晴台スキー場（北海道蛭田町），弥生スキー場（青森県弘前市），石淵湖スキー場（岩手県奥州市胆沢区），石筵スキー場（福島県郡山市熱海町），坊主山水織音の里スキー場（福島県会津若松市湊町）。

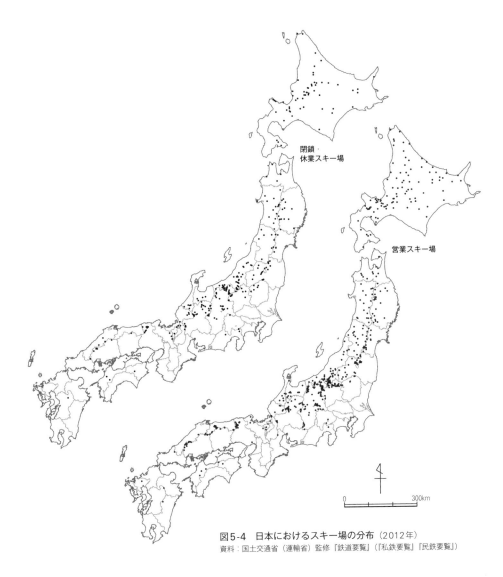

図5-4 日本におけるスキー場の分布（2012年）
資料：国土交通省（運輸省）監修『鉄道要覧』『私鉄要覧』『民鉄要覧』）

　これらの地域別に，閉鎖・休業の時期を検討すると（表5-2），北海道では閉鎖・休業の半数近くが2000年代に生じている。これに類似する傾向は，北東北，近畿以西でみられる。また，その傾向は類似するものの，関東と新潟県では1990年代にも比較的多くのスキー場が閉鎖されており，逆に北陸では2000年代と2010年代に閉鎖・休業が多い。南東北と長野県は比較的類似しており，1980年以前の閉鎖・休業が目立ち，それ以降は割合としては全国平均以下である。1970年代以前にも多くのスキー場閉鎖・休業がみられるのは北海道にも当てはまる。これらはいずれ

5　日本におけるスキー場の閉鎖・休業　　73

も，数年間のみ経営された後に閉鎖された小規模スキー場である。

　一方，地域別の閉鎖・休業傾向を索道経営会社の性格とあわせて考えると，北海道，北東北，北陸では市町村による経営スキー場で多くの閉鎖・休業が生じている。これらの地域ではもともと公営スキー場が多かったためとみることができる。一方，南東北では地元資本の閉鎖・休業が目立つ。都市資本の閉鎖・休業が比較的多いのは新潟県，長野県，東海，近畿で，大都市圏からの近接性に恵まれて都市資本によるスキー場開発が多くなされたものの，それらが閉鎖・休業に至っていると考えることができる。

　つまり，大都市近隣地域では大都市からのアクセスに優れるという位置条件のもとで立地した小規模スキー場，さらには同条件のもとで都市資本によって開発された小規模スキー場の多くで閉鎖・休業が生じてきた。こうした閉鎖・休業は1980年以前から現在まで続いている。一方，大都市近隣地域以遠の北海道や北東北，北陸では，閉鎖・休業スキー場のうち，公営スキー場が多くを占める。この閉鎖・休業の多くは2000年頃以降に生じている。

4）スキー場の閉鎖・休業に関する地域的要因

　これまで，スキー場の閉鎖・休業にみられる一般的な特徴と地域的な特徴の両者を示してきた。本節ではそれらにかかわる要因を地域的な視点から解明する。その際の視点は，スキー場の立地条件との関係，スキー場の集積不経済（近接逆効果），市町村合併，時期的な影響などであり，それぞれを関連させて考察する。

(1) スキー場の立地条件

　白坂(1986)によると，1970年代頃までのスキー場の立地条件としては,気候条件,地形条件，交通条件が重要であった。その後も基本的にはこの三つの条件がスキー場立地に大きく作用していると考えられる。以下ではそれぞれの条件について，スキー場の閉鎖・休業との関連を説明する。また立地条件ほどの説明力はないものの，多くのスキー場が立地する温泉地に関してもふれる。

(a) 気候条件

　スキー場の立地にかかわる気候条件として重要であるのは積雪量である。白坂(1986)は，その多寡に応じて経営期間が左右され，その期間に応じて顧客圏の規模が異なることを指摘した。たとえば経営期間90日以下のスキー場の場合には，ローカル市場からの顧客が中心であるとされた。ここでは，気候条件とスキー場の閉鎖・

休業との関係については分析してはいないが，分布図（図5-4）からも積雪量の少ない地域で閉鎖・休業が多くみられるわけではないことがわかる。もちろん，積雪不足が主因で閉鎖・休業に追い込まれた数例のスキー場は存在する。

(b) 交通条件

交通条件に関しては，1970年代頃までは大都市と直接結合された鉄道駅からの距離やアクセス方法が重視されてきた。ところが，交通機関の発達とともに，スキーヤーの利用交通手段が変化し，それに応じて交通条件は大きく変化してきた。すなわち，1980年代以降，ほとんどのスキーヤーの移動手段が自家用車やバスに移行すると，鉄道駅に隣接するという条件はほとんど意味を持たなくなった。たとえば，土樽スキー場は（新）清水トンネルを抜けた新潟県側の最初の鉄道駅前に立地するが，モータリゼーションの進行でその立地優位性を失った。また山形県には，鉄道駅に隣接する典型例として，奥羽山脈に南から五色スキー場（奥羽線板谷駅），面白山スキー場（仙山線面白山高原駅），最上赤倉国際スキー場（陸羽東線赤倉温泉駅）などがあり，かつては多くのスキーヤーを集めていたが，いずれも閉鎖されている。

(c) 地形条件と規模の意味

1950年代半ば頃からスキー場開発が徐々に進み，日本人のスキー技術が向上すると，規模が大きく変化に富んだコースが求められるようになった（白坂，1986）。すなわち，地形条件がスキー場立地に大きくかかわるようになったのである。ただし，時間差はあるものの，1970年代までは小規模なスキー場が比較的多く立地していた。全体としてスキー場数が少なかった時代には，先述のようなアクセスに優れたスキー場，さらには後述する温泉地におけるスキー場は，たとえその規模が小さかったとしても，その存在意義はある程度大きかった。しかし，大規模なスキー場が好まれるようになると，小規模スキー場はその独自性を強調することが困難になった。結果として，閉鎖・休業スキー場の多くが小規模スキー場であることが指摘される。

(d) 温泉とスキー場

立地条件ほどの普遍性はないものの，温泉の存在はスキー場の立地と結びつき，多くの温泉地でスキー場開発が進んだ。その背景には，積雪のために顧客が少ない時期に温泉旅館経営者らが，積極的にスキーを導入して顧客増加を目指したことがある（白坂，1986）。とくに，野沢温泉や草津温泉，越後湯沢，蔵王温泉といった温泉地でのスキーが著名になると，多くの積雪温泉地でスキー場開発が進んだ。

表5-3 日本における温泉地立地の主要な閉鎖・休業スキー場

スキー場名	道県	開設年	閉鎖・休止年	標高差(m)	規模指数(人 km/h)
十和田大湯温泉	秋田	1955	2002	700	1,132
五色	山形	1955	1997	200	348
燕温泉	新潟	1956	2006	220	542
土湯	福島	1958	1972	200	159
山田温泉	長野	1958	2007	145	805
水無山	石川	1959	1980	250	136
浅間温泉	長野	1959	1979	110	257
吾妻(高湯)	福島	1960	2006	450	1,962
根々山	北海道	1961	1976	150	104
芦ノ牧	福島	1961	1979	80	109
川湯ヌプリ	北海道	1962	1994	100	176
スカイバレー鳴子	宮城	1962	2003	720	5,049
白骨	長野	1962	1972	50	131
前黒(塩原)	栃木	1962	1975	100	373
鶯宿	岩手	1963	1989	—	82
宝生	新潟	1963	1981	280	525
濁河温泉	岐阜	1963	2010	290	531
瀬見温泉	山形	1964	1993	200	150
北湯沢温泉	北海道	1965	1998	150	172
中の沢	福島	1965	1992	60	181
定山渓三笠山	北海道	1966	1976	100	171
沼ノ平山(青根)	宮城	1966	1972	90	180
石の湯・笠岳	長野	1966	2009	100	977
飯坂	福島	1967	1978	110	143
湯西川温泉	栃木	1968	2002	136	232
銀山温泉	山形	1971	1990	170	355
新穂高温泉	岐阜	1973	1993	210	593

注1:1970年代までに開業した主要なスキー場のみ表示。
注2:—はデータなし。
注3:規模指数は閉鎖・休業直前時の値。
資料:表1-1参照

その一方で温泉地でのスキー場が,閉鎖・休業される例も多くみられる(表5-3)。温泉地に立地した閉鎖・休業スキー場の多くは1950年代や1960年代前半に東日本を中心に開設されており,当時の温泉地が持つ立地に関する優位性が重要であったことが把握される。一方,半数以上が1990年前後以降に閉鎖されたか休業状態になっているが,1970年代までにすでに閉鎖されたものも多い。後者はいずれも小規模なスキー場であった。

(2)近接逆効果

上記のようにスキー場の立地条件はさまざまあるが,結果的にローカルな地域スケールでスキー場はある程度集積して立地してきた。たとえば福島県磐梯・吾妻山麓,新潟県湯沢町・南魚沼市,新潟県妙高山麓,長野県飯山市・下高井郡,同白馬村・小谷村,同八ヶ岳山麓,岐阜県郡上市白鳥町,兵庫県鉢伏山・神鍋高原などにはスキー場が複数集積した。それぞれの集積地域内では,大小さまざまな規模のスキー場が存在し,さらにスキーヤーからみた人気度もさまざまである。例外もあるものの,スキーブーム期には大量のスキーヤーが訪問し混雑するがゆえに,スキーヤーらは分散する傾向がみられ,小規模で魅力に欠けるスキー場にも,ある程度の訪問者が存在していた。

しかし,1990年代半ば以降はスキー人口自体が減少し,大規模で人気の高いスキー場においても混雑なく滑降することが可能となった。その結果,人気の高いスキー場はある程度の集客が可能であるが,人気のないスキー場では訪問者数は大きく減少したと考えられる。このような競合状態による減少が生じたことによっても,閉鎖・休業の発生がみられると思われる。つまり「近接逆効果」または「集積の不経済」が作用し,さらにはほかの要因もあいまって閉鎖に至る例が全体の半数程度はある

表5-4　日本における主要なスキー場集積地域における閉鎖・休業例（順不同）

スキー場集積地域	主な閉鎖・休業スキー場
福島県磐梯・吾妻山麓	見祢山，中の沢，石筵，土湯，吾妻，飯坂，五色（山形県）
群馬県万座・草津	女夫淵，鹿沢，表万座，スキーポート・シズカ，草津音楽の森
新潟県湯沢町・南魚沼市	三国，二居，白板高原，城平，Kayama Captain Coast，土樽，ファースト石打（旧小田急石打），八箇高原，小栗山，六日町坂戸，スポーツコム浦佐国際，浦佐
新潟県妙高山麓	あらい船岡山，Arai Ski Resort，松ヶ峯，妙高パインバレー，妙高東山，妙高パノラマ，妙高坪岳，燕温泉
長野県飯山市・下高井郡	戸狩小境，信濃平，飯山国際，飯山（神明ケ丘），北飯山，斑尾高原豊田，斑尾高原大平，柏原，七ケ巻，北志賀ハイツ，ごりん高原，上林温泉，安南平，石の湯・笠岳
長野県白馬村・小谷村	牧寄，白馬ハイランド（旧グリーンクラブ），サンアルピナ青木湖，大町
長野県八ヶ岳山麓	浅間温泉，東美ケ原白樺平，東美ケ原高原美しの国，姫木平，和田峠，霧ヶ峰沢渡，蓼科アソシェイツ
岐阜県郡上市白鳥町	イトシロシャーロットタウン，正ケ洞，高平，平家平，中日白鳥，油坂，ひるがの尾上平，大栄，荘川高原一色国際
兵庫県鉢伏山・神鍋高原	神鍋アルペンローズ，大机山，新神鍋（ファミリー），口神鍋（山宮），名色高原，大岡山，葛畑，氷の山山麓，新戸倉

資料：表1-1参照

とみられる。表5-4には主要なスキー場集積地域と，それぞれの地域での閉鎖例を示している。たとえば，長野県白馬村の白馬ハイランドスキー場（1972年開業）は，八方尾根や岩岳，五竜遠見などの大規模スキー場との間に近接逆効果がはたらき，2009年に閉鎖されたと考えられる。また新潟県の湯沢町・南魚沼市では，狭い範囲に多くのスキー場が立地してきたが（呉羽，1995），現在までに10か所以上が閉鎖・休業している。

　こうした近接逆効果は，1970年代にもすでにみられたと考えられ，開業当時は小規模でもある程度の集客があったが，規模拡大ができないなどの理由で，近隣の大規模スキー場に顧客を奪われていったものと考えられる。長野県白馬村の例では，岩岳スキー場の東に位置した牧寄スキー場（1962年開業；1976年閉鎖）がこれに該当する。閉鎖年はやや遅れるものの，同県野沢温泉村にある七ケ巻スキー場（1967年開業；1982年閉鎖）も同様の例と考えられる。

(3) 市町村合併・市町村経営の影響

　上記の近接逆効果は市町村合併とも関連して作用する。周知の通り，2005年を目途としていわゆる「平成の大合併」が行われた。一方，日本のスキー場のおよそ4割（約300か所）は，市町村等によって開発・経営されてきた。1990年代後半頃からスキー場の赤字経営が顕著になると，市町村財政自体の悪化もあって，一般予算からの赤字補填継続が問題視されるようになった。たとえば，大鰐温泉スキー場（青森県大鰐町）や，おんたけ2240スキー場（長野県王滝村）では，市町村の赤字経営が問題視された（4章参照）。一方，この時期に市町村合併を推進する政策が進行した。一部のスキー場集積地域では，存在する市町村がそれぞれ個々にスキー場を有する

場合もみられた。そこで市町村合併が進むと，複数の赤字事業を抱え込む新市町村が，経営するスキー場の取捨選択を迫られるようになった。

石川県白山市は，まさにこの淘汰が進行した例である。紆余曲折を経て，すでに白山中宮温泉，白峰高原，白山瀬女高原および大日の4スキー場が閉鎖・休業となっている。2013年現在では，2スキー場（白山千丈温泉セイモア，白山一里野温泉）のみが営業している。一方，別の例は新潟県魚沼市にみることができる。市内の須原，小出，湯之谷薬師，大湯温泉，関越国際大原の5スキー場について存続や廃止をめぐる議論がなされ，2009年12月には市当局によって5スキー場のうち4か所を廃止する「再編計画」が出された。しかしその後の地元住民の反対等によって，それぞれの営業は継続されている。すなわち，2013年11月にそれぞれ民営化され，別々のNPO法人と会社の経営となった。ただし，合併後の市の範囲内に存在した中峰とAXIOMリゾートの2スキー場は，平成の合併直前の1996年と2001年に閉鎖されている。

さらに，市町村経営もしくは公営スキー場の多くは，今日，様々な理由で経営が困難とみられている（浅山，2010）。日本で公営スキー場の数が卓越するのは，冬季出稼ぎに代わる雇用機会の確保，スポーツ振興，観光産業振興などを目的に，オイルショック期やバブル期を中心に，市町村等がスキー場開発を積極的に推進したことに基づくのであろう。しかし，先述したような財政負担，利用者減少などによって，公営スキー場をめぐる状況は厳しくなってきた。指定管理者制度の導入などで経営の効率化が図られているものの，困難も多い。たとえば，長野県野沢温泉スキー場では，長期にわたり，野沢温泉村がその索道を経営してきた。しかし，2005年からは地元出資の株式会社「野沢温泉」に経営変更された。

(4) スキー場開発ブームの時代的要因

先述のように，日本のスキー場開発ブームは，「第一次」と「第二次」の2回訪れた。とくに1980年代の後半から90年代の前半にかけては，スキーリフトの技術革新ともあいまって大規模な施設建設を伴う開発が進んだ。当時は，経済・経営的にみてもスキー場開発は利益率の高いものであった。その結果，1990年代初頭までに，索道経営会社による大規模リフトの建設，同会社によるレストハウスや直営宿泊施設等の整備のために大規模な投資が生じた。

しかし，バブル経済崩壊とともに，リゾート開発ブームは短期間で消え去った。1990年代半ば頃からスキー人口が急減すると，索道経営会社の収入は激減し，投資分の返済困難に陥ったのである。スキー場経営は悪化し，多くの企業はその立て直しやスリム化を迫られた。結果的に，索道経営会社の売却や倒産など，その流動

表5-5　コクド(旧国土計画)系の経営スキー場の現状（2012年）

現状	数	スキー場名
営業	11	富良野，雫石，万座温泉，苗場，浅貝，かぐらみつまた，かぐら田代，六日町八海山，妙高杉ノ原・国際，焼額山，軽井沢プリンス
別会社経営	14	糠平温泉，ニセコ東山，函館大沼七飯，札幌広島プリンス，鯵ヶ沢，森吉山阿仁，表万座a)，水上高原，中里，岩原b)，福井和泉，国境，箱館山
閉鎖	11	真駒内，深川，津別，千畑，森吉山森吉，日光菖蒲ヶ浜，小千谷山本山高原，三国，土樽，燕温泉，ごりん高原，伊吹山c)

注a）2011年度から休業。
注b）ゴンドラリフト1基のみ経営(1997年度に別会社〈岩原観光〉移行)。
注c）2005年度別会社(ピステジャポン)移行，2008年度から休業，2010年度に閉鎖。

資料：表1-1参照

が活発化した（高梨，2011）。さらにスキー場経営を逼迫させているのは，こうした状況がすでに20年も継続していることである。それゆえ，索道経営会社の倒産や交代は現在でも進行しつつある。とくに，索道経営会社の交代（名称変更も含む）は営業スキー場の6割以上でみられる（4章参照）。

このなかで，コクド（旧国土計画）のように（PM編集部，2007），グループ経営の悪化に伴って，複数のスキー場が売却されて別会社の経営に移り，さらにはまとまって閉鎖されたり，売却されたりする例も現れた（表5-5）。これまで，36か所のスキー場経営がなされてきたが，閉鎖されたスキー場は11か所におよび，ここでも東日本で多いという特徴が現れている。逆に，現在，系列会社のプリンスホテルが経営するスキー場は，ピーク時の半分以下の11か所のみである。また，別会社に経営移行されたスキー場が14か所にのぼる。

日本のスキー場で今日存在する多くのスキーリフトのほとんどは，「第二次」開発ブーム期に建設されている。逆に，そのブーム期後に索道が新設・改築された例は非常に少ない。約30年ともいわれる索道の耐用年数を考慮すると，今後の索道整備とその建て替えも，スキー場にとって近い将来の課題になることは疑いない。

(5) スキー人口に関する要因

一般的な要因としてスキー人口の減少も重要である。まずは，全国スケールでの推移について，『レジャー白書』に基づいてみる（図4-8）。1990年代半ばからスキー人口は急激に減少している。減少傾向開始期にスノーボードが普及し，その人口はある程度の規模を確保したものの，スキー人口の減少を補うレベルには達せず，全体として減少傾向が続いている。このようなスキー人口の減少は，スキー場の減少や淘汰に大きく影響していることは自明である。この動向を年齢階級とあわせてみると（図4-3），すでに指摘したように，30歳代以下の年齢層での減少，さらにそれらの年齢層の女性スキー人口の減少が著しくなっている。また，『レジャー白書』の2013年版には，最近5年以内にやめた余暇活動の分析があり，スキーは第1位であった。やめた理由も分析されているが，スキーの場合には複合的であるとされている。

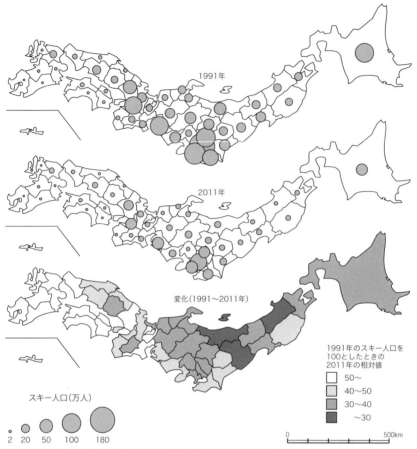

図5-5　日本におけるスキー人口の都道府県別変化（1991～2011年）
注：15歳以上のみ．2011年はスノーボードを含む。
資料：総務省『社会生活基本調査』

　次に，スキー人口の減少を地域的にみていく（図5-5）。社会生活基本調査によると2011年ではスキー人口はわずか530万人であり，1991年の1,350万人から大きく後退した（図中の相対値は全国で39.0）。この図で顕著であるのは，東日本でスキー人口の大きな減少が生じていることである。これは西日本と対比すると明瞭である。さらに東日本では，太平洋側に比べ日本海側での減少が大きい。つまり，スキー人口は全国的に大きく減少しているものの，地域的には秋田県（相対値23.0），福島県（28.6），新潟県（29.5）といった多積雪地域での減少が著しいのである。そこでは15歳から24歳という若年齢層の減少が目立っている。もちろん，この図からの判読は難しいが，絶対数での減少幅が大きいのは，多くのスキー人口を擁していた大都市圏である。

つまり，上記3県のみならず東日本の積雪地域に居住する人びとが，あまりスキーに出かけなくなったとみることができる。その結果，ローカルな顧客に基づいて成立していた小規模スキー場の閉鎖・休業が進行するプロセスが生じていると考えられる。もちろん，東日本ほど極端ではないが，同様のプロセスは西日本でもみられる。その結果，表5-4で示したように，兵庫県の鉢伏山・神鍋高原などの地域で，閉鎖・休業スキー場が複数存在する。

5）今後のスキー場をめぐる展望

2010年代に入り，閉鎖・休業スキー場数は減少する傾向にはあるが，依然としてスキー場経営をめぐる状況は厳しい。本節では今後のスキー場に関する展望を，立地条件，独自性，スキー場経営の現状などの点から考えてみたい。

(1) スキー場の立地条件再考

すでに説明したように，スキー場の立地条件は時代とともに変化している。今後，スキー場がその経営を持続させるためには，何らかの独自性を持つ必要があろう。ここでは立地条件をスキー場の独自性と関連させて考察する。

(a) スキー場の類型

まず，近年のスキー場再生をめぐるなかで議論されてきた，スキー場類型を検討することで，スキー場の持つ位置的な特性やそのほかの特性を整理してみたい。坂倉（2010）は，個々のスキー場のターゲット顧客や提供すべきサービスに基づいて，スキーの特性を次の四つに分類した。すなわち，①地域社会一体型・宿泊主体型，②宿泊施設囲い込み型，③大都市圏日帰り型，④積雪都市近郊型である。一方，高梨（2011）は，好調状態にあるというスキー場限定ではあるものの，その類型として⑤日帰り型，⑥長期滞在型，⑦短期宿泊滞在型の三つをあげた。

この2分類をまとめて検討すると，かなり類似している。③，④，⑤はいずれも日帰り型であり，③と④は大都市圏近隣と積雪地域の地方都市近郊という位置の違いを強調しているが，実際には⑤にも同じ亜類型が示されている。一方，これら以外は宿泊型である。そのうち①と⑥は類似し，かなりのスキー場規模を有しており，周囲の地域社会に宿泊施設の集積があることを活かしてインバウンドツーリズムへの対応が可能なものである。②と⑦はある程度のスキー場規模ではあるが，インバウンドツーリズへの対応は困難とされるものである。高梨（2011）は，この類型⑦が日本で最も多くみられると考えており，そのなかの成功例としては，ターゲット

とする顧客へのサービス展開によって経営をある程度安定化させたスキー場をあげた。その際，サービス展開の前段として運営体制の刷新による機動性の高まりが重要な役割を果たしたとしている。

(b) スキー場の独自性

上記の類型に用いられた指標を考慮すると，スキー場の独自性や優位性を形成する要素として次の三つの次元がある。それは，A規模，Bアクセス，C周囲の地域社会とのかかわりである。すなわち，大規模であること，大都市近郊（または地方都市近郊）に位置すること，周囲の地域社会において宿泊施設集積があることが，その独自性の形成につながる。個々のスキー場はこれらの次元を考慮しつつ，ターゲットとする顧客へのサービスを展開することになろう。すなわち，ほかのスキー場も有する性格についてはその優位性の向上を目指し，またほかのスキー場とは異なる独自性を創造しようとする。とくに規模に関しては，今後予測される温暖化傾向とも相まって，標高が優位性の向上に影響してくると思われる。

もちろん，これらの三つの次元以外にも独自性をもたらす要素も存在する。その一つはスキー場の集積地域における競合であろう。たとえば，リフト券の共通化のような，集積のデメリットではなくメリットを活かすような経営が必要である。一方，問題となるのは三つの次元に関して，いずれも独自性を持たないスキー場である。これらのスキー場にとっては，次で議論する経営内容での独自性や文化的な独自性をアピールすることが重要な鍵となると思われる。

(2) スキー場経営の変化と現状

1960年前後から1990年頃までは，連続的ではないにしろ日本でスキー場開発ブームがみられた。とくにバブル期には，スキー自体が流行の先端をいくレクリエーションであった。それゆえ，索道経営会社の経営は，特別なサービスを提供することなしに多くの顧客を獲得できた。ただしバブル期以前においても，一部の，都市資本によって開発されたスキー場では，女性向けサービスや食事メニューの刷新など，経営サービスに新たな点をみることができた(Kureha, 2008)。

その後スキー場の淘汰が進んでくるなかで，索道経営会社の統合もなされ，経営内容は大きく変化している。こうした経営内容にも，上述の独自性につながる部分が多い。個々のスキー場は，それぞれの独自性を経営内容でもアピールしているのである。たとえば，スキー斜面の圧雪・非圧雪の使い分けは，近年のパウダースキー人気とともに重視され，キッカーやレールといったフリーライドスキーを楽しむことのできる「パーク」の設置も愛好者へのアピールとなる。またスキー場内の施設，

とくにスキーリフト従業員などによる接客に始まり，スキー場内レストランの食事の質や量，レンタルスキーの質や種類，スキー学校，シーズンチケットなど，多種多様なサービスが展開されている。顧客の絞り込みとしては，子ども連れ，修学旅行，競技団体，高齢者などが想定される。しかし，これらのサービスは普遍性が高いものが多く，ほかのスキー場との差別化をはかることが難しい。また，サービス内容によってはコストの上昇という問題も出現するであろう。

表5-6 日本における主要なスキー場経営グループ
(2014年)

タイプ	索道経営会社または経営協力会社	スキー場数
新規参入型	マックアース	30
	クロスプロジェクト	8
	鈴木商会	6
	日本スキー場開発	6
	ホスピタリティパートナーズ	5
	星野リゾート	3
伝統型	プリンスホテル	11
	東急リゾートサービス	9
	加森観光	8
	日本ケーブル	7
	休暇村協会	6
その他	志賀高原リゾート開発	3
合計（重複有り）		102

資料：表1-1，各社情報

　こうした状況下，一部の企業による既存の営業スキー場の買収が目立つようになり，少数の索道経営会社による複数スキー場経営のグループ化が生じている（表5-6）。グループ化の動きは，バブル期以前にもすでに，コクド（表5-5）や東急などのグループによって行われていた。しかし，現在では新規参入企業が，経営ノウハウの蓄積や規模の経済に基づいて独自の経営戦略等を実行しつつある。なかでも，兵庫県のハチ高原スキー場内の飲食施設および宿泊施設を出自とするマックアースは，2008年の営業開始以降，2014年には，全国で30のスキー場を経営する規模に成長している（月刊レジャー産業資料編集部，2013）。2015年12月現在では，スキー場数は33か所で北海道から広島県にわたり，そのなかには指定管理の例や，スキー場内の一部のゲレンデを経営する例も含まれる。全体のゲレンデ面積1,777ha，スキーリフト162基，総滑走可能コース距離292km，スキー場の入場者数約300万人（2014年度），野外教育の受け入れ団体数1,038に達している[3]。

　新規参入企業が買収したスキー場は中規模程度のものが多い。たとえばマックアースがかかわるスキー場の平均規模指数は，一部のゲレンデのみ経営している菅平高原スキー場を加えても約6,300人km/hであり，クロスプロジェクトの場合では約4,000人km/hにすぎない。とくにマックアースは，福島県磐梯山周辺，長野

---

[3] マックアースのホームページによる。https://www.macearthgroup.jp/resorts（2016年9月22日最終閲覧）。

県高社山周辺のように隣接する複数のスキー場を経営し，それによって大規模化を図ろうとしている（月刊レジャー産業資料編集部，2013）。一方，日本スキー場開発は，長野県竜王や群馬県川場のような比較的大規模なスキー場を買収している。また，スキー場内の全ての索道ではなく，八方尾根スキー場のように，複数存在する索道経営者会社の一部の経営を引き継ぐ場合もある。

これらの新規参入企業が経営するスキー場の地域的傾向は，都市資本による経営スキー場分布（表5-2）と類似して，また表5-6の「伝統型」とも類似して，長野県，新潟県，関東，近畿に集中する傾向にある。多くのスキー人口が居住する大都市からのアクセスの良いスキー場が，多く買収されていると考えられる。ただし，先述した「独自性」があれば，スキー人口に基づく地域的な立地条件はそれほど左右しないと考えられる。たとえば，クロスプロジェクトによる岩手県夏油高原スキー場の経営は，温泉や豊富な積雪を活かした独自性に基づいた例とみることができよう。

外国人スキーヤーの訪問増加もスキー場経営に影響を与えている。北海道ニセコアンヌプリ周辺，新潟県妙高赤倉地域，長野県野沢温泉村，同県白馬村・小谷村などでは外国人スキーヤーの訪問が目立って増加している。今後は彼らに対応したサービスのさらなる展開が求められるのであろう。2000年頃以降，とくに北海道倶知安町に滞在するオーストラリア人が話題になっているが，2010年前後から本州の大規模スキー場にも訪問が波及している。それに続いて，ヨーロッパや北アメリカ，韓国や香港，シンガポールなどと顧客圏は拡大している。外国人を受け入れる潜在性を持つ一部のスキー場については，こうしたインバウンドツーリズムへの対応による再生に期待できる。それは，スキー場の大規模性，パウダースノーの存在，後述するサービス提供に依存すると考えられるが，今後の詳細な分析が待たれるところであろう。

オーストラリア人も含めた欧米系のスキーヤーはアプレスキー（アフタースキー）を強く求めている（小室，2014）。スキー場外の地域社会でこうしたニーズに対応したサービス展開をいかにしていくのか，長期滞在する彼ら向けの宿泊施設をどのように適応させていくかも重要な課題になる。ただし，その際にインバウンドツーリズムへの過度な依存は危険であることに留意するべきである。それは政治・経済的，さらには社会・文化的な何らかの契機，場合によっては災害によって外国人訪問が急激に縮小する可能性があるためである。それゆえ，日本人をターゲットにしたサービスもある程度は継続的に提供せざるをえないと考えられる。

(3) 日本におけるスキーの性格

短期滞在の卓越は，日本のスキー場経営を困難にしている大きな要因の一つであ

る。これは，ヨーロッパ・アルプスのスキーリゾート（7〜9章参照）と比較すると明確である。ヨーロッパ・アルプスでは，長期休暇によって平均1週間程度の滞在が継続してみられるために，索道会社や宿泊施設，飲食・サービス施設は安定した収入を得ることが可能となっている。日本でも長期休暇制度の確立が待たれるところではあるが，現政府の政策は進んでいない。ハッピーマンデーで祝日数は増えているが，短期の連休を細切れにしか取れない状況は変わっていない。ただし，定年を迎えた団塊世代が中心になって，スキーリゾートでの長期滞在が発展していく可能性はある。

　先に「独自性」の欠如を議論したが，スキーの持つ教育効果をアピールすることが必要であろう。残念なことに多くの市町村経営スキー場がすでに閉鎖されるかまたは休業状態にあるが，こうした動きと連動して，多積雪地域でのスキー人口が減少しているとみることもできる。現在の営業スキー場では，学校体育やスポーツ少年団などの拠点としてのスキー場という側面を重視することが可能と考えられる。つまり，教育の場としての効果が，積雪地域におけるスキーの継承につながり，それがスキー場の独自性とも結びつくのであろう。

　若年者のスキー参加拡大という点では，リクルートライフスタイルが2011年度から実施している「雪マジ！19」の活動があげられる。この活動に参加するスキー場において19歳の男女のリフト券を無料として，スキーに親しんでもらい，翌年以降のスキー場利用促進を目指すものである。当初は89か所のスキー場に延べ約12.8万人が訪問したが，2013年度には延べ約52.8万人（172スキー場）が利用した[4]。ある程度の効果はあると期待されるが，活動参加スキー場が中央日本北部と西日本に偏っているなどの課題もある。これは北日本における市町村経営スキー場の多さと関係があると思われる。実際に「雪マジ！19」活動に参加したスキー場の多くは，中央日本北部と西日本に立地する都市資本経営のスキー場である。一方，市町村経営スキー場による参加例は非常に少なくなっている。「雪マジ！19」参加スキー場数は2014年には181か所に，2015年には191か所に増えたものの，延べ利用者数は51.5万人と49.2万人にとどまった[5]。同様に，20歳の若者を対象として，リフト券が最大半額となるサービス「雪マジ！20」が開始されており，また福島県では，「雪マジ！ふくしま」という，福島県内のスキー場で平日のリフト券が無料となるサービス（20〜22歳対象）もある。今後は，この利用者数の水準を維持するこ

---

[4]　じゃらんリサーチセンターのホームページによる。http://jrc.jalan.net/j/2014/05/19snow-magic201-708e.html（2014年6月3日最終閲覧）。　ただし，スキー場数は本書の数え方とは異なる。

[5]　じゃらんリサーチセンターのホームページによる。https://majibu.jp/yukimaji19/pc/srope/（2016年12月28日最終閲覧）。

とが重要であり，「雪マジ！19」等参加者が20歳または23歳以降どのようにスキーやスノーボードとかかわっていくのかについて，追究する必要があろう．

6) まとめ

　本章は，日本全国におけるスキー場の閉鎖・休業の動向を分析し，そこにみられる地域的な特徴を解明してきた．日本では，開設された全スキー場の約40%弱がすでに閉鎖されたか，もしくは休業状態にある．その多くは索道規模や標高差からみて小規模なスキー場であることが特徴である．大都市近隣地域では都市資本によって開発された小規模スキー場の多くで閉鎖・休業がみられ，それ以遠の地域では，閉鎖・休業スキー場のうち，市町村経営スキー場が多くを占める．閉鎖・休業の主因は，積雪不足というよりも，利用者減少に伴う経営悪化であると考えられる．経営悪化はスキー場の立地条件が時代とともに変化してきたこと，近接逆効果が作用したこと，市町村合併が2000年前後に全国で活発になされたことなどに基づいていた．また開発ブームが一気に解消され，その後の経済不況が継続していること，さらにはスキー人口の大幅な減少も大きく影響していることが解明された．

　今後のスキー場の展望としては，規模，アクセス，周囲の地域社会とのかかわりのなかで立地条件を活かした独自性を形成することが重要である．スキー場の経営面での独自性創出も大きな課題であるが，現状では経営のグループ化が進んでいることも事実である．グループ化の効果が今後どのように現れていくのかは，今後のスキー場経営をめぐる重要な研究課題になると考えられる．また，外国人スキーヤーへの対応もますます求められるであろうが，スキー場が持つ独自性を地域的条件と関連づけて創造していくことが必要である．

　短期滞在が卓越するという日本のスキー特性が短期間に大きく変化することはないであろう．その点では日本のスキー場経営が，今後劇的に変化することはないと考えられる．ゆえに，スキー場の立地条件としては，大都市からの近接性が最も重要であり続けるであろう．一方，ローカルな地域スケールでスキー場を維持するためには，市町村経営スキー場が持つ教育効果の活用が重要である．この活用は公営スキー場の閉鎖をくい止める対策になるかもしれない．また，より広域な地域スケールでは，新しい動き「雪マジ！19」等が，スキーヤーの維持に大きく貢献する可能性がある．このように，今後はさまざまな地域スケールにおいて，スキー場が有する地域的特徴に基づいた戦略が重要になると思われる．また，ここで触れることができなかったが，環境保全や地域振興といった視点で，閉鎖スキー場跡地の利用にも注目する必要があろう．

6 日本のスキー観光停滞期におけるスキーリゾートの対応

1) はじめに

　日本では，4章や5章で述べたような近年のスキー観光をめぐる状況下，さまざまな地域でさまざまな形態でスキーリゾートを持続しようとしている。ここでは，それらの持続に向けた動向や地域的な取り組みについて，具体例を中心に分析する。対象とした地域は，長野県菅平高原，群馬県片品村，長野県乗鞍高原，長野県黒姫高原，北海道ニセコ地域である。菅平高原と片品村は，農村地域がスキーリゾートへと変貌した地域ととらえられ，宿泊施設は民宿，もしくはそれが拡大された旅館が主体である。一方，乗鞍高原と黒姫高原では農村地域からはやや距離のある高原地域にスキー場開発がなされ，その近接地区にペンションを主体とする宿泊施設が集積してきたことに特徴がある。一方，ニセコ地域は，全国で最も早くからインバウンド・ツーリズムに本格的な対応をしてきたことに特徴づけられる。最後に五つの地域での諸対応にみられる共通点や相違点を整理し，地域的な特徴とあわせて考察する。

2) 長野県菅平高原

　菅平高原は上田市の北部に位置し（図6-1），江戸時代晩期に比較的平坦な場所に入植がなされ，明治時代前半に根子岳の西南西斜面に「北信牧場（現，菅平牧場）」が開設された農村地域（集落標高1,300m内外）であった（山本ほか，1981）。スキーは他地域よりもやや遅れて大正末期に導入され，オーストリア人でスキーの名手シュナイダーの訪問（1930年）によって，スキー地「菅平高原」の名声は高まった。当時，信越線上田駅からバス（昭和初期には途中から馬ソリ）でアクセス可能であり，信越線沿線では長野市以北のスキー場へ行くよりも早く到達可能であった。さらに，標高が比較的高く雪質が良いことは，スキー場として発展する好条件となった。第二次世界大戦前から一部の農家が民宿営業を始め，またグラウンド2面の設置とともに夏季のラグビー合宿が開始された（1931年）。

　第二次世界大戦後，菅平高原では比較的早く1955年に太郎山（今日の太郎エリア）に最初のスキーリフトが建設された。その後，ダボス（同，ダボスエリア）と大松山・

写真6-1 菅平高原 パインビークエリア (2009年10月)
パインビークエリアの下部は高原野菜を栽培する耕地になっている。

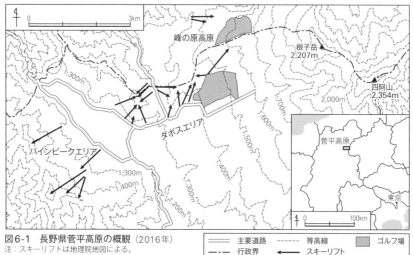

図6-1 長野県菅平高原の概観 (2016年)
注：スキーリフトは地理院地図による。

燕山の東斜面（同，パインビークエリア）（写真6-1）へとスキー場は空間的に拡大した。あわせて，別荘地やゴルフ場の開発，北東部に隣接する峰の原高原（須坂市）でのスキー場とゴルフ場，ペンションビレッジの開発もなされた。ラグビー合宿を行うチームも徐々に増え，1980年前後の時点で28面のグラウンドが存在した。宿泊施設としては，レタスなどの高原野菜栽培に冬季の民宿業を組み合わせるタイプと，畑地をグラウンドに転用し，夏と冬の両方で営業する宿泊業専業タイプ，さらには高原周辺部に立地し，外来者が経営するペンションがみられるようになった。

バブル期には，スキーリフトの更新に加えて，標高が高く低温が期待できる自然条件を活かして人工降雪機の設置が進んだ。1980年代にはラグビー合宿も大きく発展した。大学のラグビー部に加えて高校や社会人チームの訪問も増え，同時にグラウンド数も大幅に増え，1990年には68面に達した。こうしたラグビー合宿増加の要因となった一つに，芝グラウンドの普及がある。その結果，冬はスキー，夏はラグビーで賑わうリゾートとなった。1980年代後半にはやや冬季の観光地利用者

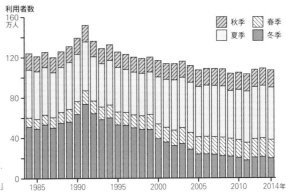

図6-2 長野県菅平高原における観光地利用者数の推移
(1984〜2014年)
注：冬季は前年の12月〜3月，春季は4〜6月，夏季は7〜8月，秋季は9〜11月
資料：長野県『観光地利用者統計調査結果』

数が割合を高めたものの（図6-2），2季型のリゾートとして発展した。

　しかし，スキー観光停滞期になると，菅平高原でもスキーヤーが激減するようになった。冬季の観光地利用者数は1990年代初頭のピーク時（約70万人）から減少を続け，2010年以降は20万人を下回るようになっている（図6-2）。菅平高原でのこうしたスキーヤーの減少幅の大きさは，ゲレンデ面積はある程度広いが，三つのエリアに分散しているというスキー場の特性によると思われる。また，標高は高いものの，いずれのエリアもその標高差は400m程度にとどまっており，中小規模のスキー斜面として性格づけられることも大きい。

　ただし，低温に基づく雪質の良さ，人工雪の利用しやすさといった長所もある。さらには，ダボスエリアの背後にある根子岳へのスキーツアー，また高原内の緩傾斜地でのスノーシュー（またはクロスカントリースキー）のコースも重要な魅力である。一方で，合宿向けに整備された宿泊施設の存在は，スキー修学旅行の受け入れを容易にしてきた。長野県観光部統計によれば，菅平高原には年間5〜7万人が「スキー学習旅行[1]」で訪問している。小規模なゲレンデであることは，初心者が大半を占めるスキー修学旅行の受け入れに適している。また，アルペン競技系や技術系の大会，加えてノルディックスキーの大会も比較的多く開催されるために，大学や高校スキー部の合宿も多くみられる。

　こうした長所にもかかわらず，冬季の訪問者数が継続的に減少しているなかで，夏季の訪問者数は2000年代以降ほぼ毎年70万人前後を維持している（図6-2）。その中心は依然としてラグビー合宿であるが，1990年代半ば以降はサッカー，やや遅れて陸上の合宿地としての重要性も高まっている。

---

1) 学習旅行には修学旅行のほかに，学校または教育関連機関主催の学校名が特定できる体験旅行，合宿，特別授業等の旅行が含まれる（長野県観光部山岳高原観光課『学習旅行実態調査結果（小学校・中学校・高等学校）』）。

写真6-2 冬季の根子岳と四阿山
(2010年12月)
菅平高原パインビークエリアから見て左が根子岳で右が四阿山である。左手にはダボスゲレンデが見える。

　8月を中心に数多くの大学や高校のいわゆる強豪ラグビーチームが，チーム単独のトレーニングよりも他チームとの練習試合のために訪問している（呉羽・渡邊，2015）。競技レベルが近いチームと練習試合でチーム力の強化をはかる機会，ライバル強豪チームの仕上がり具合を観察する機会としても重要である。その受け入れのためにグラウンドが重要であり，その数は109面へと増えた（呉羽・渡邊，2015）。2000年代前半以降は人工芝のグラウンドも増えている。1999年に当時の真田町が整備した「菅平高原スポーツランド（サニアパーク菅平）」の存在も合宿チーム増加に貢献している。

　1993年にＪリーグが開始されると全国的にサッカー競技人口が増えた。これを背景に1990年代後半以降，小学生から大学生世代のサッカーチームの合宿来訪が盛んになった（進藤ほか，2003）。彼らの来訪時期は，ラグビーの合宿が本格的に始まる前の7月下旬から8月初旬である。また，菅平高原の標高は1,200mから1,500m前後と高いこと，サニアパークの存在などによって，陸上の合宿地としても発展している。陸上の合宿を専門で受け入れる宿泊施設も多数存在し，とくに菅平高原や峰の原高原（Suzuki，2015）の一部のペンションは，グラウンドなどの特別な施設を必要としない陸上合宿チームを積極的に受け入れている。また，トレッカーの利用もある程度の重要性をもつ。とくに，四阿山は，深田久弥による日本百名山であり，さらにそれに隣接する根子岳も登りやすい山として人気が高い（写真6-2）。

　このように菅平高原は夏季の合宿に観光業の重点を置くようにスキーリゾートが変化している。宿泊施設の合宿対応は，冬季のスキーヤー向けのサービス悪化を招いている点もあると思われる。それは，とくに洗面所などの施設面で，家族単位で個人客としてスキーに訪れる人びとへのサービス悪化につながるためである。

　2016年現在の宿泊施設数は，菅平高原全体で約110軒であり，ピーク時である1990年前後の150軒に比べると大きく減少している。しかし，多くの宿泊施設は大規模化し，最大500人を収容できるものもあり，また100人以上を収容できる施

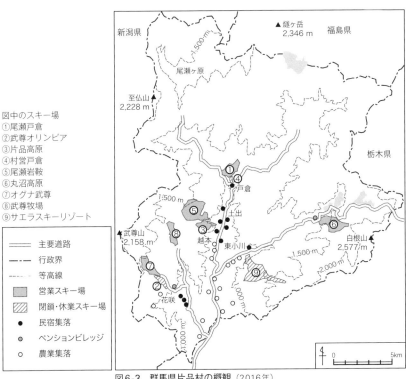

図6-3　群馬県片品村の概観（2016年）

設は40軒ほどある（渡邊瑛季の調査による）。大規模な施設はグラウンドを所有し，合宿に対応できるように経営面や設備面で工夫している。これらの宿泊施設が宿泊業を持続的に発展させている一方で，冬季のみに経営する民宿や一部のペンションは，スキーヤー減少の影響を受けて既に廃業したり，さらには知人のみを受け入れたりと，宿泊業の規模を縮小させている。

3）群馬県片品村

　片品村は群馬県の北東部に位置し，関越自動車道経由で東京からのアクセスも良い。1950年代後半からの人口流出が著しい典型的な過疎山村（役場標高約800m）であった。尾瀬という一大観光資源をかかえていたものの，農林業を経済活動の主体とする地域であった。1960年代から9か所のスキー場が開設されてきた（図6-3）。スキー場の多くは，地域住民がかつて家畜の飼料，屋根の材料，薪炭材などを採取・利用するための山地に開発された（呉羽，1991b）。住民は，衰退した家畜飼育，薪炭生産に代わる経済基盤として観光業への依存を高めていった。スキー場

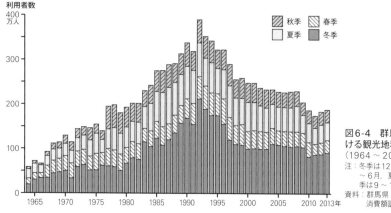

図6-4 群馬県片品村における観光地利用者数の推移
(1964〜2013年度)
注：冬季は12月〜3月，春季は4〜6月，夏季は7〜8月，秋季は9〜11月
資料：群馬県『群馬県観光客数・消費額調査（推計）結果』

開発に伴って村内には多くの民宿が設立され，また多くの村民が冬季にスキー場や関連する職場に勤務するようになった。さらに，2か所のペンションビレッジ（花咲，丸沼）も開発され，宿泊施設の多様化が進んだ。

1980年代から1990年代初めにかけて，全国的な傾向と同様にスキー場は大きく拡張された。さらに，関越自動車道の整備とともに東京圏から多くのスキーヤーが訪れるようになった。片品村への観光者数の推移をみると（図6-4），1980年頃から冬季の観光者が著しく増加し，1990年前後には年度の半数以上を占めるようになった。最盛期には村内の宿泊施設数は300軒に達した。逆に，週末の夕方に生じる交通渋滞のような観光客増加による問題も発生していた。

しかし，それ以降はスキーヤーの数は大きく減少に転じることになる。ただし，他のスキー場に比べると減少度合いは小さく，ピーク時に比べ2013年には半数程度の減少にとどまっている。一方で，1994年に村営戸倉スキー場が，2001年に武尊オリンピアスキー場がそれぞれ閉鎖された（呉羽，1996；Kureha，2005）。また，村内では最も新しく1994年に開発されたサエラスキーリゾート尾瀬は，2002年に民事再生法の適用を申請して事実上倒産し，その後は別資本で規模を縮小して営業され続けてきたが，2013年に休業状態になった（同じ場所のゴルフ場は営業している）。

スキーヤーの減少と同時に，日帰りスキー旅行の割合が高まった。1990年代終わり頃には，7割以上を日帰り客が占めていた。さらに，その後もその割合は増えているように思われる。その結果，宿泊施設は大きな打撃を受けている。2016年現在の宿泊施設数は約200軒であり，ピーク時の3分の2に減少した。片品村では，農村地域からスキーリゾートへと変貌したために，宿泊施設は民宿中心に構成されてきた。スキー観光停滞期ではこれらの民宿の多くが廃業しているのである。かつ

写真6-3　片品村ホワイトワールド尾瀬岩鞍の上部（2014年3月）
ホワイトワールド尾瀬岩鞍は片品村内でも屈指の規模である。1985年に開催された国体、また1989年のゴンドラリフト設置にあわせてそれぞれ規模拡大が行われた。

写真6-4　片品村ホワイトワールド尾瀬岩鞍の下部（2014年3月）
急斜面が比較的充実し人気が高い。最下部には索道経営会社直営のホテルのほか複数の旅館と駐車場が集中している。

て廉価という点に大きな魅力があった民宿であるが、今日ではペンションや旅館等の宿泊料金とそれほど大きな違いはない。また、プライベート保持の問題、建物の老朽化、さらには水回り施設の整備の遅れが目立ち、存在意義の主張が難しい。さらに、後継者不在の事例も多くみられる。一時的な民宿経営に特化し、年末年始などのピーク時のみに宿泊客を受け入れる民宿もみられる。

　こうした宿泊施設の減少は、特定の地区にみられる傾向にある。それはスキー場から離れた地区、またはスキー場の規模が小さい地区である。具体的には中規模な片品高原スキー場からやや離れた越本地区南部、丸沼高原スキー場から離れた東小川地区をあげることができる。一方で、比較的規模の大きい尾瀬岩鞍スキー場（写真6-3、6-4）に近接する土出地区、そのほか戸倉地区、花咲地区では廃業する施設はそれほど多くはない。

　もちろん、冬季以外の宿泊客獲得の試みは既に1970年代前半からなされていた（4章参照）。それは合宿の受け入れであった。当初は越本地区のテニスが中心であったが、その後はバレーボールなどの体育館（公有・私有）を使用する種目、1990年前後からは花咲地区を中心に小学生向けのサッカー合宿の受け入れも始まった。現

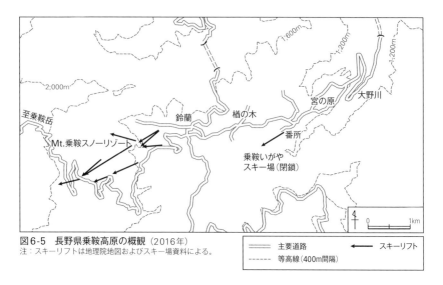

図6-5 長野県乗鞍高原の概観（2016年）
注：スキーリフトは地理院地図およびスキー場資料による。

在ではテニスの重要性は薄れているが，サッカーについては花咲地区に人工芝のグラウンド整備がなされたり，大会が開催されるなど現在でも重視されている。2016年8月に開催された「尾瀬武尊高原少年サッカー大会」は31回目を数えるほどに伝統的イベントになっている。そのほか，大学女子チームなどさまざまな種類のサッカー大会が開催され，その期間は数日に及ぶため民宿などの宿泊施設が利用される。

　また，昨今のトレッキングブームの影響で，尾瀬に最も近い戸倉地区はその恩恵を受けている。とくに，尾瀬ヶ原や尾瀬沼，至仏山，燧ヶ岳などは全国的な知名度の高いトレッキング目的地であることが，戸倉地区の夏季観光の持続性に大きく貢献している。同様の性格は，日光白根山（奥白根山）の登山口にもなる丸沼高原のペンションビレッジ，武尊山の登山口の花咲地区にも該当する。尾瀬の至仏山と燧ヶ岳，近隣の男体山や皇海山などとあわせて，いずれも深田久弥による日本百名山であり，知名度と人気度は別格である。宿泊施設によっては，ホームページで百名山登山の拠点になることをアピールしているし，経営者がトレッキングツアーを開催する施設もある。さらに，イネやトウモロコシ，そのほかの夏野菜，農村文化などに基づくグリーンツーリズムもみられ，これを通じた宿泊施設利用も重要な役割を果たしている。

　片品村は関越自動車道の利用によって，東京から2時間程度で到達できていた。ところが，沼田市から片品村に至る椎坂バイパスが2013年11月に完成すると，以前の椎坂峠経由に比べ18分短縮された（群馬県沼田土木事務所による）。たとえば尾瀬岩鞍スキー場には関越自動車道沼田インターチェンジから約40分で到達でき

るようになった。確かに，このバイパス開通によって片品村の諸スキー場へのアクセスは向上したものの，逆に日帰りスキー形態の増加をもたらす可能性が高い。このような性格を加味したリゾートづくりが重要になるのであろう。その点では，冬季以外のツーリズム形態との組み合わせを考慮したリゾート経営が望ましいのかもしれない。

写真6-5　いがやスキー場（2000年5月）
旧安曇村によって，写真中央部の番所集落に近接して1988年に開発された。スキーリフトは1基のみの小規模スキー場であったが，2013年春に閉鎖された。

4）長野県乗鞍高原

　乗鞍高原（図6-5；安曇村〈現，松本市〉）は北アルプスの南部に位置する。標高1,200mから1,600mに広がる高原で，また乗鞍岳山頂付近を通過する山岳道路（乗鞍スカイライン：通行規制あり）の拠点であるため，さらに上高地へのアクセスも比較的良いために，夏季に多くの人びとが滞在する。

　乗鞍高原は耕作の高距限界に位置する農業生産性の悪い山村であったが（上野ほか，1969），既に第二次大戦前から登山や山岳スキーのために訪問者が存在した（市川・白坂，1978）。1960年代にはスキー場の本格的開発が開始され，1961年に大野川区と住民が出資して設立された乗鞍観光株式会社が最初のスキーリフトを建設した。1963年には国民休暇村協会が，1970年には乗鞍開発公社（日本交通公社と安曇村を主体とする第3セクター）がリフト建設を開始した。しかし，このスキー場は鉄道最寄り駅からのアプローチに多大な時間を要するために（市川・白坂，1978），多くのスキーヤーが訪問するには至らなかった。また1963年の夏季学生村の開始を契機として，同年22軒の民宿が開設された（福島・長沢，1986）。その後のスキー場開発の進行とともに宿泊施設は増加した。すなわち，まずは番所地区で農家による民宿開設が盛んになり，その後はそれまで非居住空間であった鈴蘭地区や楢ノ木地区では旅館・ホテル，ペンションの建設が進んだ。

　1980年代に入ると，スキー場の整備も急速に進み，1990年時点でスキーリフト数は13基に増えた。1988年には，安曇村が，いがやスキー場（スキーリフト1基）を開発した（写真6-5）。同時に標高の高い鈴蘭地区を中心にペンションが多く開設された。ペンションは，業者による用地分譲などによって1970年代頃から徐々に

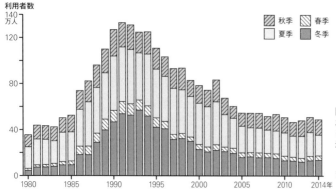

図6-6 長野県乗鞍高原における観光地利用者数の推移（1980～2014年）
注：冬季は前年の12月～3月、春季は4～6月、夏季は7～8月、秋季は9～11月
資料：長野県『観光地利用者統計調査結果』および安曇村統計

増えていった。ペンション経営者の大半は外来者で、乗鞍高原では関西出身者が多い。1986年には全体で127軒の宿泊施設がみられた。こうした開発とともに、1980年代半ばから1990年代前半にかけて、夏季と冬季ともに観光者数が急増した（図6-6）。とくに冬季の観光者数は1980年代前半の10万人程度から1990年代前半には50万人へと大きく増えた。その結果、年間観光者数は130万人に達するようになった。

しかし、その後、観光者数は急激に減少するようになる。とくに冬季の減少が顕著であった。1993年ピーク時の57万人から2012年には12万人と4分の1以下になっている。12万人の全てがスキーヤーではないが、その多くをスキーヤーが占める[2]。こうした減少はもちろん全国的なスキー人口の減少に基づくものではあるが、乗鞍高原の位置条件も影響している。すなわち、乗鞍高原を訪問するスキーヤーの主たる出発地は中京圏や関西圏であり、それらの大都市圏近隣に1990年代に複数のスキー場新設がみられ、日帰り客などの一部を奪われたのである（呉羽ほか、2001）。また、スキー場の標高は1,500mから2,000mにかけてと国内では高いレベルにあるものの、標高差が500mしかないことは、スキー場の規模による差別化が難しいことにつながっている。さらに、上述のようなアクセス条件にも大きな原因があろう。

その結果、スキー場経営会社が2度変更された。既存会社の一つ乗鞍開発公社は、資本参加していたJTBが経営不振を理由にこの公社から撤退すると、1998年にリフトの経営から退いた。その設備はもう一方の乗鞍観光株式会社に売却された。乗鞍観光株式会社は、安曇村（のちに市町村合併により松本市）が資本参加する

---

[2] 2010年度のスキー場利用者数は7.6万人であり（日本経済新聞地方経済面〈長野〉2011年7月13日）、この値が最低値に近いと思われる。

かたちで第三セクターへ移行したが，スキー客数の激減とともに苦しい経営状態にあり，2000年代半ばには宿泊施設経営者らによるスキー場での無償労働提供もみられた（呉羽，2006）。しかし，2011年秋，約14億円の負債をかかえた乗

写真6-6　乗鞍高原の景観（2009年5月）
乗鞍高原において，標高の高い鈴蘭地区では森林の景観が観光者を楽しませている。

鞍観光株式会社はスキー場をマックアースに売却した。一方，いがやスキー場は安曇村から合併によって松本市に移管されたが，利用者の減少に基づいて，すでに2008年頃に数年内に休止するとの検討がなされていた。同時に営業期間を週末のみに限定するなどの経営改革も行われたが，2013年春に閉鎖された。その後は，さまざまなアウトドアレクリエーションが可能なレクリエーションランドとして利用されている。

　同時に，宿泊施設の減少が目立つようになっている。2000年5月の時点では，全体で152軒の宿泊施設があったが，2005年には137軒へと減少した。しかし，その後の減少幅は大きく，2016年現在，のりくら観光協会に加入する施設は約80軒のみである。これに，協会には加入していないものの宿泊施設予約サイトに登録している施設10数軒が加えても，全体で100軒弱へと減少した。マックアース自体は，2軒の宿泊施設の経営を引き継ぎ，それらはスキー場経営会社直営となっている。

　温泉の引湯が乗鞍高原の魅力を高めたことは間違いない。1970年代から複数の源泉が開発され（豊島ほか，2001），共同浴場が整備されるとともに，宿泊施設に引湯されてきた。2005年の時点で，8割程度の宿泊施設が温泉を引湯しており，露天風呂を設置する宿泊施設がその半数近くあった。温泉はスキーリゾートに人びとを惹き付ける観光資源の一つではあろうが，しかし，温泉だけで惹き付けるのは難しい。温泉を有するほかのスキーリゾート，たとえば伝統的な温泉地立地のリゾートとの差別化が重要であると思われる。

　そのほかにも，体験学習や修学旅行の誘致もなされ，自然観察活動やそば打ち体験などが中心となっていた（呉羽，2006）。しかし，近年は長野県全体の傾向と同様に，かなり縮小傾向にある。そのほか，ペット連れの宿泊客や身体障害者の受け入れを前面に出した宿泊施設もある。また，トレッキングやネイチャースキー，スノーシューのツアー案内のみならず，宿泊施設の経営者独自で考案した体験メニューを提供している。ロードバイク，星空観察，バードウォッチングなどの独自色を打ち

出す施設もみられる。このように乗鞍高原における宿泊施設では，さまざま経営努力がなされている。しかし，さまざまな活動の提案は功を奏さず，訪問者数は停滞傾向にある。

　乗鞍高原の独自性といえば，やはり乗鞍岳や高原の景観であろう（写真6-6）。しかし，景観美という独自性だけで乗鞍がある程度の訪問者数を維持するのは難しい。その背後には上高地の存在があるのかもしれない。夏季の山岳を強調したとしても，上高地との近接性によって乗鞍高原の独自性，また知名度自体は低くなる。したがって，冬季にも行うことのできるスキーやスノーシューでのトレッキングを利用した活動をアピールしていくことが，スキーリゾート乗鞍高原の持続的発展の鍵になるのかもしれない。

5) 長野県黒姫高原

　黒姫高原（信濃町）は，長野県北部黒姫山の東側の斜面，およそ標高700mから1,200mの森林に広がる。準高冷地的な性格のため夏季でも涼しく，積雪は豊富である。1966年12月に黒姫高原スキー場の開発がなされた。開発資本は，日本交通公社，長野電鉄，信濃町，長野市開発公社が資本参加する第3セクター「黒姫観光開発株式会社」であった。その後，1968年には「上信越観光開発（後に財団法人長野県農協共済福祉事業団に譲渡）」，1969年には「信濃町観光開発株式会社」によって一部の索道が建設された（花島ほか，2009）。1972年までに，8基のスキーリフトを有する中規模スキー場（標高差430m〈最高点1,200m，最低点770m〉）に成長した。開発開始直後からスキー場近隣地区に多くの宿泊施設が立地するようになった。当初はスキー場からやや下った農業集落である山桑地区に民宿7軒が開設された。1970年前後から外来者によるペンションが多く立地するようになった。1980年時点では，農家が経営する民宿10軒に加え，6軒のホテル・旅館と，16軒のペンションがみられた（花島ほか，2009）。

　1980年代から1990年代初めにかけて，黒姫高原では，スキーリフトの更新がなされた。1994年までに，全てのリフトがペアリフトまたはクワッドリフトへと変更された。同時に，スキーブームのもと，スキー場への訪問者数も増え続け，1990年には35万人が訪れピークに達した（長野県資料）。同時に宿泊施設，とくにペンションの増加が著しく，森林内にペンションが点在する景観がみられるようになった。やや後年ではあるが，1996年時点ではペンションの数が79軒に達し，その結果，黒姫高原は，全体で100軒弱の宿泊施設を有するスキーリゾートに成長した（花島ほか，2009）。

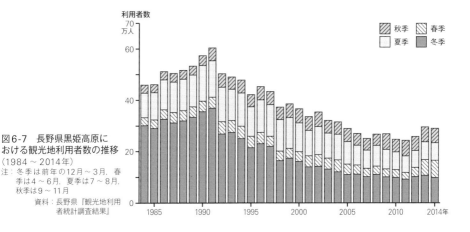

図6-7 長野県黒姫高原における観光地利用者数の推移
(1984～2014年)
注：冬季は前年の12月～3月，春季は4～6月，夏季は7～8月，秋季は9～11月
資料：長野県『観光地利用者統計調査結果』

　しかし，1990年初頭以降，冬季の観光者数は急激に減少するようになった（図6-7）。スキー場利用者数のみでも2000年前後には10万人程度へと急激に下降した。業績不振により，2004年7月，スキー場経営を担ってきた黒姫観光開発株式会社が撤退し，黒姫高原でホテル経営を行っていた「株式会社ライジングサンホテルズアンドリゾーツ」に経営譲渡がなされた。その後，2008年9月にはマックアースが進出し，ライジングサンと信濃町観光開発の経営を引き継いでいる。

　上記のような冬季訪問者数の減少に加えて夏季にも減少が継続すると（図6-7），宿泊施設経営に大きな影響を及ぼすようになっている。1997年に上信越自動車道の信濃町インターチェンジが開設されたことで，大都市圏から日帰りで訪問できる性格がやや強まったことも宿泊者数の減少をもたらしていると考えられる。とくに，民宿とペンションの減少が顕著である。民宿はスキー客の減少とともに，施設の老朽化や後継者不在などの理由で廃業が相次ぎ，2008年時点で3軒となった（花島ほか，2009）。ペンションは，1996年から2008年の間に，新規に22軒が開業されたが，逆に24軒が廃業された。経済不況下で宿泊客数が減少していることで撤退する経営者がある一方で，安価になったペンション物件を居抜き等で購入しやすくなっているのであろう。ペンションの数はその後もさらに減少を続け，2016年では50軒程度になっている。

　黒姫高原では，スキーヤーの訪問が大幅に減少してきたことを受けて，主に夏季の訪問者数を増やすべく対策を講じてきた。夏季のスキー場ゲレンデでは，1973年にコース下部でのコスモス栽培が開始された（花島ほか，2009）。1998年には，夏季のリフト（第1クワッド）の運行が開始され，2001年にコスモス園を有料化した（大人500円）。この営業期間は7月から10月までであり，コスモス開花のピーク以外にはひまわりや，山アジサイで集客を図り，さまざまなイベントも開催され

写真6-7　黒姫高原スキー場の景観（2008年6月）
黒姫高原スキー場は，黒姫山の東斜面に広がる。下部は緩斜面で初級者に適している。

ている。

　スキー場以外での取り組みとしては，スポーツ合宿の誘致，癒しの森事業が重視されてきた。スポーツ合宿では，NPO法人「信濃町スポーツ企画サービス」が中心となり，実業団や大学の駅伝のチームなどが誘致されている（花島ほか，2009）。そのために，ランニングコースなどのインフラ整備がなされ，一部の宿泊施設が積極的に受け入れている。とくに，アップダウンのある30.5kmコースの存在は貴重であり，これらのコースで筋力を鍛えた競技者は，その後に菅平などの高地へと移動し，スピードをつけるためのトレーニングを実施する。2016年8月には「第1回黒姫・妙高山麓大学駅伝大会（全4区間28.7km）」が開催され，16大学21チームが参加した。

　2006年に信濃町は森林セラピー基地の認定を受けた。他地域の森林セラピー基地と比べた場合，信濃町の特徴は，町独自の講座により認定された「森林メディカルトレーナー」と「癒しの森の宿」がプログラムを提供している点，さらに，町立信越病院の医師とも連携を図り，診察を受け滞在プログラムを相談することもできる点があげられる（花島ほか，2009）。宿泊施設の一部は「癒しの森の宿」であり，またその経営者が「森林メディカルトレーナー」である場合もある。森林療法は，学校教育での自然体験学習にも活かされている。黒姫高原の森林では大きな開発が行われておらず，豊かな自然環境が残っているため，森林療法の場として適している。

　黒姫高原スキー場（写真6-7）自体の魅力としては，積雪の豊富さやスキー検定の定評がある。しかし，近接して妙高山麓の妙高杉ノ原，池の平温泉，妙高赤倉という比較的大規模なスキー場，そのほかタングラムや斑尾，飯綱リゾート，戸隠などが存在するなかで，黒姫高原スキー場の独自性が明白ではないように思われる。確かに，キッズスマイルパークや託児室を整備して子ども連れのスキーヤーにはアピールしているが，ほかのスキー場との差別化という点ではやや弱い。スキーリゾートして差別化するためには，黒姫高原が持つ地域性を活かし，森林セラピー基地としての特徴とスキー場とを組みあわせた特徴付け，野尻湖との組み合わせなどが鍵になるかもしれない。

6）北海道ニセコ地域

（1）スキーと国際ツーリズム

　日本の国際観光については，戦前の外国人誘致（たとえば4章参照）を除けば，日本人による海外旅行，すなわちアウトバウンド・ツーリズムの超過が続いてきた。スキーに注目すれば，バブル経済期にはカナダへのスキーツアーが人気を集めたように，アウトバウンド・ツーリズムが生じていた。一方，インバウンド・ツーリズムは，「観光立国」を目指した日本政府によって，2000年頃以降，強力に推し進められてきた。その結果，リーマンショックや東日本大震災の影響はあったものの，マスコミでも大きく取りあげられているように，訪日外国人観光者数は順調に増加し続けている。2015年には訪日外国人数が出国日本人数を上回り，2016年には前者は2,000万人を突破した。

　インバウンド・ツーリズムにおける特徴の一つとして，外国人観光者の行動の多様性があげられる。大都市の東京，著名な社寺が集積する京都などを観るだけではなく，中山道を徒歩で踏破したり，エコツーリズムや水上スポーツ，スキーなどの特定のレクリエーションを楽しむ，SIT（special interest tourism）の形態が重視されている。

　こうした傾向下，日本のスキーリゾートは，このような観光形態の外国人を新規顧客として注目するようになっている。中央日本北部から北海道にかけての複数のスキーリゾートは，程度の差はあるものの，外国人スキーヤーの誘客を重要視している。一方，外国人スキーヤーの立場からみても，特定のスキーリゾートに対する嗜好の強弱が存在する。単純にみれば，比較的大規模なスキーリゾート，すなわち，ニセコ，蔵王，野沢温泉，白馬などの人気が高い。

　より詳細にみるために，北米やニュージーランド，日本のスキー場へのスキー旅行に関する情報を発信しているホームページの評価をみてみよう（表6-1）。これは，日本のスキー場約50か所について，20数項目それぞれに関する評価スコアを示している。これによれば，外国で日本のスキー場が評価される最大のポイントは，雪にかかわるものである。また森林内スキーや新雪，バックカントリーが重視されていることがわかる。それゆえに，北海道のスキー場が注目されており，評価スコアが4.5以上のリストに半数近くが含まれているのであろう。その一方で，温泉地や農村で日本文化に触れる機会も評価されている。この点では東北地方から中央日本北部にかけてのスキー場も注目されており，長野県北部や妙高付近では善光寺や地獄谷野猿公苑への訪問しやすさもスキー場選択に重視される条件であると思われる。

表6-1 インバウンド・ツーリズムの目的地としてのスキー場評価（2016年）

スキー場名	道県	総合スコア	高評価（4.5ポイント以上）の内容（太字は5ポイントの項目）
ニセコ	北海道	5	中級者斜面，オフピステ，森林内スキー，**雪質**，バックカントリー，家族向き，**レストラン（昼，夜）**，**アプレスキー**，**英語**
野沢温泉	長野県	5	初級者・上級者斜面，雪質，家族向き，**レストラン（昼，夜）**，英語，日本文化
富良野	北海道	4.5	中級者斜面，オフピステ，雪質，バックカントリー，家族向き，コスト
トマム	北海道	4.5	オフピステ，森林内スキー，雪質，午後のコース上新雪，リフトの質・設置，家族向き，ホテルとゲレンデ接続
キロロ	北海道	4.5	**森林内スキー**，**雪質**，**午後のコース上新雪**，**非混雑**，**リフトの質・設置**
ルスツ	北海道	4.5	**オフピステ**，**森林内スキー**，**雪質**，**リフトの質・設置**，家族向き
安比高原	岩手県	4.5	雪質，正午時のコース上新雪，レストラン（昼，夜），**ホテルとゲレンデ接続**
蔵王温泉	山形県	4.5	中級者斜面，雪質，午後のコース上新雪，日本文化
赤倉温泉	新潟県	4.5	初級者斜面，雪質，リフトの質・設置，家族向き，レストラン（夜），コスト，英語
妙高高原	新潟県	4.5	雪質，リフトの質・設置，コスト，**日本文化**
志賀高原	長野県	4.5	**中級者斜面**，雪質，午後のコース上新雪，**ホテルとゲレンデ接続**
奥志賀高原	長野県	4.5	雪質，午後のコース上新雪，家族向き，**英語**
サホロ	北海道	4	初級者斜面，雪質，**午後のコース上新雪**，**家族向き**，ホテルとゲレンデ接続
テイネ	北海道	4	森林内スキー，エキスパート斜面，雪質，午後のコース上新雪，バックカントリー，コスト
ニセコモイワ	北海道	4	森林内スキー，雪質，午後のコース上新雪，非混雑，バックカントリー
アルツ磐梯	福島県	4	**午後のコース上新雪**，パーク
苗場	新潟県	4	リフトの質・設置，パーク，家族向き，レストラン（昼，夜），**ホテルとゲレンデ接続**
かぐら	新潟県	4	**初級者斜面**，雪質
神立高原	新潟県	4	森林内スキー，雪質，午後のコース上新雪，コスト
斑尾高原	長野県	4	オフピステ，森林内スキー，雪質，家族向き，コスト
タングラム	長野県	4	雪質，午後のコース上新雪，非混雑
五竜遠見	長野県	4	雪質，パーク，家族向き
白馬47	長野県	4	雪質，パーク，家族向き
八方尾根	長野県	4	中級者斜面，家族向き，英語
栂池	長野県	4	**初級者斜面**，リフトの質・設置，コスト
白馬コルチナ	長野県	4	オフピステ，**森林内スキー**，雪質，バックカントリー

注1：北米やニュージーランド，日本のスキー場へのスキー旅行に関する情報を発信しているホームページで公表されている評価（最高は5ポイント）に基づく。総合スコア4以上のスキー場のみ表記。
注2：本書のスキー場の定義・範囲とは異なる。

資料：http://www.powderhounds.com/Japan/Ski-Resorts-Ratings.aspx（2016/10/9 参照）

　こうしたリゾートのなかでも，北海道のニセコアンヌプリ山麓（以下，ニセコ地域と呼称）には，五つのスキー場（花園，グランひらふ，ビレッジ，アンヌプリ，モイワ）が集まり，外国人スキーヤーの人気訪問先になっている。表6-1においても，最高スコアに評価されている。外国人利用者用に新たに建設されたアパートメントという新しい宿泊施設の著しい増加によって，地価上昇率は全国一を記録した。近年では，オーストラリア人のみならず，香港やシンガポール，中国など，アジアを中心として，ヨーロッパや中東も含めて世界各国から多くの人が来訪している。なかでも，倶知安町のニセコひらふ地区での景観変化は著しい。

（2）ニセコひらふ地区への外国人の来訪

　ニセコひらふ地区は，ニセコアンヌプリ（標高1,308m）の東山麓に開発されたニ

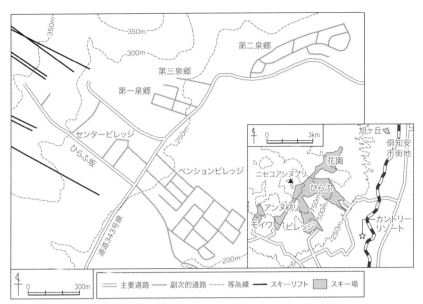

図6-8 北海道ニセコひらふ地区の概観

セコひらふスキー場(現、グラン・ヒラフ)の下部に位置する(図6-8)。明治時代に山田温泉の開湯、開拓農民の入植によって定住がなされた[3]。ニセコ地域へのスキーの移入は、1912年4月のことである。当時、旭川の第7師団に滞在していた、テオドア・フォン・レルヒ中佐が倶知安町でスキーの練習風景を披露し、また羊蹄山(ようてい)へのスキー登山を試みた。その後、豊富な積雪や函館本線による鉄道アクセスに恵まれていたこともあって、ニセコひらふ地区には山スキーや競技スキーのために多くのスキーヤーが訪問した。しかし、本格的な開発は中央日本北部のスキー場に比べてやや遅れ、1961年になってようやく最初のスキーリフトが建設された。これを契機に、スキー場の最下部(現在のセンタービレッジ)では、山田温泉旅館に加わるかたちでホテルや民宿など宿泊施設が立地するようになった。

1980年前後からは、道道343号線の南東側にペンションが多く立地するようになり、ペンションビレッジが形成された(図6-8)。1985年以降、別荘・ペンション用地を含む「泉郷」(いずみきょう)が数回にわたって開発・分譲され、ニセコひらふ地区は面的に拡大した。

スキーブーム期には多くのスキーヤーが来訪し、1990年代初頭には索道輸送人員は最多数を記録し、索道や飲食施設の更新・整備がなされた。当時は、リゾート

---

3) この節の記述に関しては、ひらふスキー場発達史刊行委員会(2011),中浦(1999: 137-178),小澤・池村(2011)および倶知安町史編集委員会(1995: 315-350)を参照した。

のイメージが形成された時期で，北海道ではルスツ，サホロ，トマム，キロロ，富良野などが整備され，ニセコ地域にもそれらと同様に本州からのスキーヤー訪問が増加した。当時，図6-8の範囲に約100軒弱の宿泊施設が存在した（呉羽，2014a）。

　しかし，1990年代半ば頃以降はスキー観光停滞期になり，訪問者の減少によって索道収入は減少し，スキーリフトの一部は運行されなくなった。さらには，索道事業者の変更がみられるようになった。ひらふスキー場の索道事業者の一つ，サンモリッツリフトは，北海道拓殖銀行破綻の影響を受けて1997年に経営体制の変更を迫られ，2004年にはもう一つの索道事業者ニセコ高原開発[4]に買収された。スキー場の経営問題が顕在化するなか，ペンションや民宿などの宿泊施設の廃業が徐々に増え，図6-8の範囲でピーク時から2012年にかけて存続する施設はおよそ3分の1にすぎない（呉羽，2014a）。

　しかし，2000年前後からニセコ地域にオーストラリア人スキーヤーの訪問がみられるようになった。その契機は，1995年頃に尻別川などでの夏季ラフティングによる観光経営を始めた，オーストラリア人移民の出現であった。彼を媒介として，オーストラリア人がニセコ地域のスキー場で世界屈指のパウダースノーを経験すると，2001年の同時多発テロの発生や日本のスキーリゾートでの安価な滞在費も契機となって，それまで北米でスキー休暇を楽しんでいたオーストラリア人がニセコ地域へと訪問先を変更するようになった。

　こうしたオーストラリア人主体の構成に，近年では香港やシンガポール，マレーシアなどのアジア系と，ヨーロッパ系が加わって増加している。基本的には外国人の訪問は，冬季に著しく集中している。倶知安町全体で，2015年度，全体の宿泊数約100万泊のうち外国人は約39万泊を占めた。小樽市やルスツ，キロロも含んだ後志振興局の範囲では外国人宿泊数は80万泊なので，倶知安町にその半数が集中している。ただし，宿泊客数のデータを正確に報告している宿泊施設はかなり少ないため，外国人宿泊数は倶知安町では上記数値の2倍や3倍程度になると推測される。外国人は国籍により選ぶ訪問先が異なっており，ニセコ町では香港からの宿泊数が最多を占め，これに中国が続く（2015年度）。

　その結果，倶知安町では冬季の入り込み者数が80万人を超え（2015年度），1990年前後のピーク時のレベルに回復している。また，隣接するニセコ町においても，同期間でほぼ同じ数値に回復している。ただし，倶知安町では夏季の入り込み者数は減少したまま停滞しているのに対し，ニセコ町では夏季も大きく成長している。

---

[4] 親会社は当初は商船会社で，1985年からは東急不動産となった。2012年にはニセコ東急リゾートへと社名変更している。

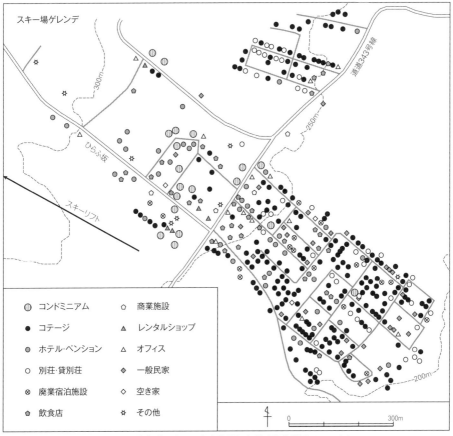

図6-9 北海道ニセコひらふ地区における建物利用（2012年）

注：泉郷の東部は省略

資料：現地調査，ニセコ山系観光連絡協議会『ニセコエクスプレス26』，ニセコプロモーションボード『ニセコリゾートマップ2011/12』，ゼンリン『住宅地図』

(3) ニセコひらふ地区におけるスキーリゾートの国際化

　ニセコ地域でスキーを楽しむ外国人スキーヤーは，当初は既存のホテルやペンションに滞在していたが，それらは長期滞在や泊食分離の文化を好む彼らの嗜好とは合致しなかった。それゆえにオーストラリア人が自身の好みに合った宿泊施設を，起業家の立場で独自に建設するようになったのである。ヨーロッパ・アルプスでもこの種のアパートメントが1980年前後以降に増加している（詳細は第Ⅲ部参照）。建設された施設は，独立したリビングと寝室のほかに自炊設備やバス・トイレ等を備えたユニットタイプである。これは，ヨーロッパではApartment（英語），Ferienwohnung（ドイツ語），Appartement（フランス語）と呼ばれている。本書では英語名のアパートメントと呼称する。

写真6-8 ニセコひらふ地区のコンドミニアム
(2013年2月)
コンドミニアムはおおむね4～6階建てで,数10ユニットをもつ。1人向けから6人程度向けまで,さまざまな規模のユニットが用意されている場合もある。1階部分は,商業施設や飲食店,オフィスとして利用されている。

写真6-9 ニセコひらふ地区の木壁コテージ
(2013年2月)
コテージはおおむね2～4階建てで,1～数ユニットをもつ。外観は写真(泉郷)のように,ブラウン系木材と石材との組み合わせもみられるが,非常に多様である。4人向けのユニットが多い。

写真6-10 ニセコひらふ地区の
コンクリート壁コテージ
(2012年1月)
コンクリート壁で箱形のコテージも半数近くを占める。写真(ペンションビレッジ)の例では,ガラスの部分も広く設けられている。羊蹄山が見えるかどうかも資産購入のポイントになっている。

　その結果,ひらふ地区においては,コンドミニアムとコテージを含むアパートメントがセンタービレッジの「ひらふ坂」(口絵6)の両側,ペンションビレッジおよび泉郷に広く分布し(図6-9),地区の景観を構成する要素として認められるようになった(呉羽,2014a)。コンドミニアムはマンション風の外観で,その規模に応じて8程度から80までのユニットをもち,スキー場の近隣に立地する(写真6-8)。一方,戸建ての外観をもつのコテージは1から4ユニット程度からなり,ペンションビレッジや泉郷内に分布する(写真6-9)。通りによってはコテージの林立景観がみられる(写真6-10)。

　センタービレッジとペンションビレッジのみについて,アパートメントは2002年頃から建設され始め,2012年秋時点で約150棟が存在した(呉羽,2014a)。所有者のほとんどは外国人で,当初はオーストラリア人によるものが多かったが,

写真6-11 ニセコひらふ地区のコテージ新設（2015年7月）
写真（ペンションビレッジ）の例では，既存コテージの下部に新たに建設現場が出現した。また右側のコテージのように日本語の棟名が付されている。

写真6-12 ニセコひらふ地区の商業施設
（2015年7月）
写真の道道343号線やひらふ坂沿いには，商業施設が多く立地する。スキーレンタル店やスポーツ店に加えて，アウトドア関係の用品店も進出している。

2000年代後半からは香港やシンガポールなどのアジア系の富裕層によるものが増えた。また，2005年以前は，センタービレッジでの大型コンドミニアムが目立ったが，2006年以降は，ペンションビレッジや泉郷において，コテージが雨後の筍のように出現しており，2015年現在も新規建設の姿を見ることができる（写真6-11）。ひらふ地区からは離れるが，比羅夫駅の南西およそ1km付近に「カントリーリゾート」という50戸程度のコテージからなる地区が新規に開発された（図6-8）。

こうしたアパートメントの多くは，森林などの未利用地に建設されてきた（呉羽，2014a）。1990年前後のスキーブーム期においてさえも，ひらふ地区にはかなりの未利用地が存在したのである。それらの土地を外国人または外国人経営会社が取得してアパートメントを建設し，利用者に宿泊施設として提供したり，ユニット単位で販売したりしている。廃業されたペンションや既存の別荘・土地がアパートメントに変わる例もみられる。宿泊施設としての利用料金は高級ホテルに準ずるレベルであり，不動産物件としての価格も東京都心に近接する地区なみのレベルにある。アパートメントを扱う不動産会社と宿泊施設仲介会社は，一体化した経営がなされている。

一方，ホテルやペンションは，センタービレッジに分布するが，既に述べたようにかなり減少してしまっており，2000年以降に廃業され既に更地になっている区画も複数ある。スキー場直下においてさえも更地が存在しており，今後さらなる土地利用変化が生じると思われる。ペンションビレッジおよび泉郷内では，コテージが多く分布するため，ペンションは相対的に少なくなっている。飲食店や商業施設

(写真6-12)は，センタービレッジに，また道道343号線沿いに比較的集中して分布している(図6-9)。

スキー観光停滞期にある日本では，ニセコ地域のように宿泊施設が増えて景観変化が生じているスキーリゾートは，希有な存在である。しかし，富裕層向けの長期滞在用アパートメントが集積するリゾートという面が強調され，発展途上国でみられた租界型開発(リゾート・エンクレーブ)に類似した形態にあると思われる。利益の多くは外国に流れ，倶知安町をはじめとするニセコ地域や国内の利益は少ない。このように，外国人によってイノベーションがもたらされ，インバウンド・ツーリズムの発展が生じたことは，ニセコ地域における地域住民が観光関連産業にかかわる機会，さらには外国人スキーヤーがニセコ地域，さらには日本の文化に触れる機会を少なくし，つまり，ニセコ地域への経済的・文化的関与を小さくさせているのである。ニセコひらふ地区のみならず，ニセコ地域全体は，すでに世界的なスキーリゾートとしての地位を獲得している。それゆえに，開発者，地域住民，利用者としての日本人と外国人それぞれの諸点でバランスのとれたスキーリゾートを整備していくことが今後の大きな課題であろう。

7) まとめ

本章では，日本のスキー観光停滞期においてスキーリゾートがどのような対応をしてきたのかについて，具体例をもとに説明してきた。

日本全体でスキー人口が減少している状況下，菅平高原，片品村，乗鞍高原および黒姫高原のスキー場では，ピーク時の1990年代前半に比べ訪問者数が大きく減少している。スキー場の性格や位置条件によって異なるものの，ピーク時の半分から4分の1の規模に縮小した。一方，ニセコではピーク時の後に減少はしたものの，2010年代半ばでは訪問者数は1990年前後のレベルに回復している。

ニセコ地域では，外国人スキーヤーの増加に基づいて，スキーリゾートは大きな景観変化を伴いながら発展している。一方，それ以外では，スキーヤーの訪問者数を維持しようと，また冬季以外に訪問者を増やそうと努力をしてきた。スキーヤーの訪問を維持することには，スキー場の性格が大きくかかわっている。その性格は，スキー場の規模や，大都市からの交通の便，技術講習会や競技が開催されるか否かなどによって規定される。

まず大規模なスキー場は，さまざま技術レベルに対応できる多くの斜面を有し，スケールもメリットとなって，ある程度のスキーヤーを惹き付ける。本章の例ではニセコが該当し，そのほか志賀高原や野沢温泉，八方尾根，妙高山麓，苗場，山形

蔵王，安比高原なども当てはまる．また，大都市から到達しやすいことは，週末スキーが卓越する日本ではスキーリゾート維持に重要な条件となる．それゆえに片品村のスキー場はある程度の訪問者数を維持している．その一方で，近接性のさらなる向上によって，スキーヤーの日帰り訪問が増え，宿泊施設の経営は厳しくなるといった悪影響もみられる．

　技術講習会・大会や競技会はある特定のスキー場で開催され続けることが多い．そうしたイベントが行われるスキー場では事前の練習や試技なども重視されるため，ある程度のスキーヤー訪問がみられる．本章の例では菅平高原は競技系スキーの聖地としての性格が強いように思われる．黒姫高原もそれに類似した性格をもつ．指導員などの資格を取得したスキー場名がある種のブランドになることもあるため，そのスキー場が聖地として機能する場合もあり，スキー学校が継続的に受講生を受け入れている．ただし，かつて検定聖地であった浦佐スキー場が閉鎖したような例もある．

　逆に規模が小さなスキー場に依存するスキーリゾートでは，緩斜面が卓越するスキー場で子ども向けのサービスを充実させたり，パーク整備に力点を置いたりなどの差別化が重視されてきた．それに加えて，夏季の観光に依存する傾向が強まっている．そこでは，スポーツ合宿が重視され，トレッキングもまた訪問目的としては重要である．スポーツ合宿は，民宿やそれが拡大した旅館などを多く有するスキーリゾートでは，受け入れやすい観光形態である．菅平高原や片品村のようにグラウンドの整備とも相まって，夏季観光へと重心が移る場合もある．黒姫高原のように，ランニングに特化すれば，コースの整備のみで，大がかりな土地利用改変などは必要とされない．中高年層のトレッキングブームの影響下，トレッキングへの対応もスキーリゾートには重要であろう．本章で取りあげただけでも，根子岳，四阿山，尾瀬，至仏山，燧ヶ岳，武尊山，乗鞍岳，上高地，黒姫山，羊蹄山などのピークや高原は，人気の高い目的地でもある．スキーリゾートは山地に位置するがゆえに，トレッキングを重視することも重要で，すでに多くの場所で実施されているが，ゴンドラリフト等の夏季運行もトレッキングやハイキング利用を促進する．さらに，このトレッキングやハイキングを，クロスカントリースキーやスノーシューを利用して冬季にも活かす試みも重要であろう．

　一方，ルーラル・ツーリズムの重視もまた重要な代替策である．日本のスキーリゾートの多くは農村を基盤としており，農山村滞在や作業体験など農村の資源を利用することは容易である．上記の片品村や長野県飯山市戸狩（内川，2003）のように，大がかりにルーラル・ツーリズムに取り組むリゾートもある．しかし，ルーラル・ツーリズムは夏季中心であり，冬季における安定した宿泊施設経営の欠如は，後継

者不在など問題をもたらしている。

　ニセコ地域のように，外国人スキーヤーに積極的に対応する例としては，すでにみたように，野沢温泉，八方尾根，妙高赤倉などがあり，そこでは長期滞在や新雪を好む外国人を多く受け入れるようになっている。それぞれのスキー場では，平日にはスキーヤーの多くを外国人が占めるような状況が生じている。程度の差はあるが，情報の英語化がなされたり，外国人の嗜好に合った宿泊施設や飲食施設が整備されたり，外国人旅行者用の宿泊施設・ツアー斡旋を行う業者が現れたりしている。しかし，スキーリゾートでの泊食分離，ゲレンデを滑降する以外での楽しみといった，日本のスキーヤーとは異なるスキー文化をもった外国人への対応は簡単ではない。それゆえに，一部の外国人が起業家として先覚者の役割を演じ，彼らが中心となって日本のスキーリゾートに入り込み，その活動空間を徐々に広げていると解釈できる。この点では外国人の起業家が，リゾートの地域社会とどのように関係をもっていくのかという視点が重要であろう。

　外国人スキーヤーの増加は，スキー場としては，スキー観光が低迷しているなかで新規顧客を得たことになるが，一方で，スキー文化の異なる外国人の受け入れは，新たな問題も生じさせた。それはとくに，バックカントリーと呼ばれる，スキー場内のスキーコース外，スキー場外での滑降である。ニセコ地域では，2001年に「ニセコルール」が制定された。日本で初めてのコース外滑走にかかわるローカルルールであり，このルールでは複数のゲートを設けてそこからのコース外への侵入を可能にした。雪崩に関する最新情報などから，総合的判断によってゲートの開閉を行う仕組みが導入されたのである。毎冬，外国人スキーヤーのコース外滑降による遭難が話題になるが，これについてもさまざまな行政レベルでの対策が求められる。

　一方，外国人スキーヤーへの過度な依存は危険であることは，東日本大震災にインバウンド・ツーリズムが急速に後退したことからも判断できる。その後は順調に回復しているものの，今後もそのような回復がみられるとは限らない。地元のスキー場やリゾートの性格を把握した上で，どの程度インバウンド・ツーリズムに依存するのが適切かどうかを見極めつつ，インバウンド・ツーリズム対応やスキーリゾート整備を進めるべきなのであろう。

III

オーストリアにおける
スキーリゾートの
発展プロセス

ホッホグルグルスキー場（2016年2月）

7 アルプス地域におけるリゾート発展プロセス

1）アルプス地域の概観

　アルプス地域の定義はさまざまである（Veit, 2002）。地質や地形，水文といった自然的な要素で定義することも可能であり，また，行政や経済といった人文的な要素での定義も可能である。ここではBätzing（1991）による自然的・人文的要素の両者を加味してなされた区分（Veit, 2002）に従う（図7-1）。アルプス地域は総面積約18万1,500km^{2}のうち11万3,000km^{2}が標高2,000m以上である。標高4,810mの最高峰モンブランをはじめとして，モンテローザ（4,634m），マッターホルン（4,478m），グロースグロックナー（3,798m）などが著名であろう。地中海に面するニースやモナコからウィーンまで，その延長距離はおよそ1,000kmに達し，横断距離としてはボーデン湖からベローナ間で200kmを超える。

　アルプス地域が山地として形成されたプロセスは，Bätzing（2015）によると，次のA～Dの4段階に分けて考えることができる。

　A：「カレドニア・ヴァリスカン造山運動」の時代が，約5億年前から2億年前にかけて存在した。これらは，今日ではフランス中央高地のように侵食の進んだ山地であるが，その一部はモンブラン山群などのように，アルプス造山運動を通じて地中深くから隆起して地上に露出していた。

　B：「堆積」の時代は2億3,000万年前から1億年前にかけてみられた。ヨーロッパとアフリカの間に広がるティーチス海の海底に堆積物がたまる。そして，今日のアルプス山脈を形づくる四つの「堆積盆地」が形成された。それらは，スイス帯（ヘルヴェティア帯），ペニン帯，東アルプス帯，南アルプス帯という，それぞれの堆積物に基づく岩石を中心とした山地帯になる。

　C：アフリカプレートの北への移動に対して，北側には不動のヴァリスカン山地があり，結果として「褶曲」が生ずる（アルプス褶曲：1億年前から3,000万年前）。その際，アフリカプレートがヨーロッパプレート上に徐々にのり上げ，衝上断層が生じ，また覆いかぶせ（デッケ）がみられるようになった。高圧・高熱によって岩石の固化，褶曲が進行するが，この傾向は東アルプスに比べ西アルプスで強かった。しかし，当時はまだ中位山地であった。

　D：「アルプス造山」が3,000万年前から起こった。アフリカプレートのさらなる

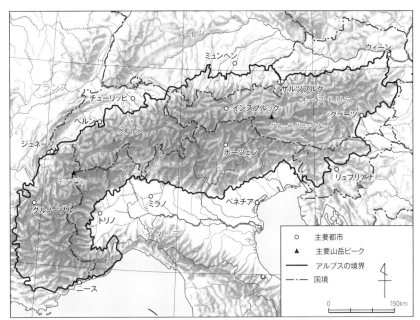

図7-1　アルプス地域の概観　　　　　　　　　　　　　　資料：Veit（2002）を簡略化。

北上によって（小野〈1997〉によると最終的に150kmから200km），デッケも北上する。下がスイス帯，その上がペニン帯，最も上が東アルプス帯という層構造が生ずる。この層構造の中で，上部の層が侵食され，またそれが滑り落ちることで「窓（フェンスター）構造」がみられる（たとえばタウエルン・フェンスター，エンガディン・フェンスター）。この過程でアルプス山脈の標高は高まっていく。その後は氷食作用によって今日の山容が形成された。

　こうした造山運動や侵食の結果，現在のような地質・地形ができあがった（図7-2）。スイスの都市，チューリッヒの東に位置するボーデン湖から南下する線で，西アルプスと東アルプスが分かれている。また「大構造線」の南には南アルプスがある。地質構造は複雑であるが，後述するオーストリアは，ほぼ東アルプスの領域を含み，「石灰岩アルプス」は北アルプス，「東アルプス片麻岩帯」は中央アルプス，「南アルプス」は同じ名称で呼ばれている。

　アルプス地域における村落は標高2,000m以下に存在する。基本的にはより標高の低い場所に集中する傾向はあるが，分散もしている。人口規模が最大であるのはグルノーブルで約16万であり，そのほか人口が10万を超えるのは，ザルツブルク，インスブルック，ボーツェン（ボルツァーノ）などのみである。逆に，アルプス山脈の縁には，ウィーン，グラーツ，ミュンヘン，チューリッヒ，ベルン，ジュネーブ，ミラノ，トリノ，リヨンのような大都市や中規模都市が存在する。

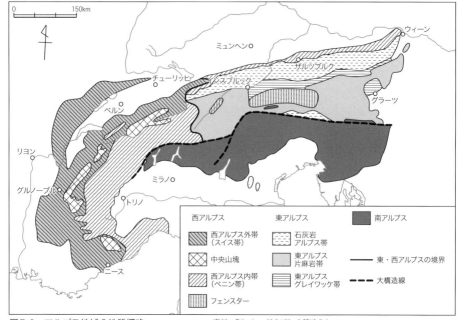

図7-2 アルプス地域の地質概略　　資料：Bätzing (2015) を簡略化し，
　　　　　　　　　　　　　　　　　　　　　　エムブレトン編 (1997) および金原 (2013) を参考にした。

　アルプス地域は独特の産業が展開する地域としても性格付けられる。農業では，夏と冬で家畜の飼育場所を移動する移動牧畜が重要である。こうした移動牧畜は20世紀半ばまでは最も重要な産業部門として位置づけられた。また標高のやや低い地域を中心に林業も重要であった。前述したような複雑な地質構造に基づいて，岩塩や鉱物が地下資源として存在する。それゆえ，それらの鉱山が開発されており，鉱業もまた重要であった。今日でも鉄鉱石などの鉱山がある。また水力発電施設も多く整備されている。

　交通面からみると，アルプス地域はヨーロッパで重要な位置を占める。すなわち，イタリアとドイツやフランスとの交流にはアルプス山脈越えが必要になるのである。かつて，イギリス人によるイタリアへのグランドツアーの際にもアルプス越えがみられた（河村，2013）。現在でも，EUの経済中心を示す「ブルーバナナ」はアルプス山脈を越えてイタリア北部にまで続いている。それゆえ，アルプス主稜線鞍部にある，ブレンナー峠（オーストリア・イタリア国境，標高1,378m）やザンクト・ゴットハルト峠（またはサンゴタール峠，スイス，2,106m）の付近では「ブルーバナナ」間の南北交通が卓越する。今日では峠の山道越えでは交通量の増加に対応できず，ともにトンネル交通が整備されている。イタリアのダオスタ谷からフランスへ抜けるモンブラントンネルもある。

2) アルプス地域における観光とリゾートの発展プロセス

　アルプス地域においては，中世以前から独自の観光形態が存在した。それは，キリスト教に基づいた巡礼，および治療のための温泉地滞在であった（Hannss, 1977）。一方，今日みられるような近代的な観光形態は，19世紀以降に出現したものである。ただし，アルプス地域において観光の発展形態にはかなりの地域差がみられ，とくに，スイスにおいて，観光者の訪問と観光産業の発展が最も早く開始された。

　アルプス地域における観光の変遷に関しては，多くの研究がある。しかし，その多くは特定の国や領域を対象としたものであった。例外として，Bätzing (1991, 2003, 2015) は，アルプス地域全域の観光史を系統的にまとめている。Bätzing (2015) によると，アルプス地域における観光発展段階は次の6段階に分けられる。

　(1) 発見時代（1765〜1880年）　(2) ベル＝エポック時代（1880〜1914年）
　(3) 戦間期時代（1914〜1955年）　(4) 黄金時代（1955〜1985年）
　(5) 停滞時代（1985〜2003年）　(6) 新開発時代（2003年〜）

　以下では，Bätzing (2015) およびそのほかの文献に基づいて，それぞれの時代における観光の特徴を概観する。

(1) 発見時代（1780〜1880年）

　発見時代には，巡礼と温泉地滞在のほかには，イギリス人によるアルピニズム（登山）が主体を占めた。彼らは，処女峰や未踏ルートに興味をもって，アルプス地域に滞在した。当時は，登山のみならず，旅行に関するインフラ施設がほとんど整備されていなかったため，イギリス人の行動は，観光というよりもむしろ探検であった。イギリス人のウィンパーによるマッターホルン初登頂（1865年）は，よく知られるところである（ウィンパー，1998）。

　この時代に探検と並んで新たに出現した形態として，療養がある。産業革命の進行により都市の大気汚染が顕在化し，その過程で結核が蔓延した。アルプス地域の澄んだ空気の存在や，標高が高く気圧が低いことに基づいて，標高段階の高い地域では，気候療養地 Luftkurort（または Klimakurort）としての発展がみられた（Hannss, 1977）。スイスのダヴォス Davos には，多くのサナトリウムやホテルが開発された（河村，2013）。温泉地として発達していたサン・モリッツ St. Moritz も気候療養地としての機能を備えるようになった。そのほか，アローザやモンタナ，レザン（いずれもスイス）も著名な療養地であった。こうした療養地での滞在者の多くはイギリス人であった。

当時，アルプス地域にみられる多くの山々や氷河は，自然科学や冒険ではない登山の対象として注目されることになった。その発達を助長したのは各国で設立された山岳会である。1857年には，世界最古のイギリス山岳会が設立された。それにやや遅れて，アルプス地域で山岳会の設立が相次いだ。1862年にオーストリアで，翌年にスイスとイタリアで，ドイツでは1869年，フランスでは1874年であった。山岳会では，技術の向上，用具や地図の研究開発，登山ルートや山小屋の整備などを通じた登山の振興のみならず，科学振興もなされた。

　オーストリアとドイツでは1873年にぞれぞれの国の山岳会Alpenvereinが合併した。東アルプスでは，合併してできたドイツ・オーストリア山岳会が山小屋の整備を行った。山岳会の諸支部は，それぞれが特定の場所に避難小屋を建設し，今日まで維持されている。それらの山小屋には，今日でも山岳会支部が置かれた都市名が付けられている（たとえば，9章で扱うゼルデン近隣ではブラウンシュヴァイク小屋，ブレスラウ小屋など）。ドイツ・オーストリア山岳会は地形図の作成にも尽力し，この伝統は現在でもオーストリア山岳会とドイツ山岳会にそれぞれ引き継がれており，等高線や登山ルートなどが記載された山岳会地図Alpenvereinkarteとして刊行されている。同時に，数え切れないほどの登山コースの整備がなされていった。こうした基盤のもとに登山が発展するとともに一般の人々にも普及し，それによってアルプスの山岳や地域の知名度向上に貢献したのであろう。とくに特定の山域ではそれまでのリゾートに登山基地の機能が付加され，また登山基地からリゾートへと発展した例もある。

(2) ベル＝エポック時代（1880～1914年）

　ヨーロッパでは，産業革命の進展とともに大都市が発展していく。その一方で，大気や河川の汚染を伴った居住環境は快適ではなかった。上述の療養とは若干異なり，大都市の富裕層らが一時的に日常生活圏を離れて保養するようになった。夏季の目的地の選択肢の一つとして海岸と並んでアルプス地域が存在し，そこでの避暑も注目され，アルプス地域の氷河湖畔などに別荘を所有する人々も増えた。また，アルプスの語源でもある高山放牧地アルプAlp（オーストリアとスイス東部ではアルムAlm）も重要な観光資源となった。濃い緑色の森林，淡い緑色のアルプ，さらにその背後にある（雪をかぶった）高山が織りなす，色彩豊かな景観が人々を魅了した。保養のためにアルプス地域を訪れる中心となったのもまたイギリス人であった。アルプス地域のなかでもスイスが，彼らの主要な目的地であった。スイスでは，第一次世界大戦の直前まで，ベル＝エポック（古きよき時代）が続いたのである。

　ベル＝エポック時代になると，富裕層を中心とした避暑滞在の普及と同時に，大

規模な高級ホテルや索道施設の発展が促進された。とくにスイスでその傾向が顕著であり，とくにベルナーオーバーラント，ヴァレー，グラウビュンデンの三つの州への集中がみられた。そこではイギリス人が卓越した。一方，オーストリアでは，ウィーン南部のゼメリンク，ザルツカマーグート，ケルンテン州の湖沼地域が注目された（Zimmermann, 1987）。観光者の多くは，当時の広大な版図をもつオーストリア・ハンガリー帝国の首都ウィーンから訪れた。富裕層の多いウィーンは，当時の一大観光市場であったのである。

　鉄道交通の発達によって，人々の可動性は格段に向上した。その結果，多くの観光者が訪問するようになった。また，鉄道という面では，現在著名な山岳鉄道（狭軌鉄道，ケーブルカー，ロープウェイなど）の多くは，この時代に建設された（脇田，1989）。本格的な登山装備なしで，景色の良い展望台に人々が到達できるようになったのである。こうした登山鉄道整備でもスイスの先行がみられ，19世紀に多くの完成をみた。たとえば，ヴァレー州ツェルマットからゴルナーグラートへの登山鉄道は1898年に，またベルン州南部のユングフラウヨッホ駅（海抜3,454m）に至る鉄道路線は1912年にそれぞれ完成した。一方，オーストリアでは，このような登山鉄道整備はやや遅れ，1920年代以降のロープウェイ建設以降に本格化した（呉羽，2016）。

　こうした避暑の発展とともに，登山鉄道の整備に伴って必ずしも山頂を目指すわけではないトレッキング，山登りを伴うことを必要としないハイキングの普及もみられた。その中心的役割を演じたのは，上述した山岳会である。19世紀末頃以降，山小屋の建設が普及するとともに，トレッキングが発展するようになった。トレッキングの普及と並行して，すでに2章で説明したように，1890年頃にアルプス地域にスキー技術がもたらされた。さらに，スキーが「開発されたスキー場」という人工的空間内のレクリエーションとしての性格を強めていくのは，1920年代以降のことである。

(3) 戦間期時代（1914〜1955年）

　1914年から1955年までの戦間期は，2度の戦争，経済不況などによる悪影響が存在した期間である。ベル＝エポック時代に著しく観光業に依存した地域でその影響が大きかった。とくにスイスでは，この時期の観光者数がベル＝エポック時代におけるそれを上回ることはなかった。一方，アルプス地域に伝播したスキー技術であるが，第一次世界大戦後はそこからスキー観光という形態が派生した。それは，スキー技術の変化，また楽しみ方の変化に関連していた。スキー向けの最初の索道は，すでに1907年に建設されていたが（2章参照），1920年代半ばになると，大規

模なロープウェイが建設されるようになった。また夏季観光向けに建設された登山鉄道やケーブルカーなどの索道がスキーのために利用される例もあった。1935年頃からはシュレップリフトの建設もみられるようになった。

アルプス地域全体でみると、観光業は、スイスから周囲の国々へと徐々に地域的に拡散した。一方、オーストリアに目を向けると、観光業の中心は帝国時代までは国土の東部にあった (Zimmermann, 1987)。それは、ウィーンからの近接性に基づいた国内観光の形態であった。しかし、第一次世界大戦後のこの時期になるとオーストリア西部でも観光業の発達がみられた。それは、ドイツ人という新たな顧客を得たことによる。また、スキー観光に適する地域的条件を有していたこともあって、冬季観光が成長したのである。ただし、ドイツ第三帝国におけるナチス政権の台頭とともに1933年6月から実施された「1,000マルク封鎖」はドイツ人の訪問を減少させた。これは、併合を拒むオーストリアへの報復手段の一つであり、オーストリアに入国するドイツ人には当時の金額で1,000マルクを課す政策であった (Forcher, 1989)。1936年7月に「封鎖」政策は中止され、1938年3月にオーストリア併合が実現すると、再びドイツ人が訪れるようになった。しかし、第二次世界大戦が勃発すると、観光者数は減少し、観光業は停滞した。また第二次世界大戦後10年間も、観光業は再生段階には至らなかった。

1930年代後半のオーストリアにおけるスキーリゾートについてみていく。当時の主要なスキーリゾートは、索道の存在、冬半期[1]宿泊数2万泊以上、冬半期宿泊数の割合が30％以上という3指標により判断した。当時の21か所の主要スキーリゾートは、オーストリア国内に広く分散していた。全てがアルプス地域に存在し、また主な鉄道沿線立地が多くみられる（図7-3）。これは当時の利用交通手段が鉄道に著しく依存していたことを反映したものであろう。「1,000マルク封鎖」の影響下ではあったが、クラインヴァルザータール(B)とユングホルツ(G)はその例外とされた。このうち、クラインヴァルザータールで冬半期宿泊数が最も多かった（表7-1）。ちなみに、クラインヴァルザータール（自治体名はミッテルベルク）は、オーストリアに属するものの、ドイツのオーベルストドルフに至る道路のみが通じている袋小路の地域である。ベッド数最多は、巡礼地のマリアツェル(R)であった。1937年度、オーストリア全国で冬半期宿泊数の割合は21％であったが、21か所の総計では42％に達していた。なかでもレッヒ・チュルス(C)やザールバッハ(L)、ザンクトアントン(D)などでその割合が高く、冬季のスキー客への依存度が大きかった。そのほか、

---

1) 冬半期は、表記年前年の11月から表記年4月までの期間を指す。一方、5月から10月までは夏半期である。

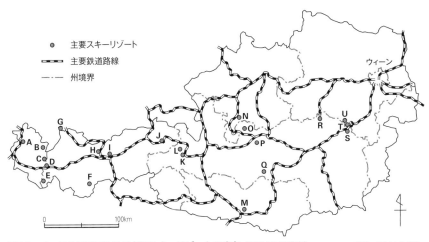

図7-3 オーストリアにおける主要スキーリゾートの分布(1930年代後半)　　資料：表7-1を参照。
記号は表7-1のスキーリゾートをさす。

表7-1 オーストリアにおける主要スキーリゾートの概要(1930年代後半)

| 記号 | リゾート名 | | 索道 | 冬半期宿泊数 | | ベッド数 | 備考 |
				(千泊)	割合(%)		
A	ドルンビルン・ベーデレ	Dornbirn/Bödele	1907年リフト	—	—	—	
B	クラインヴァルザータール	Kleinwalsertal	1940年シュレップリフト	275	62	3,582	
C	レッヒ・チュルス	Lech/Zürs	1937年シュレップリフト	56	93	1,221	
D	ザンクトアントン	St. Anton am Arlberg	1937年ロープウェイ	46	69	1,140	
E	ガルテュール	Galtür		21	78	575	気候療養地
F	ゼルデン・グルグル	Sölden/Gurgl		40	50	2,520	
G	ユングホルツ	Jungholz		16	48	262	
H	ゼーフェルト	Seefeld		60	46	2,389	気候療養地
I	インスブルック	Innsbruck	1928年ロープウェイ	112	28	3,800	都市
J	キッツビューエル	Kitzbühel	1928年ロープウェイ	108	50	2,762	
K	ツェルアムゼー	Zell am See	1927年ロープウェイ	34	22	2,713	気候療養地
L	サールバッハ	Saalbach		31	89	343	
M	トレッフェン・アネハイム	Treffen/Annenheim	1928年ロープウェイ	2	9	697	
N	エーベンゼー	Ebensee	1927年ロープウェイ	9	16	1,099	
O	タウプリッツ	Tauplitz	1935年シュレップリフト	13	62	400	
P	ドナースバッハ	Donnersbach		21	79	160	温泉地
Q	ムーラウ・シュトルツアルペ	Murau/Stolzalpe		34	42	320	気候療養地
R	マリアツェル	Mariazell	1928年ロープウェイ	31	20	4,577	巡礼地
S	ミュルツツーシュラーク・シュピタール	Mürzzuschlag/Spital		24	27	859	
T	ゼメリンク	Semmering		94	40	2,666	気候療養地
U	ヒルシュヴァンク	Hirschwang	1926年ロープウェイ	14	9	4,195	
			合計	1,041	42	36,280	
			オーストリア総計	4,344	21	364,817	

注：宿泊数は冬半期1936/37年，ベッド数は1937年8月現在。
—：データなし
資料：Allgeuer (1986)；Verein Regionalmarke Ausseerland-Salzkammergut (2010)：*Postillion Winter 2010/2011*；Bundesministerium für Verkehr und Elektrizitätswirtschaft (1961)：*Amtliche Eisenbahnstatistik der Republik Österreich für das Jahr 1960*；Österreichisches Statistisches Landesamt (1938)：*Statistisches Jahrbuch für Österreich 1938*.

7　アルプス地域におけるリゾート発展プロセス　*119*

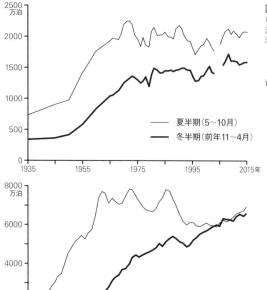

図7-4　スイスにおけるホテル宿泊数の推移
（1935～2015年度）
注1：ホテル経営体における宿泊数のみ。
注2：2004年の1年間については統計局による調査がなされなかったため，冬半期2004年（2003年11月～2004年4月）および2005年，夏半期の2004年はデータなし。

資料：スイス統計局Bundesamt für Statistikのホームページ Statistik der Hotel- und Kurbetriebe内のデータ表Hotelbetriebe: Sommer und Winterergebnisse (1935～2003)およびHotel- und Kurbetriebe: Logiernächte nach Gästeherkunft, Zonen und Saison (2005～2010).
Schweizer Tourismus-Verband: *Schweizer Toiurismus in Zahlen* (2011～2015年版)により作成
[http://www.bfs.admin.ch/bfs/portal/de/index/themen/10.html (2016/8/27および2012/5/3)]。

図7-5　オーストリアにおける宿泊数の推移
（1950～2015年度）
資料：Statistik Austria: Tourismus (Fremdenverkehr) in Österreich.

ゼーフェルト(H)やキッツビューエル(J)，ツェルアムゼー(K)などの気候療養地，都市〈インスブルック(I)〉などがスキーリゾートとしての性格を付加したと考えられる。

(4) 黄金時代(1955～1985年)
(a) アルプス全体の傾向

　第二次世界大戦後，ほぼ10年が経過するとアルプス地域の観光は黄金時代を迎える。まず，1955年頃から経済発展のもとで所得が徐々に増大していくと，夏季における観光者数が急激に増加し，夏季観光大量化が生じた。自動車化が徐々に進行し，それまでの鉄道利用に比べて，観光者の移動性は格段に向上した。スイスにおける宿泊数(ホテル経営体のみ)の推移を冬・夏半期別にみると(図7-4)，1950年代と1960年代前半に夏半期の宿泊数が急増した。とくに1950年代の増加が著しい。同様にオーストリアの宿泊数についても(図7-5)，1950年代と1960年代に夏半期の宿泊数増加がみられた。すなわち，広い社会階層からなる多くの人々が，アルプスでバカンスを過ごすようになったのである。

　ペンション，小規模ホテルといった安価な宿泊施設の開発が進行し，トレッキン

写真7-1　シュレップリフト
(2014年2月)
オーストリア，ゼルデンのティーフェンバッハ氷河スキー場におけるシュレップリフト。スキーヤーはスキーを履いたまま，T字の搬器に引っ張られていく。一般のチェアリフトに比べて構造が単純であり，また風に強いという特徴をもつ。

グコースの整備もさらに進められた。これらの開発は比較的少ない投資で実行可能であり，また多くの観光者による需要が存在したため，全体としてアルプスの観光開発は空間的に著しく拡大した。また一部の地域では，展望の良いピークへの索道建設，山岳道路建設などがなされた。当時，アルプス全体の市町村のほぼ3分の2において，夏季観光向けの開発が進行した。夏季の宿泊数は，スイスとオーストリアともに1970年代前半にピークを迎える。その後，1970年代半ば頃から，地中海などの海岸リゾートとの競合も激しくなり，夏季の観光者数は継続的に停滞するようになる。

一方，スイスでは1960年頃から，またオーストリアでは1965年頃から冬半期の宿泊数が急激に増加するようになった(図7-4，7-5)。この傾向は1985年頃まで続き，冬季観光大量化時代と性格付けられる。冬季の観光業が新規に発展した地域はほとんどなく，夏季観光が中心であった地域に，冬季観光の要素が加わり，多くの地域が夏冬の二季型の観光地域として発展した。スキー場では，索道の建設が急速に増加し，あわせて多くのコースが整備されていった。1970年代半ば，アルプス地域には約1万基の索道が存在し，それは世界の全索道数の60%に達していた(Barbier, 1979)。これと同時にリゾートタウンでは，宿泊施設の整備も急速に進んだ。

(b) オーストリア・アルプスのスキー場開発

オーストリアの索道については，大型のロープウェイのほかに建設されたのは，1950年代ではシングルリフト(1人乗りチェアリフト)とシュレップリフト(写真7-1)であった(表7-2)。当時のスキーリフトの建設・輸送技術を反映し，時間当たりの輸送人員も少ないままであった。1960年代にはこれらのリフトが急激に増加した。1970年代になっても全体数の増加は続き，全国で3,500程度に達するようになった。あわせて，徐々にペアリフト(2人乗りチェアリフト)が増え始める。

表7-2 オーストリアにおける索道数の種類別推移

年	合計	R, CC	G	8C	6C	4C	3C	2C	1C	K	SCHL
1950		16	2	0	0	0	0	0	28	0	—
1955	383	32	8	0	0	0	0	4	66	0	273
1960	554	55	10	0	0	0	0	8	101	0	380
1965	1,085	70	11	0	0	0	0	13	163	2	826
1970	2,349	88	11	0	0	0	0	52	219	9	1,970
1975	3,211	90	25	0	0	0	1	129	216	16	2,734
1980	3,540	89	36	0	0	0	12	201	204	13	2,985
1985	3,604	85	54	0	0	7	37	264	179	11	2,967
1990	3,478	83	93	0	0	54	47	296	138	8	2,759
2000	3,170	71	137	3	60	207	43	250	66	0	2,333
2010	3,028	75	264	739						0	1,950*)
2015	2,948		1,098							0	1,850*)

注1：種別の略記号は次の通り。R：ロープウェイ，CC：ケーブルカー，G：ゴンドラリフト，
　　 C：チェアリフト（数字は乗車人数），SCHL：シュレップリフト，K：コンビリフト。—：データなし
注2：1955年のシュレップリフト数は1956年12月末データ。*)2010年以降のシュレップリフト数は概数。
　資料：ITR-Seilbahndatei（1950年，1975-1990年分）；
　　　　Bundesministerium für Verkehr（1978）（1955-1970年分）；
　　　　Bundesministerium für Verkehr, Innovation und Technologie（2002）: *Amtliche Eisenbahnstatistik für den Berichtszeitraum 2000/2001*；
　　　　Wallner（2011）；
　　　　Wirtschaftskammer Österreich: *Österreichs Seilbahnen* [https://www.wko.at/Content.Node/branchen/oe/TransportVerkehr/Seilbahnen/Presseinformation-Seilbahnen-Oesterreichs-102015.pdf（2016/4/27）]

　スキーヤーにとっては，大規模で変化に富んだスキーコースが重要であり，その結果，大規模なスキー場を有する地域において開発が進行した。それは，より標高が高く，また長期の積雪が保証される氷河上でのスキー場開発が進行したことに典型的に表れている。つまり，夏季観光に関しては空間的にアルプス全体に拡大するかたちで発展が進行したが，冬季観光に関しては一部の地域に集中して発展がみられたのである。

　オーストリアについて，1950年代半ばのスキー場分布について述べる（図7-6）。ただし，ここで示されているのはスキー場自体ではなく，スキー場を有する市町村の分布である。しかし，実際に一つの自治体内に複数のスキー場が存在する例はまれである。さらに，参照した資料（Rebhann, 1956）には全国で103の大規模・中規模索道（シュレップリフト以外の索道；ロープウェイやチェアリフトなど）と196のシュレップリフト（写真7-1）が掲載されていた。しかし，実際の鉄道統計では，1950年代半ばにはそれぞれ107と273基が存在しており（表7-2），とくにシュレップリフト数についてはおおまかに把握されているにすぎない。しかし，傾向の把握は可能であると判断される。

　1930年代にはわずか12か所のスキーリゾートが索道をもつにすぎなかったが，1950年代半ばにはその数は185へと増加した。スキー場のほぼ全てはアルプス地域内に存在している。とくに，フォアアールベルク州とキッツビューエル付近（チロル州とザルツブルク州の境界付近），さらにはダッハシュタイン地域（ザルツブ

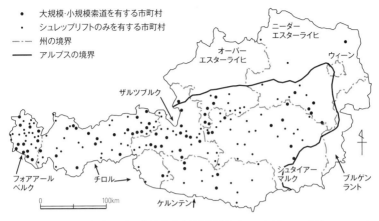

図7-6 オーストリアにおけるスキー場を有する市町村分布（1956年頃）　　資料：Rebhann (1956)

ルク州，オーバーエスターライヒ州，シュタイアーマルク州の3州の境界付近）での集中がみられる。個別のスキー場では，アールベルク（レッヒ・チュルスとザンクトアントン）やキッツビューエルの規模が大きかった。アールベルクでは，1961年当時，28の索道が存在した（Schneider, 1962）。その内訳は，シュレップリフト18，ロープウェイ5，ペアリフト3，シングルリフト2であった。また国土東部では，シュレップリフトのみの小規模なスキー場が多いことがわかる。

　大規模で変化に富み，また優れた雪質が求められるようになると，スキー場開発は標高の高い地域へと進んでいった。チロル州では，1980年，スキー場コース面積が6,900haであった（Cernusca, 1986）。そのうち，耕地と森林はそれぞれ25%と22%を占めていた。一方，それらの土地利用よりも標高の高い地域で展開する，アルムと荒廃地（氷河を含む）の割合は53%に達していた。同様の傾向はザルツブルク州でもみられ，スキー場コース面積5,506haのうち，アルムと荒廃地（氷河を含む）の割合が64%を占めていた（Leitner, 1984）。耕地と森林はそれぞれ17%と19%にすぎなかった。

　さらには冬季以外のスキー滑走が滞在者増加をもたらす可能性があることが認識されると，氷河上にスキー場開発がなされるようになった（図7-7）。アルプス全体では1963年，スイスのサンモリッツ・ジルヴァプラーナにあるピーク，ピッツ・コルヴァッチ Piz Corvatsch（標高3,303m）直下の氷河にスキー場が設置された（Obermayr, 2011）。同年，フランス，ヴァル＝ディゼールの氷河にもスキー場開発がなされた（Hannss, 1974）。スイスやイタリアでは1960年代を中心に，またフランスとオーストリアでは1970年代を中心に氷河スキー場開発が進んだ。氷河は一般に標高の高い地域に存在するため，氷河スキー場もアルプス山脈の最も標高の

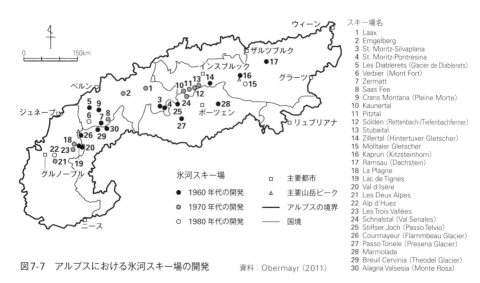

図7-7 アルプスにおける氷河スキー場の開発　資料：Obermayr (2011)

高い主稜線上に多く分布する（図7-7）。晩秋と春へのスキーシーズンの長期化を目指したスキー場もあり，またスキー場の通年営業を実施したスキー場も多い。

オーストリアでは，1966年から1987年の間に8か所の氷河スキー場が開発された（表7-3）。そのうち5か所がチロル州にあり，いずれも標高の高い中央アルプスのほぼ北向き斜面にある。ヒンタートゥックス氷河の開発以降は，大規模化が目立っており，またより標高の高い地点へと開発が進んでいる。

このようなスキー場開発と同時に宿泊施設の整備も進んだ。アルプスを訪れる多くの人々が滞在するために，ベッド数は1980年代前半まで増加を続けた（図7-8）。オーストリアでは，11ベッド以上を所有する宿泊施設は「商業経営体」とみなされ，宿泊業からの利益に対して税金を払うことになる。宿泊業に特化したホテルなどがこれに該当する。一方，10ベッド以下の「小規模施設」は無税であり，とくに農家がその主屋の一部の部屋を観光者に泊める形態が普及し，また増加した。農家のみならず一般民家にしても，ヨーロッパの家屋では，複数の個室が存在し，それらは観光者を宿泊させるように簡単に転換できたのである。当初は，バス・トイレは宿泊部屋にはなく，共同であるのが一般的であった。小規模施設は，マス・ツーリズム全盛期からやや後の時代まで，すなわち1980年代までは，安価な宿泊施設として大きな役割を果たした。一方，「商業経営体施設」も順調に成長し，そのベッド数は右肩上がりに増加した（図7-8）。

(c) フランス・アルプスのスキー場開発

フランス・アルプスの典型的スキーリゾートは，この時期に出現した。1960年

表7-3 オーストリアにおける氷河スキー場の開発

名称	山名または氷河名	州	開設年	使用氷河面積(ha)	最高点(m)
カプルン Kaprun	キッツシュタインホルン Kitzsteinhorn	ザルツブルク	1966	181	3,029
ラムサウ Ramsau	ダッハシュタイン Dachstein	シュタイアーマルク・オーバーエスターライヒ	1969	81	2,700
ツィラータール Zillertal	ヒンタートゥックス氷河 Hintertuxer Gletscher	チロル	1969	459	3,286
シュトゥーバイタール Stubaital		チロル	1973	591	3,200
ゼルデン Sölden	レッテンバッハ・ティーフェンバッハ氷河 Rettenbach-/Tiefenbachferner	チロル	1975	325	3,260
カウナータール Kaunertal		チロル	1980	313	3,160
ピッツタール Pitztal		チロル	1983	468	3,440
メルタール Mölltal	メルタール氷河 Mölltal Gletscher	ケルンテン	1987	—	3,160

—：データなし
資料：Haimayer（1987）；Bundesministerium für öffentliche Wirtschaft und Verkehr（1991）: Amtliche Eisenbahnstatistik 1990；ADAC（1992）

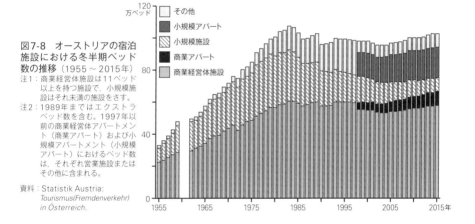

図7-8 オーストリアの宿泊施設における冬半期ベッド数の推移（1955〜2015年）
注1：商業経営体施設は11ベッド以上を持つ施設で，小規模施設はそれ未満の施設をさす。
注2：1989年まではエクストラベッド数を含む。1997年以前の商業経営体アパートメント（商業アパート）および小規模アパートメント（小規模アパート）におけるベッド数は，それぞれ営業施設またはその他に含まれる。

資料：Statistik Austria: Tourismus(Fremdenverkehr) in Österreich.

頃からフランス・アルプスでは冬季観光のみを対象とした新規のスキーリゾート開発が進行したのである。それは，世界に先がけてバカンス制度が確立したフランスの特性にも基づいていた。第二次世界大戦後にマス・ツーリズムが生じると，その受け入れ施設が圧倒的に不足する問題が生じた（望月，1990）。1950年代まではリゾートの個別的な整備が中心であったが，1960年前後から計画に基づいた総合的なリゾートづくりが始められたのである。海岸地域ではラングドック＝ルション沿岸開発が著名である（淡野，2016）。一方，山岳リゾート開発の対象はアルプス地域であった。国家的な「雪の計画 Plan de Neige」と呼ばれるプランに基づいて，大規模で，機能的・景観的に統一されたスキーリゾートが建設された。1962年に取りあげられた，この冬季スポーツ・リゾート造成計画は，全国で15万ベッド分の宿泊施設整備を含

んでいた（ボワイエ，2006）。この開発は，農業集落が存在する居住地域よりもずっと上部の標高1,800m以上の地域に展開した。これらは，「第三世代」のスキーリゾート，また統合リゾート Station intégrée（Knafou, 1978）とも呼ばれている。

　フランスのスキーリゾートについては，しばしば開発年代による差異が強調される（望月，1990）。シャモニー Chamonix やムジェーヴ Megève に代表される第一世代は，もともとの温泉地や登山基地に第二次世界大戦前からスキー場整備がなされて徐々に開発が進んだ形態である。ほかには，ラクルザ La Clusaz やモルジヌ Morzine などをあげることができる。第二世代は，1930年代にスキー場開発が開始されたが，1950年代に開発が本格化して大規模化されたものである。クールシュヴェル Courchevel やメリベル Méribel，ティーニュ Tignes，シャムルース Chamrousse などが代表例である。

　しかし，1960年頃以降，上述したように第三世代と呼ばれる人工的なスキーリゾートが，標高の高い非居住空間に開発されるようになった（Hannss，1974）。アヴォリアツ Avoriaz，ラプラーニュ LaPlagne に代表されるスキーリゾートでは，ホテルや別荘，アパートメントなどのさまざまな宿泊施設，飲食施設，映画館などが計画的に配置され，それらの施設とスキー場とが有機的に結びつけられた。アヴォリアツ（リゾートタウン標高1,800m）はジュネーヴの真東約70km，モルジヌ村の奥地（東はスイスとの国境に接する）に位置し，スキー場開発計画は1962年に立案され，1965年から利用され始めた（Knafou, 1978）。1980年頃のベッド数は約12,000（1980年代；2000年頃以降は16,000），リフト数は約30（標高2,460〜1,200m）で，宿泊施設の統一された木材を外壁とした建築でも有名である（望月，1990）。ホテルは少なく，アパートメントや別荘が多くを占めたり，映画祭が毎年開催されたりと，民間の会社が開発から運営まですべてを管理していることが大きい（石原，1998）。そのほか，第三世代で著名なリゾートとしては，レザルク Les Arcs，フレーヌ Flaine，イゾラ2000 Isola 2000，ヴァルトランス Val Thorens などをあげることができる。

　さらに，1970年代半ばころになると，自然環境に配慮した第四世代のスキーリゾートが誕生した。これは第三世代の人工的で自然景観とは対立的であった側面が反省されたことに基づいていた。ヴァルモレル Valmorel（アルベールヴィルの南約40km）がその代表例である（石原，2001）。ヴァルモレル（標高1,400m）では，1976年にスキー場が開設された（リフト数約30；標高2,550〜1,300m）。基本的には第三世代のように統合リゾート（ベッド数現在12,000）の形態ではあるが，低層の建築物として自然との調和を前面に出している（望月，1990）。ほかの第四世代のスキーリゾートにはベルプラーニュ Belle-Plagne，メリベル・モンタレ Méribel-Monttaret，モンシャヴァン Montchavin をあげることができる。

(5) 停滞時代（1985～2003年）

　アルプスの観光業にとって，それまでは経済的な側面のみが強調されていたが，アルプスという環境の生態的側面も重要視されるようになった。この動向は，環境関連団体や国，地方政府にもよって促進された。その結果，この停滞時代には，それまで開発されてこなかった地域において，新たな観光開発がなされることはなかった。

　1980年代に入ると，観光者数の水準が限界に達するようになった。この時代には，冬季の宿泊数は，従前と比べて増加率は減少したものの，継続的にある程度の増加がみられた。オーストリアでは1990年代半ばに若干の宿泊数の減少がみられたが（図7-5），全般的には増加傾向にあった。ただし，スイスでは1980年頃から停滞傾向になった（図7-4）。観光者側からみると，休暇制度が確立し，年間5～6週間の休暇が得られるようになった影響があげられる。そのため，従来は夏季のみに取得していた長期休暇を，冬季にも取得するようになり，その結果スキー客が増え続けている。さらに，東欧革命によって東ヨーロッパからの新たなスキー顧客層が開拓され（Kureha, 2004b），冬季の宿泊数は増加を続けている。夏季については，前述したように，1970年代半ばごろからすでに停滞傾向を示しており，この時期にもその傾向が続き，オーストリアではその減少もみられるようになった。

(a) 夏季観光

　ヨーロッパでは，1980年前後から，チャーター便の普及によって，たとえば地中海の島々への安価なパッケージ・ツアーが人気となった。また，安価な航空券の出現もあって，地中海や大西洋の島々は，夏季観光の重要な目的地となった。その結果，ドイツ人などの間で夏季に地中海でバカンスを過ごすことが一般化し，アルプス地域はこうした競合地域に観光者の一部を奪われたのである。東西冷戦の終結に伴う国境開放などの時代的特徴に基づいて，アルプス地域以外の多くの地域で観光業が発展したこと，人々の観光行動に多様化がみられ，いわゆるオルタナティブ・ツーリズムが展開するようになったことも変化の要因である。オーストリアでは，湖沼地域での夏季観光が大きな影響を受けた。ザルツカンマーグートや，ケルンテン州では夏半期宿泊数が大きく減少した（呉羽，2016）。

　一方で，1980年以降，アルプスの夏季観光では，その牧歌的イメージに基づいた農村観光的側面が強まっていく。これには，やや時代は遡るものの，ドイツにおける「農家で休暇を Urlaub auf dem Bauernhof」のスローガンのもとで成長したルーラル・ツーリズム志向も影響している。同様の受け入れはスイスやオーストリアの農村でも盛んとなった。

もともとは，アルプス地域の農村は，夏季の廉価なバカンス滞在地として特徴づけられてきた。しかし，人々の所得増加や海岸でのバカンス滞在の普及によって「廉価な滞在地」という性格は弱まった。しかし，同時にマス・ツーリズムに嫌気のさした人々が，喧噪を避けてリラックスできる真のバカンス滞在地の選択肢として農村空間を見いだした。それゆえ，農村性を消費するようなルーラル・ツーリズムが注目され，農家民宿での滞在を嗜好するある程度の人々が現れた。そこで重視されたのは，周遊観光の立ち寄りスポットや観光資源ではなく，アルプスの農村景観そのものであった。それゆえ，農村景観の保全が重要視されて，東チロル（呉羽，2001）や北チロル（池永，2002）のように，農業と観光業の共生関係が構築されてきた。一方，次に述べるようなスキー観光のますますの発展は，農業の衰退をもたらしてる。つまり，農業と観光業の共生関係は，大規模なスキーリゾートではなく，中小規模のリゾートで存在可能となっているように思われる。

　夏季観光が農村景観への配慮を進める一方で，夏季観光の多様化もみられた。トレッキングやハイキングのみならず，新しいレクリエーション形態の導入がなされた。マウンテンバイク，川下り，パラグライダー，スポーツ岩登り（ボルダリング），トレイルランニング，テニス，ゴルフなどであり，いずれも身体を動かすレクリエーションと性格づけられる。ただし，いずれも，特別の設備や環境改変を必要とする形態である。

(b)冬季観光

　冬季観光の開発は一部の大規模リゾートで継続されてきた。輸送能力に優れる索道や人工降雪の導入といった新たな開発もみられるようになった。1990年前後では，アルプス地域全体で13,000基あまりの索道が設置されていた（Schmel und Erbguth，1992）。しかし，この時期の索道にみられる発展として特徴的だったのは質的なものである。逆に索道数は，表7-2で示されるオーストリアのように，アルプス地域全体で減少するようになった。その減少は，大規模スキー場で不要なスキーリフトが撤去されたり，小規模スキー場自体が廃止されたりすることによって生じた。索道の質的発展は，輸送能力の向上に基づいていた。より輸送人数が多いチェアリフト，すなわち，4人乗り，6人乗り，さらには8人乗りの施設，またゴンドラリフトの建設が進んだ（表7-2）。これらのほとんどは，既存の索道に代わって新しく輸送能力に優れた設備に更新されたものである。そのために，大規模な土木工事が頻繁に実施されている。一方，輸送能力が劣り，また利用者にとってあまり快適ではない，シュレップリフトの数は減少している。こうした索道の質的発展によって，スキーヤーのスキーリフト駅舎での待ち時間はより少なくなり，より便利

で快適なスキーを楽しめるようになった。ほとんどのスキー場では，輸送能力について，全てのスキーリフトの1時間当たりの輸送可能人数を加算・数値化し，パンフレットなどでその数値の大きさをアピールしている。

アルプス地域において，1990年前後から少雪傾向が徐々に現れてくると人工降雪への依存度も高まるようになった。アルプス地域では，1960年代から徐々に人工雪の試行的利用がなされてきたが，その後1964年にウィーンで，1974年に南チロルのオラングOlangで，その2年後にスイスのウルネッシュ Urnäschでそれぞれ人工降雪機が設置された（Broggi und Willi, 1989）。1986年の時点では，アルプス地域全体で約200機の人工降雪機があり，そのほぼ半分はイタリアに存在した。しかし，その後1987/88シーズンから3年続いた雪不足（Abegg, 1996）は，人工降雪機設置への契機になったと思われる（写真7-2）。1990年代には，徐々に人工降雪機への依存度が高まっていく。スイスでは1990年，全スキーコース面積に対する人工降雪機設置コース面積の割合は，わずか2%未満（面積約400ha未満）にすぎなかった（図7-9）。1990年代を通じて，その数値は徐々に増加していったが，2000年代前半においてもまだ10%を下回っていた。一方，オーストリアでは，1991年の時点で人工降雪機設置コース面積は1,577ha（同割合7%弱）であり（Fischer, 1992），スイスに比べて人工降雪への依存度は高かった。オーストリアでもスイスと同様に，1990年代に人工降雪機の設置が増えていくが，その程度は一般に標高の高いスキー場の多いスイスに比べて大きかった。それゆえ，2000年代の前半には人工降雪機設置コース面積は9,200ha（同40%）に達した。ただし，より本格的な人工雪への依存は次の時期に訪れることになる。

スキー場内では，スキーのほかに，1980年代にスノーボードが人気となり，やや遅れて1990年代にはカービングスキーも流行した。このような背景やスキー場

写真7-2　人工降雪機（2013年9月）
オーストリア，ホッホグルグルの人工降雪機。夏季には大量の降雪機が駐車場に集められていた。

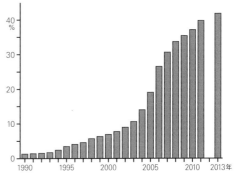

図7-9　スイスにおける人工降雪機による積雪面積割合の推移（1990〜2013年）
注：数値は全スキーコース面積に対する人工降雪機設置コース面積の割合（%）。2012年はデータなし。
資料：Seilbahnen Schweiz: Fakten & Zahlen zur Schweizer Seilbahnbranche Ausgabe 2014.

写真7-3 貸し部屋とアパートメントを有する宿泊施設（2011年8月）
オーストリア，ゼルデンの宿泊施設。アパートメントはフランス語の綴りで，Zimmerは部屋の意味から転じて貸し部屋となる。この施設はサウナも併設している。

図7-10 オーストリア・アルプスにおけるアパートメントの間取り例（ザルツブルク州のAペンション）
資料：Aペンションのホームページに掲載された同施設内の貸し部屋（ツイン）とアパートメント（2人向け）の間取り図による。

開発の進展のもと，多くのスキーリゾートではリゾートタウンも大きく発展した。それは宿泊施設の変化や，サービス施設の拡大に表れている。

この時期，宿泊施設のベッド数は停滞した。一方で，新しいタイプの宿泊施設が増えた。それはアパートメントまたは休暇用住宅Ferienwohnungと呼ばれる宿泊施設形態である。アパートメントは，一般的な形態である「貸し部屋」に比べて広いスペースを有しており，一つのユニット内には，居間，寝室，台所，バス・トイレがそれぞれ存在する（図7-10）。台所には冷蔵庫やコンロなどが備わり，食材さえ用意すれば自炊できるようになっている。建物内の全てのユニットがアパートメントの場合もあるが，ホテルやペンション内の一部にアパートメントが存在する例もある。つまり，一つの宿泊施設内に，一般の客室とアパートメントが混在していることになる（写真7-3）。

アパートメントの利用者は日常の居住空間とほぼ同様の構成の施設でくつろぐことが可能になり，またプライベートも維持されるといった利点もあって人気が非常に高まった。さらには経営者側にとっても，毎日の掃除が不要であったり，朝食の提供をしない選択肢もあるなどのメリットも存在した。すでに1960年代や1970年代頃から，フランスの一部のスキーリゾートなどでみられたが，1980年代頃からアルプス地域全体で普及した。オーストリアでは，1998年からアパートメントの統計項目が加えられた（図7-8）。それ以前は，その他または商業経営体施設に含めて扱われていた。形態として多いのは小規模施設アパートメントで，これは小規模施設が経営するアパートメントをさす。一方，一般の小規模施設のベッド数の減少が著しい。とくに農家民宿の減少が目立っている。その一因として，農家数自体の減少がある。

人々の生活水準が向上すると，上記のアパートメントの人気が高まることにみら

れるように,一般の宿泊施設にも設備やサービスの向上が求められるようになった。設備面では,バス・トイレを備えた客室の割合が著しく向上した。オーストリアにおいて,その割合は1981年には50%を割っていたが,1986年には65%へ,1991年には78%へ,さらに1996年には86%となった。逆に,バス・トイレが備わっていない,安価な料金の宿泊施設を探すことが困難になった。宿泊施設では設備向上やサービス向上のために,労働力需要は高まった。一般には近隣の住民が季節的にその職に就くことが多かったが,徐々に不足するようになり,トルコや旧ユーゴスラビア,さらには東欧革命後の東ヨーロッパ諸国からの外国人労働力が多数雇用されるようになった。

(6) 新開発時代(2003年以降)

21世紀に入りグローバル化がますます進むと,アルプス地域とそのほかの地域との競合がますます激化するようになった。つまり,観光者にとってアルプス地域は,大量に存在する目的地の中の一つの選択肢にすぎなくなったのである。ヨーロッパでみれば,都市観光が著しく成長しているし,世界遺産への訪問も人気が高い。さらに,さまざまな地域が,地域内に存在するさまざまな地域資源を活かしてルーラル・ツーリズムやエコツーリズムの目的地として発展している。マウンテンバイクやボルダリングなど,半世紀前にマス・ツーリズムが発展した時代には存在しなかった活動も成長している。

アルプス地域では,夏季には,1980年代頃から多様化した夏季の活動に対応するような動きが活発化している。トレッキングやハイキングは,アルプス地域のどこでも可能ではあるが,より標高の高い山域や,氷河や氷河湖を有する地域ではさまざまな環境でのトレッキングが可能となるため,他地域に比べて有利である。2000年代以降のトレッキング用の衣類や装備の流行の高まりもあって,その人気は高まっているように思われる。トレッキング用の衣類や靴などは,色使いや形態,さらには機能性も含めて進化が著しい。これに加えて,春から秋にかけての索道の運行,地図情報も含めたトレッキングルート情報のアプリ提供などを通じて,トレッキングやハイキングに関する行動環境はかなり整備されている。ただし,山岳が低いなど,おかれた山岳環境条件によってトレッキング自体に魅力が少ないリゾートでは,マウンテンバイクやボルダリングなどの活動に力を入れている。とくに,マウンテンバイクは,スキー場の斜面,登行施設としての索道の存在によって,スキーリゾートにとっては導入しやすい活動である。たとえば,オーストリアのザルツブルク州のサールバッハヒンターグレムやそれに隣接するレオガングは,マウンテンバイクの一大目的地になっている(写真7-4)。

写真7-4　スキー場内でのマウンテンバイク
(2015年8月)　オーストリア，ザールバッハヒンターグレム。ゴンドラリフトにマウンテンバイクを積み，山頂駅から整備されたコースを下っていく。

　一方，冬季観光については，スキー場やリゾートタウンでのさらなる開発が進んでいる。つまりアルプス地域の開発は再び活発化したのだが，開発は一部の地域に集中している (Bätzing, 2015)。それは，夏季観光とは異なって，スキーの場合にはヨーロッパ内ではアルプス地域以外のスキーリゾートの立地代替性がほとんどないためであろう。大規模なスキーリゾートでさらなる投資が進んでおり，結果的にそうしたリゾートがより競争力をもつという構図になっている。

　さらなる開発の例として，索道開発をあげることができる。1990年代と同様に，2000年代以降も，より輸送人数の多い索道建設が増えた (表7-2)。すなわち，6人乗りや8人乗りチェアリフト，さらにはゴンドラリフトへの更新が進んだ。これによって，輸送能力，すなわち時間当たりの輸送人員はさらに増加している。スキーリフト待ち時間が減少するとともに，洗練されたデザインで，スキーロッカーやエレベーターも備えた駅舎へと更新され，スキーヤーの利便性は更に向上した。逆に索道数は減少しており，アルプス地域全体でおおまかに1万基前後程度である。索道数を国別にみると，フランス3,391，オーストリア3,028，イタリア2,127，スイス1,691，スロベニア217，リヒテンシュタイン5の6か国で10,459になる (Vanat, 2016)。ただし，前記フランスからスイスの4か国にはアルプス地域以外にも索道が存在する。これにドイツ・バイエルン州の推計値650基 (州全体で781基〈2014年ドイツ索道連盟 Verbund deutscher Seilbahnen〉の約80数％がアルプス地域に存在) を加えても，1万基を少し上回る程度であろう。

　開発の進行を促進させた別の要因として，地球温暖化の影響による積雪不足をあげることができる。数年に一度の割合で生ずる暖冬・少雪，もしくはその出現頻度が増していることは，スキー場経営者を悩ますようになった。すでに述べたように，アルプス地域における人工降雪機の設置は1990年代から徐々に増加してきた。それは国・地域によっても異なり，オーストリアではやや開発の進行は早かった。しかし，2000年代半ば以降，人工降雪機の整備はアルプス地域の広い範囲で本格化した (口絵7)。スイスでは，2000年代に入って，全スキーコース面積に対する人工降雪機設置コース面積の割合が急速に増加し，2013年には41％に達した (図7-9)。アルプス地域全体においても，2005年から2011年にかけて，人工降雪機設置コース面積は2.5万haから5万haへと倍増したと見積もられている (De Jong, 2012)。さらに，2014年末時点で7万haに達したという予測値もある (Hamberger und

Doering, 2015)。この予測値に基づくと，アルプス地域全体のスキーコースのおよそ70%で人工降雪機による積雪が可能となっている。

人工降雪機の整備については，アルプス地域内で差異がある。それは，おもにスキー場が存在する標高による。ただし，人工降雪機の設置数やコース面積に関する統計には不

表7-4　アルプス地域における人工降雪面積（2010年前後）

国名	スキーコース面積（ha）(A)	人工降雪可能なコース面積（ha）(B)	割合（%）(B/A)	備考
オーストリア	25,400	17,780	70.0	2009年
イタリア	22,500	15,750	70.0	2008年
スイス	22,439	9,200	41.0	2013年
フランス	26,500	7,000	26.4	2009年*)
スロベニア	1,200	900	75.0	2008年
ドイツ（バイエルン・アルプス）	3,700	723	19.5	2015年
リヒテンシュタイン	138	83	60.1	
合計	101,877	51,436	50.5	

*)うちサヴォワ県（コース7,047ha，人工降雪2,000ha（2012年））
資料：Hamberger und Doering (2015)

正確な側面があり，とくにフランスとイタリアについては最新の正確な数値が得られにくい。2010年前後時点での傾向としては，オーストリアとイタリアで人工降雪機設置コース面積が多い（表7-4）。また，割合，すなわち人工降雪機の依存度が70%以上とかなり高い。それに対してスイスとフランスでは，その依存度は3割から4割程度と比較的低くなっている。一方，人工降雪機への過度の依存は，貯水池（口絵8）の設置や水道管設置工事による環境への負荷，降雪機使用に伴う電力消費の増加などの問題ももたらしている。

温暖化の影響は，周知の通り，氷河の縮小にも及んでいる。それゆえ，氷河をスキー場として利用してきたリゾートでは，その利用方法の変化を迫られてきた。多くの氷河スキー場では，かつて1960年代や1970年代には，夏季に滑降できることが大きな魅力となっていた。しかし，2000年代に入ると，場合によってはそれ以前から，夏季に氷河スキー場の営業をしないところが現れた。先にあげたスイス南東部のピッツ・コルヴァッチでは，1963年に開設された氷河スキー場は，1980年代後半から氷河の縮小が顕著となったことを受けて，1992年から夏季営業を廃止した。

一方で，温暖化の影響下，標高の高い氷河スキー場に注目が集まっていることも事実である。標高が高いということは，低温を確実に得られる環境にあることを意味するため，そこへの人工降雪機の設置も進んでいる。逆に標高の低い地域では，今後の温暖化傾向の継続によって存続の危機にさらされている（Abegg et al., 2007）。とくに，標高の低い地域，たとえば，バイエルン・アルプスやオーストリア・アルプスにおいて，問題が深刻である。

3）リゾート景観の地域的差異

前の節で説明したが，アルプス地域において観光者が早くから滞在したのはスイスである。また，1955年から1985年頃にかけての「黄金時代」においても，例にあ

げたオーストリアとフランスとでは,リゾートの形態や発展過程に大きな違いがみられた。

さらにスキーに限ってみれば,19世紀末にアルプスに伝播したスキーによって,1920年ころ以降にスキー観光が成立した。その後,1960年代ころからスキー観光が大きく発展すると,その拠点としてのスキーリゾートが数多く成立してきた。しかし,アルプス地域は広大であり,複数の国が存在するために,それぞれの観光政策や観光開発の方法も異なっている。フランスの国家計画による開発がある一方で,オーストリア・アルプスでは,地元の住民が中心となって開発を進めてきた地域がほとんどである。

さらには,卓越するスキーヤーの性格や嗜好も異なっている。たとえば,フランス・アルプスのスキーリゾートでは,フランス人がかなり卓越する。1980年代半ばには89%という報告もある(Pöhl, 1987)。それにイギリス人やスイス人が次ぐ。イタリア・アルプスでも同様にイタリア人がかなり卓越する。ただし,南チロルではドイツ人が多い。スイス・アルプスでは,スイス人が半分を,次いでドイツ人とイギリス人が占める。一方,オーストリア・アルプスでは,7から8割が外国人でドイツ人やオランダ人が多い。リゾートにとって,顧客が異なることは嗜好も異なることを意味するために,サービスや施設も異なり,結果として景観も異なるようになる。

その結果,アルプス地域内でリゾートの景観は地域的に大きく異なっている。それは,おおまかにはアルプスの東西で分かれる傾向にある。居住人口に対するベッド数の比率という指標によって,その東西差が明瞭に示される。この指標は,観光地の分析でしばしば用いられるツーリズム・インデックスTourism indexである。154のリゾートについて示した1980年前後の数値ではあるが,現在も本質的には同じ地域差が維持されていると思われる(図7-11)。西アルプス,すなわち,スイスの中央部を境に,西側(以下,西アルプス)ではその比率が非常に大きいのに対して,東側(以下,東アルプス)では一般に小さいのである。

西アルプスは,主としてロマンス語圏,すなわちフランスやイタリア,スイスの西部(おもにフランス語圏)からなる。ここでは,居住人口が著しく少ない一方で,ゲストベッド数はかなり多い。1万ベッド以上を有するリゾートが多く存在するが,いずれも居住人口はその数分の1の規模でしかない。それらは標高が1,800m以上で居住限界以上の地域に建設されたスキーリゾートである(Barker, 1982)。居住人口がほとんどいない地域に大規模なスキーリゾートが整備されたためにこうした特徴が現れている。第三世代のスキーリゾートであるラプラーニュ(図7-11中の10)やレザルク(同14)ではその比率は1万程度に達する。一方,標高が比較的低い,

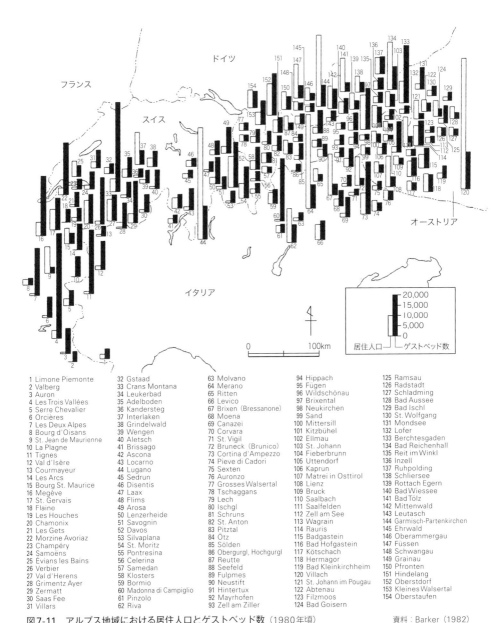

図7-11 アルプス地域における居住人口とゲストベッド数（1980年頃） 資料：Barker（1982）

第一世代のムジェーヴ（同16）は4.3，スイスのクラン・モンタナ（同33）は6.8と値はやや小さい。

一方，東アルプスは，主としてドイツ語圏，すなわちスイスの大部分，オーストリア，南チロル（イタリア），バイエルン（ドイツ）からなる。ここでは，少数のリ

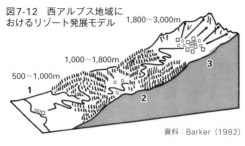

図7-12 西アルプス地域におけるリゾート発展モデル

資料：Barker（1982）

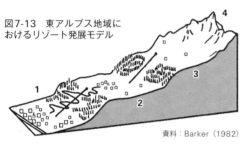

図7-13 東アルプス地域におけるリゾート発展モデル

資料：Barker（1982）

ゾートに集中することはなく，分散している。いずれのリゾートもある程度の規模の居住人口をもち，ゲストベッド数は西アルプスに比べると少ない。オーストリアとバイエルンのリゾートにおける比の平均はわずか1.15であった。例外としては，マドンナ・ディ・カンピーリオ（同60），オーバーグルグル（同86）などがある。東アルプスでは文化的・経済的なバランスがとれているとはいえるが，伝統的な農村集落の周囲にアパートメントが増加するなど，都市郊外のようなスプロールもみられる（Barker, 1982）。こうした東アルプスの性格は，ドイツ語圏の人々が人工的なリゾートよりも地元の文化を好むこと，リゾート整備が地元の資本でなされていることなどによる。

　この東西差を，リゾートの発展プロセスと関連づけて説明したBarker（1982）のモデルは次のようなものである。

　西アルプスでは（図7-12），農業集落よりもさらに標高の高い地域に（図中の第3地区〈標高1,800～3,000m〉），大規模開発によってスキーリゾートが成立してきた。とくに，1960年代半ば，標高1,800m以上の地域に新規開発された，フランスの第3世代の大規模スキーリゾートはその典型例である。もともと西アルプスでは，東アルプスに比べ，第3地区のような，より高位の標高まで居住空間が拡大していた。しかし，19世紀後半から居住人口の多くが標高の低い集落（図中の第1地区〈標高500～1,000m〉）や大都市（たとえばリヨン，パリ）へと流出した。その結果，第3地区は人口希薄地域となり，過疎化が進んでいった。フランスにおける大規模リゾートの開発は，そうした地域の整備という側面も有していた。居住人口はリゾート開発が進んでも依然として少なく，冬季の観光シーズンには季節労働者が大量に存在する。一方，標高1,000～1,800mに展開する第2地区は森林におおわれ，下位の農業集落と上位の人工的なスキーリゾートの間に位置するバッファーまたはバリアとしての性格をもつ。

　それに対して，東アルプスでは（図7-13），農業集落が基礎となり，そこでは活発な牧畜経済と観光業とが共存している。谷底の農業集落とその周囲（図中の第1

地区（標高500〜1,000m））には，スキーや夏季休暇向けのホテルやペンション，アパートメントが存在する。第2地区（標高1,000〜1,800m）は森林におおわれるが，一部は牧草地や放牧地が広がり，そこにスキーリフトが整備される。さらに草地の利用権を持っている農民は，干し草小屋を宿泊施設やレストランへと改装する。さらに開発は上部に進み，森林を伐採して，リフトが第3地区へと進行する。加えて，夏季により標高の高いピーク（第4地区）へとトレッカーを運ぶリフトが運行されるような開発もなされる。第4地区では氷河スキー場が開発される場合もある。このように，東アルプスでは，1960年代ころ以降，段階的に標高の高い地域へとスキー場開発が進行した。農業集落では宿泊施設やそのほかの観光関連施設が増加していった。ここでは，西アルプスのような大規模な開発ではなく，地域住民による小規模な開発が卓越する。居住人口も多く，多くのリゾートでは集落内や山麓における牧草地の存在によって農村的雰囲気が残されている。一方，1980年以降は，集落内に都市的なサービス施設が急増している。

4）まとめ

　アルプス地域は比較的標高の高いピークをもち，またヨーロッパの経済中心地に近いという地理的条件を有している。アルプス地域ではまず，夏季のリゾートが成立し，登山鉄道整備などとともに発展した。19世紀末以降にスキー技術が普及するとスキー場が成立し，それを核としたスキーリゾートとしての性格も備えたリゾートが形成されるようになった。第二次世界大戦後はマス・ツーリズムが生じ，まず夏季のバカンス目的地として訪問者数が急増した。その後，やや遅れて1960年代頃から，夏季のリゾートに冬季にも大量の長期滞在者が訪問するようになった。1970年頃からは夏季の宿泊数は停滞したものの，逆に大量のスキーリフト架設を伴うスキー場開発が急速に進んだことによって，スキーリゾートは大きく発展するようになった。こうしたリゾートの発展プロセスは，フランスを中心とする西アルプス型とオーストリアなどの東アルプス型とで性格が異なっている。

　2000年以降も，輸送能力に優れたスキーリフトへの継続的な更新や，アパートメントの急増にみられるような宿泊施設の質的変化など，開発は継続的に進行している。このようなアルプス地域の開発は一部の地域に集中しており，地球温暖化の傾向のもとで人工降雪への依存も急速に高めているという性格をもつ。それに加えて，冬季のスキーのみに依存することの危険を分散させるように，マウンテンバイクなどの夏季レクリエーションを推進する地域も存在する。

8 オーストリア・アルプスにおけるスキーリゾートの発展特性

前章で示したように，オーストリア・アルプスのスキーリゾートは，アルプス地域全体の中でも，継続的な発展傾向を示している。それはスイスにおける冬半期宿泊数がやや停滞傾向にあることと異なっている。本章では，継続的な発展傾向にみられる諸特徴を，全国レベルでの分析に基づいて明らかにする。さらに，発展が継続的にみられる要因を探っていく。

1）スキーリゾートの分布

図8-1はオーストリアにおけるスキー場の分布を示したものである。この図は1990年時点でものであり，今日の状態とはやや異なっている。それは，小規模なスキー場の淘汰がやや進んでいるためである。しかし，今日のスキー場の分布傾向をとらえるうえで大きな違いはない。特徴の一つは，ほとんどのスキー場はアルプス地域内に存在していることである。なかでも大規模なものは，西部，すなわちチロル州，フォアアールベルク州，ザルツブルク州南部に集中する傾向にある。7章

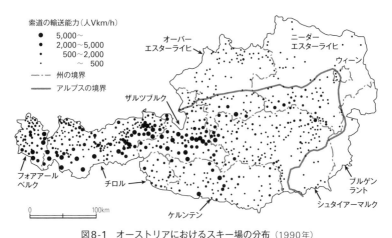

図8-1　オーストリアにおけるスキー場の分布（1990年）
注：索道の輸送能力（人Vkm/h）は，1時間当たり，何人を何kmの高さに輸送することができるかを示す。
資料：Kureha（1995）（改変）

で既に述べたように，オーストリアではアルプス山脈が東西に細長くのびている。本章の最後で詳しく説明するが，その北側と南側は，それぞれ北アルプス，南アルプスと呼ばれ，石灰岩質である。一方，両者に挟まれた部分は中央アルプスで，結晶岩が卓越する。侵食の進みやすい北アルプスと南アルプスに対して，中央アルプスでは標高の高い山々が連なっている。そのため，中央アルプスに大規模スキー場が集中している。アルプス地域内でも国土の東部では小規模なスキー場がほとんどを占める。またアルプス地域以外においても，ボヘミアの森と呼ばれる国土北東部，また国土南東部にもスキー場はまばらにみられるが，いずれも小規模である。現在，こうした小規模なスキー場の淘汰が進んでいる。

　スキー場の分布を垂直的にみると，小規模なスキー場のほとんどは森林内に位置する。一方，オーストリア西部の中央アルプスなどの大規模なスキー場では，森林限界を越えたコースが卓越する。平均すると森林限界は標高2,000m前後であり，それより上部にあるアルム（またはアルプ，天然草地からなる放牧地）の多くがスキー斜面として利用されている。さらには植生限界を越えた標高3,000mに達するような地域，さらには氷河へとスキー場斜面が展開する場合もある。標高差に注目すると，大規模なスキー場ではおおむね1,000mを超えている。なかには1,500mを超えるもの，2,000m近くに達するものもある（9章のゼルデン）。ただし，スキー場の規模が大きくなればなるほど，スキー場内の斜面分布は複雑で，最高地点に行くまでに複数回斜面を下る場合もある。一般に，スキー場の絶対標高の高さおよび標高差はチロル州付近で最も高く，また大きい。そこから国土の東に向かうにつれて，それぞれの値は小さくなる。

2）冬季宿泊の全体的動向

　既に7章で述べたようにオーストリア全国で宿泊数の推移をみると（図7-5），1950年代から60年代にかけて夏半期[1]の宿泊数が急激に増加した。しかしその後は増減はあるものの7,000万泊レベルで推移し，1990年代前半に大きく減少した後で6,000万泊レベルにある。一方，冬半期では，夏半期よりもやや遅れて1960年代半ばころから宿泊数が急激に増え，1980年代には増加率は弱まったものの増加を続けていた。1990年代半ばに一度減少傾向を示し1997年と1998年には5,000万泊を割りこんだが，その後は再び増加に転じており，夏半期と同レベルの宿泊数

---

1) 夏半期は5月から10月までの期間である。本章で示す年は暦年ではなく，冬半期と夏半期を合わせた1年である。本来ならば年度であるが，本章の本文・図表中での表記は単に年とする。

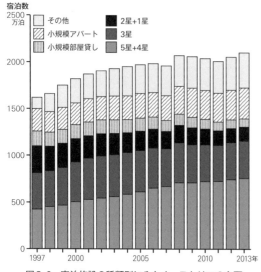

図8-2 宿泊施設の種類別にみたオーストリアの主要スキーリゾートにおける冬半期宿泊数の変化（1997～2013年）
注：表8-2に示された30カ所のスキーリゾートの集計値を示している。
資料：Statistik Austria: *Tourismus in Österreich*.

に達している。

　もちろん，図7-5で示された冬半期宿泊数は，スキーリゾートにおけるものだけではない。とくに，近年のヨーロッパでは都市観光が急激に成長しており，オーストリアでもその傾向が強い（呉羽，2016）。ただし，冬半期という期間では，都市における宿泊数は夏半期に比べて少ない。2013年冬半期の国内州都の総宿泊数は約790万泊（同年夏半期は1,130万泊）に達するが，同時期の全国宿泊数約6,560万泊の12%を占めるにすぎない。そのほか，温泉地も複数存在するが，スキーリゾートが温泉地を兼ねる場合も多い。それゆえ，残りの大部分の冬半期宿泊数はスキーリゾートで生じていると推測される。実際に，後述する主要スキーリゾート（冬半期宿泊数上位30位のゲマインデ）の冬半期宿泊数は，2013年で約2,100万泊に達し，全体の32%を占めている。

　これらの主要スキーリゾートにおける近年の冬半期宿泊数増加を把握するために，宿泊施設の種類別に変化をみる（図8-2）。オーストリアにはさまざまな宿泊施設があるが，7章で説明したように，一般的な宿泊施設は規模で大きく分けられる。11ベッド以上の施設は商業経営体としての経営，10ベッド以下の施設は小規模経営とされる。前者には，産業院（Wirtschaftskammer）ホテル部門による星の数に基づいたランク分けがある（5星から1星までで，5星が最高ランク）。これらの施設のほかには，ユースホステルや療養施設，キャンプ場などがあるが，まとめて「その他」の宿泊施設として扱う。図8-2によると，近年ではやや停滞傾向にあるが，1990年代後半からほぼ一貫した増加がみられる。目立った特徴は宿泊施設別の増減の違いであり，最も高級な「5星＋4星」クラスでの冬半期宿泊数が一貫して増加している。それは，グラフで示した約15年間で1.8倍に増え，全体の3分の1以上を占めるようになった。「小規模アパート」，すなわち小規模経営のアパートメントFerienwohnung（休暇用住宅）についても増加がみられる。アパートメントは，一般の住宅のように機能別の部屋を有し，自炊も可能であり，日常生活と同様の生活空間

が提供される。加えて,「その他」の増加も目立っているが,全国における動向から判断するとその大部分は11ベッド以上のアパートメントであると推測される。逆に,安価な宿泊施設に位置づけられる「2星＋1星」と「小規模部屋貸し」では,冬半期宿泊数の減少が顕著で,1990年代半ばのレベルの約半分にまで減少した。図8-2と同様の傾向は,チロル州全体でも確認される(呉羽,2016)。

ここで示した数値は宿泊数であるが,それに対応するように宿泊施設数やベッド数も種類ごとに変動している。ただし,冬半期宿泊数上位30位のゲマインデ全体では,施設数とベッド数の総数の変動は,ともに最近約15年間でほとんどない。ちなみに2013年の施設数は約1.2万で,ベッド数は23万である。

最後に,宿泊客の出発地に注目する。オーストリア全国の冬半期宿泊数(2013年)では,出発地の約40％はドイツが占める(表8-1)。次いで,オーストリア23％,オランダ8％であり,イギリスとスイスが3％台で続く。その変化は,出発地によって異なる。ドイツは1998年のレベルと同等であるが,この表に示したそのほかの出発国はいずれも増加している。これに関してより詳細な変化傾向をみると(図8-3),最大市場であるドイツについては,宿泊数がほ

表8-1 オーストリアにおける主要出発国からみた冬半期宿泊数の変化(1998年・2013年)

出発国	1998	2013
ドイツ	24,691	25,620
オーストリア	11,693	15,232
オランダ	3,761	5,491
イギリス	1,186	2,128
スイス	1,122	2,084
ベルギー	947	1,483
チェコ	366	1,359
ロシア	*)	1,355
デンマーク	462	1,031
ポーランド	482	1,024
イタリア	888	1,016

*)ロシアの1998年データはなし(2005年以降はデータあり:同年は386千泊)。単位:1,000泊
資料:Statistik Austria: *Tourismus in Österreich*

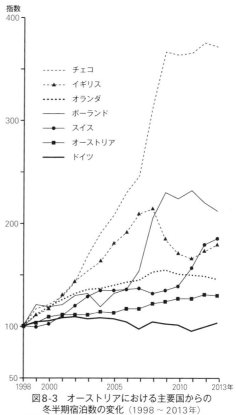

図8-3 オーストリアにおける主要国からの冬半期宿泊数の変化(1998〜2013年)
注:指数は1998年の冬半期宿泊数の値を100とした指数で,2013年冬半期宿泊数が100万泊超の主要国のみを表示。
資料:Statistik Austria: *Tourismus in Österreich*.

ぼ同水準で維持されている．逆に東ヨーロッパ諸国の増加が顕著で，チェコとポーランドともに2008年頃まで指数が急激に増加しており，その後は増加はみられないものの，ほぼ一定レベルで維持されている．増加率は低いが同様の変化傾向を示すのはオランダである．一方，イギリスは，2008年まで増加傾向にあったものの，英ポンドとユーロの通貨為替レートの悪化のために (Statistik Austria, 2009) 急激に減少したが，その後は再び回復している．さらに近年目立っているのはスイスの増加である．スイスからは，オーストリア西部のチロル州を中心に多くのスキーヤーが訪れる．最も増加率が大きいのはロシアであり（表8-1），また，その平均消費額がかなり多いという特徴を有する．オーストリア観光局の調査[2]によると，表8-1に示したような主要出発国のなかで，旅費を除いた1日当たりの平均消費金額（2011年）は，チェコで89ユーロ，ドイツ94，オランダ96，イギリス127，スイス129であるが，それに対してロシアは155ユーロと突出して多い．

3) 主要スキーリゾートの発展特性

　本節では主要スキーリゾートの発展にみられる諸特徴について，宿泊数，施設数，出発地などのさまざまな側面から分析していく．具体的には，首都および州都を除外し，3年平均した2012年冬半期宿泊数の上位30位のゲマインデ[3]を，主要スキーリゾートとする．3年平均としたのは，宿泊数の推移にみられる突発的な変動によって結果がゆがむことを避けるためである．それらについて冬半期宿泊数の変化，宿泊施設の種類別にみた同数値の変化，それらの地域的分布，スキー場の規模や垂直分布を検討する．さらには，顧客圏に関しての分析も加える．最後に，これらの分析結果を合わせて相互に検討するとともに，継続的発展の要因について地域的な視点から検討する．

　主たる分析に使用した統計データは，オーストリア統計局Statistik Austriaが毎年刊行している『オーストリアの観光Tourismus in Österreich』である．この統計の詳細については呉羽（2002b）が参考になる．これらのデータの一部は，オーストリア観光局Österreich Werbungが提供するデータベースTourMISにも含まれており，このデー

---

[2] オーストリア観光局では主要な出発国からの宿泊客の特性を独自に分析している．その結果は，出発国別に公表されている．たとえば，スイスに関するデータは次のアドレスにある．https://www.austriatourism.com/wp-content/uploads/2015/02/schweiz_2016.pdf（2016/9/13参照）．
[3] ゲマインデはオーストリアの最小行政単位である．2014年1月の時点で全国に2,354のゲマインデが存在する．ほぼ日本の市町村に相当するが，行政機能の面で大きく異なる．本書ではゲマインデの表現で統一した．

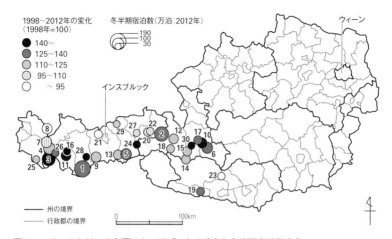

図8-4　オーストリアの主要スキーリゾートの分布と冬半期宿泊数変化（1998〜2012年）
注1：1998年データは1997〜1999年の3年平均，2012年データは2011〜2013年の3年平均。
注2：図中のスキーリゾート番号は表8-2に対応。　　　　　資料：Statistik Austria: *Tourismus in Österreich*.

タベースも使用した。ただしゲマインデ単位のデータについては冊子体（2004年以降はPDF版も刊行されている）を参照した。また，オーストリア観光局による市場分析結果も利用した（本章注2参照）。なお，本章でいうスキー場はアルペンスキーを対象としたものとし，クロスカントリースキーに関しては考慮していない。

(1) 主要スキーリゾートの分布とスキー場の特性

冬半期宿泊数上位30位のスキーリゾートの地域的分布をみると（図8-4），オーストリア西部に集中し，また全てがオーストリア・アルプス内に存在する。チロル州が最も多い16か所を有し，ザルツブルクが9か所となっており，この2州で大半を占める。ほかにはフォアアールベルク州3か所，ケルンテン州2か所である。これらのスキーリゾートの概要は表8-2にまとめた[4]。

個々のスキーリゾートの位置と冬半期宿泊数変化に注目すると（図8-4），大規模なスキーリゾートの中でかなりの発展傾向にあるのは，ゼルデン［表8-2中の1，以下

---

[4] ただし，主要スキーリゾートとはいえ，スキー場の規模がかなり小さいエーベン［表8-2中の29］，スキー場はあるものの隣接する大規模スキーリゾートのイシュグルに大きく依存するカップル［26］，スキー場が存在せず隣接する大規模スキーリゾートのゼルデン（9章参照）に大きく依存するレンゲンフェルト［28］もある。レンゲンフェルトでは，クロスカントリースキーを楽しむことが可能で，さらにエッツタールÖtztal北部のゲマインデ，エッツOetzのスキー場を訪れる滞在者も存在する。

8　オーストリア・アルプスにおけるスキーリゾートの発展特性　*143*

表 8-2　オーストリアにおける主要スキーリゾートの概要（2013年）

番号	ゲマインデ（本文での表記）	ゲマインデ（原語表記）	州	スキー場名称	スキー場の標高 (m) 最低点	最高点	標高差	輸送能力 (人/h)	コース延長 (km)	注
1	ゼルデン	Sölden	Tirol	Sölden	1,377	3,340	1,963	70,000	148	
				Obergurgl-Hochgurgl	1,800	3,080	1,280	39,400	110	
2	サールバッハ	Saalbach-Hinterglemm	Salzburg	Skicircus	1,003	2,200	1,197	96,000	200	Leogangと共通エリア
3	イシュグル	Ischgl	Tirol	Ischgl-Samnaun	1,377	2,872	1,495	84,935	218	
4	ザンクトアントン	Sankt Anton am Arlberg	Tirol	Ski Arlberg	1,304	2,811	1,507	60,666	128	
5	マイヤーホーフェン	Mayrhofen	Tirol	Zillertal 3000	630	2,500	1,870	64,820	141	Finkenbergと共通エリア
				Ahorn	630	1,965	1,335	6,770	18	
6	オーバータウエルン	Obertauern	Salzburg	Obertauern	1,630	2,313	683	46,058	100	
7	レッヒ	Lech	Vorarlberg	Lech-Zürs	1,435	2,444	1,009	49,822	122	
8	ミッテルベルク	Mittelberg	Vorarlberg	Kanzelwand/Fellhorn	920	2,037	1,117	20,100	22	
				Ifen Sportgebiet	1,280	2,030	750	4,600	24	
				Walmedinger Horn	1,220	1,950	730	5,130	9	
9	ノイシュティフト	Neustift im Stubaital	Tirol	Stubaier Gletscher	1,750	3,210	1,460	38,000	110	
				Elferbergbahn	980	2,100	1,120	4,000	7	
10	フッラハウ	Flachau	Salzburg	Flachau-Wagrain	920	2,000	1,080	71,000	202	Wagrainと共通エリア
11	ゼルファウス	Serfaus	Tirol	Serfaus-Fiss-Ladies	1,429	2,828	1,399	85,000	190	Fiss/Ladiesと共通エリア
12	ツェルアムゼー	Zell am See	Salzburg	Schmittenhöhe	757	2,000	1,243	45,099	77	
13	トゥックス	Tux	Tirol	Hintertuxer Gletscher	1,493	3,250	1,757	36,800	86	
14	バートガスタイン	Bad Gastein	Salzburg	Schlossalm-Angertal-Stubnerkogel	845	2,300	1,455	33,711	93	Bad Hofgasteinと共通エリア
				Graukogel	1,079	2,007	928	3,348	14	
				Sportgastein	1,585	2,650	1,065	5,901	19	
15	バートホーフガスタイン	Bad Hofgastein	Salzburg	Schlossalm-Angertal-Stubnerkogel	845	2,300	1,455	33,711	93	Bad Gasteinと共通エリア
16	フィス	Fiss	Tirol	Serfaus-Fiss-Ladies	1,438	2,828	1,390	85,000	190	Serfaus, Ladiesと共通エリア
17	ヴァグライン	Wagrain	Salzburg	Flachau-Wagrain	850	2,000	1,150	71,000	202	Flachauと共通エリア
18	カプルン	Kaprun	Salzburg	Kitzsteinhorn	900	3,029	2,129	32,985	41	
				Maiskogel	800	1,675	875	7,000	20	
19	ヘルマゴール	Hermagor-Pressegger See	Kärnten	Nassfeld-Hermagor	600	2,002	1,402	45,000	110	
20	キルヒベルク	Kirchberg in Tirol	Tirol	Kitzbühel-Kirchberg	800	2,000	1,200	96,500	170	Kitzbühelと共通エリア
21	ゼーフェルト	Seefeld in Tirol	Tirol	Olympiaregion Seefeld	960	2,100	1,140	32,700	49	
22	キッツビューエル	Kitzbühel	Tirol	Kitzbühel-Kirchberg	800	2,000	1,200	96,500	170	Kirchbergと共通エリア
23	バートクラインキルヒハイム	Bad Kleinkirchheim	Kärnten	Skiregion BK/St.Oswald	1,078	2,055	977	33,500	103	
24	ゲルロス	Gerlos	Tirol	Zillertal Arena	1,250	2,500	1,250	84,400	166	Waldと共通エリア
25	ザンクトガレンキルヒ	Sankt Gallenkirch	Vorarlberg	Silvretta-Montafon	900	2,430	1,530	66,567	131	Gaschurn, Schrunsと共通エリア
				Gargellen	1,423	2,300	877	9,000	38	
26	カップル	Kappl	Tirol	Kappl	1,250	2,690	1,440	13,318	40	
27	ヴィルトシェーナウ	Wildschönau	Tirol	Ski Juwel	870	2,025	1,155	32,000		Alpbachと共通エリア
28	レンゲンフェルト	Längenfeld	Tirol							スキー場なし
29	エーベン	Eben am Achensee	Tirol	Rofan	930	1,834	904	3,540	14	
				Zwölferkopf	960	1,510	550	2,400	14	
30	グロースアルル	Großarl	Salzburg	Skischaukel Großarltal-Dorfgastein	920	2,033	1,113	30,000	82	

〈資料：Fritz und Fettner (2013)〉

写真8-1 ザールバッハヒンターグレム
（2015年8月） ザールバッハヒンターグレムはザルツブルク州西部にあり、ザールバッハ（標高1,002m）とヒンターグレム（約1,050m）の2集落がある。東西方向の谷の両側にスキー場斜面が存在し、北側斜面はレオガングLeogang．さらに2015年にはチロル州のフィーバーブルンFieberbrunnのスキー場と連結された。

写真8-2 イシュグル（2016年2月）
チロル州西部のパッツナウンタールPaznauntalに位置するイシュグル（標高1,376m）の南斜面には、広大なスキー場が広がる。その南東部は、スイスのサムナウンSamnaunとつながっている。洗練されたデザインのゴンドラリフト山麓駅舎には、チケット売り場のほか、スキーロッカーが大量に存在する。

では数字のみ表記]，ザールバッハヒンターグレム[2]（写真8-1）（以下，サールバッハ），イシュグル[3]（写真8-2）である。そのほかは，チロル州の南部とザルツブルク州に存在する。一方，チロル州北東部のキッツビューエル[22]とキルヒベルク[20]，またフォアアールベルク州のレッヒ[7]は停滞傾向にある。さらに，減少を示しているのは，ミッテルベルク[8]，ゼーフェルト[21]，バートクラインキルヒハイム[23]の3か所のみであり，前2者はいずれもドイツとの国境の近隣に位置する。

　スキー場の特徴をみるうえで，垂直方向の分布を検討することも重要である。輸送能力2万人/h以上のスキー場のみについて，最高点と最低点を結んだ垂直分布

写真8-3 オーバーグルグル・ホッホグルグルのスキー場（2016年2月）
オーバーグルグル（標高1,907m）とホッホグルグル（写真中央奥：2,154m）の東側斜面に広がる。森林限界を越える斜面に，最高地点（標高3,080m）までのコースが存在する。写真はホッホグルグルスキー場から北を望む。

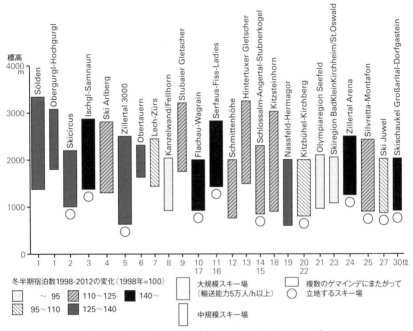

図8-5 2013年度冬半期宿泊数の順位からみたスキーリゾート
注1：1998年データは1997-1999年の3年平均，2012年データは2011-2013年の3年平均。
注2：複数のゲマインデにまたがって立地するスキー場については，最大宿泊数のゲマインデの宿泊数変化を表示。
注3：索道輸送能力20,000人/h以上のスキー場のみ表示。
注4：アルファベットはスキー場の名称で，X軸のスキーリゾート番号は表8-2に対応。
資料：Fritz und Fettner (2013) および Statistik Austria: *Tourismus in Österreich*.

と冬半期宿泊数の変化を検討する（図8-5）。まず，スキー場の標高が高いと発展傾向にあること，また輸送能力からみて大規模であれば発展傾向にあることが把握される。たとえば，ゼルデンにはSölden（最上部は氷河スキー場，9章参照）およびObergurgl-Hochgurgl（写真8-3）という二つのスキー場があり，標高も高く，標高差も大きい。逆に，衰退・停滞傾向にあるスキー場の標高は低く，標高差も小さいことがわかる（たとえば，ミッテルベルクやゼーフェルト）。一方，スキー場の標高が低い場合には，複数のゲマインデの連携によって大規模スキー場が形成される

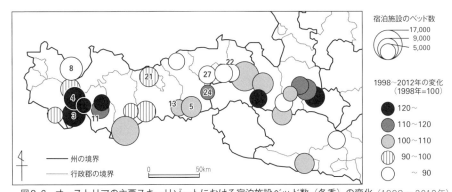

図8-6 オーストリアの主要スキーリゾートにおける宿泊施設ベッド数(冬季)の変化(1998～2012年)
注1:1998年データは1997～1999年の3年平均,2012年データは2011～2013年の3年平均.
注2:図中のスキーリゾート番号(表8-2に対応)は本文で言及したもののみ表記.資料:Statistik Austria: *Tourismus in Österreich*.

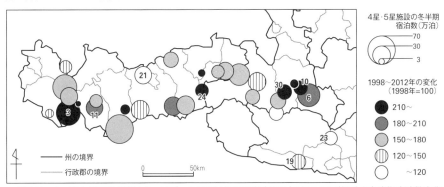

図8-7 オーストリアの主要スキーリゾートにおける高級宿泊施設(4星+5星施設)の冬半期宿泊数変化
(1998～2012年)
注1:1998年データは1997～1999年の3年平均,2012年データは2011～2013年の3年平均.
注2:図中のスキーリゾート番号(表8-2に対応)は本文で言及したもののみ表記.資料:Statistik Austria: *Tourismus in Österreich*.

例がみられ,そこでは程度の違いはあるものの,ある程度の発展傾向がみられる.

(2)主要スキーリゾートにおける宿泊数の諸特徴

　既述のように,主要スキーリゾートのベッド総数には,最近約15年間で大きな変化はみられないものの,図8-6をみると半数近くのリゾートでベッド数は減少している.とくに,ミッテルベルクとヴィルトシェーナウ[27]では2割以上の減少がみられ,また伝統的なリゾートとしての名声を有するキッツビューエルやゼーフェルトも減少を示している.一方,増加がみられるのは,チロル州南西部のイシュグル,ザンクトアントン[4],ゼルファウス[11]などに加えて,ザルツブルク州に集中する.さらにゼルデンとツィラータール(マイヤーホーフェン[5](口絵9,10),トゥックス[13],ゲルロス[24])でもやや増加している.

　主要スキーリゾートにおける冬半期宿泊数の増加には,5星+4星施設の増加が

写真8-4 イシュグル中心部の高級ホテル群
(2016年2月) イシュグル中心部の西側には高級ホテルが林立している。もともと教会を中心とした小集落であったが，2016年夏現在，およそ250軒の宿泊施設が存在し，そのうち80軒は4星の施設が占める。一方，5星ホテルはわずかに1軒である。

写真8-5 オーバータウエルンの大規模ホテル (2015年8月)
オーバータウエルンはザルツブルク州の南東部 (標高1,738m) にある。アルプスの東西主稜線の南北に横断する国道沿いに，また斜面上にも諸施設が分布する。

写真8-6 ゼーフェルト (2015年9月)
ゼーフェルト (標高1,180m) は，インスブルックの北西約20kmに位置する。教会のある中心部のみならず，その周囲にも広く高級ホテルが分散している。

写真8-7 キッツビューエルの中心部 (2016年8月)
キッツビューエル (標高761m) はチロル州の東部にあり，1875年の鉄道開通以降，高級リゾートとして性格付けられてきた。中心部にはホテルのほか，高級品を扱う商店やカジノが存在している。

大きく寄与していることはすでに指摘した。多くの大規模スキーリゾートで当該施設の宿泊数の値は1.5から2倍に増加している (図8-7)。とくに，イシュグル (写真8-4) での増加が目立ち，そのほか，ザルツブルク州のフラッハウ [10] やグロースアルル [30]，オーバータウエルン [6] (写真8-5)，チロル州のゲルロスやゼルファウスで大きな増加がみられる。これらのリゾートは，もちろん全宿泊施設における宿泊数の増加も顕著であり (図8-4)，またどちらかというと比較的新しく発展してきたスキーリゾートと位置づけられる。つまり，そうしたリゾートにおいて，高級施設の整備が，近年，急速に進んできたのであろう。逆に停滞傾向にあるのは，ゼーフェルト，ヘルマゴール [19]，バートクラインキルヒハイムなどである。

このように高級施設における宿泊数の増加がみられるが，2012年 (3年平均) の時点でその位置づけを地域的に検討する (図8-8)。いわゆる高級リゾートとして認識される，レッヒ，ゼーフェルト (写真8-6)，キッツビューエル (写真8-7) に加え

写真8-8 ゼルファウスのアパートメント（2015年9月） ゼルファウスの中心部に近いアパートメントで，ホテルとの併設となっている。背後の山地はスキー斜面。ゼルファウスの中心部には地下鉄（延長1.3km，1985年末完成）があり，自家用車の交通量緩和がなされている。

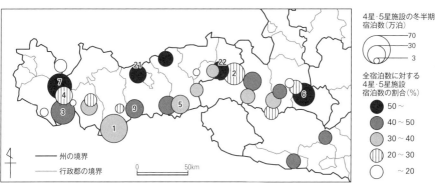

図8-8 オーストリアの主要スキーリゾートにおける高級宿泊施設（4星＋5星施設）の冬半期宿泊数（2012年）
注1：データは2011～2013年の3年平均。
注2：図中のスキーリゾート番号（表8-2に対応）は本文で言及したもののみ表記。資料：Statistik Austria: *Tourismus in Österreich*.

て，オーバータウエルンにおいて，5星＋4星施設における冬半期宿泊数の割合が50％を超えている。そのほか，表8-2の上位に掲載されたスキーリゾートのなかでは，イシュグル（42％）やノイシュティフト[9]（40％），ゼルデン（37％），マイヤーホーフェン（34％）で値が高い。これに続くのはサールバッハとザンクトアントン（ともに29％）である。

さらに宿泊施設としては，アパートメントの増加も目立つ。既に述べたが，10ベッド以下のアパートメントの宿泊数が増加傾向にある（図8-2）。この小規模アパートメントの割合は，30か所の主要スキーリゾート全体では15％に達する（2012年〈3年平均〉）が，カップル[26]では51％を占めている。また図8-2の「その他」には，11ベッド以上のアパートメントが含まれる。もちろん，これには，アパートメント以外の宿泊施設における宿泊数も含まれているが，主要スキーリゾート全体での割合は17％に達する。この割合が30％程度を示すのは，ゼルファウス（写真8-8）（34.5％），ヴァグライン[17]（32.1％），フィス[16]（29.7％），フラッハウ（28.8％）である。いずれも，近年著しく発展してきたリゾート（図8-4）である。

最後に宿泊数の季節性について言及する（図8-9）。一部のリゾートでは，極端に

写真8-9 オーバーグルグル北部のホテル群（2016年2月） オーバーグルグルには約90軒の宿泊施設が存在し，高級なホテルが多い。夏季にも登山客で賑わうものの，半数近くのホテルは冬季のみの営業である。北部には大規模なホテルが多い。

写真8-10 チュルス中心部のホテル群（2016年9月） ゲマインデ・レッヒ内にはレッヒとチュルス（標高1,720m）の二つのリゾートがある。チュルスは，17軒ある宿泊施設のうち14軒を5星・4星ホテルが占める高級スキーリゾートで，世界各国の富裕層が滞在する。夏季はホテルの休業・改築期間となる。

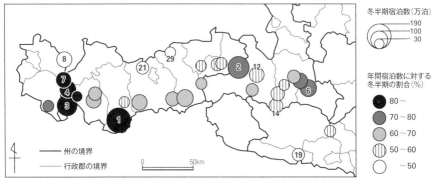

図8-9 オーストリアの主要スキーリゾートにおける冬半期宿泊数の割合（2012年）
注1：データは2011～2013年の3年平均。
注2：図中のスキーリゾート番号（表8-2に対応）は本文で言及したもののみ表記。資料：Statistik Austria: *Tourismus in Österreich*.

冬半期に集中する傾向がみられる。すなわち，ゲマインデ・ゼルデン内のオーバーグルグル Obergurgl（写真8-9），ゲマインデ・レッヒ内のチュルス Zürs（写真8-10），ザンクトアントン，イシュグルでは，冬季のスキー客に大きく依存している。とくに，チュルスのほぼ全ての宿泊施設，オーバーグルグルの半数近くの宿泊施設は，冬季のスキーシーズンのみに営業し，ほかの季節は基本的に休業状態にある。逆に夏半期宿泊数が半数以上を占めるのは，図中の南部と北部に存在する。すなわち，宿泊数が減少傾向にある，北部のミッテルベルクとゼーフェルト，アッヘン湖畔のエーベン，プレセック湖をもつヘルマゴールである。それ以外では，チロル州ではほとんどが冬半期の割合が60％台なのに対し，ザルツブルク州ではばらつきが大きい。すなわち，冬半期に集中するサールバッハやオーバータウエルンに対して，湖畔のツェルアムゼー［12］，温泉地のバートガスタイン［14］などでは夏半期の割合もある程度に達する。

表8-3 オーストリアにおける主要出発国からみた宿泊数上位のゲマインデ（2013年）

出発国	年間宿泊数	宿泊数上位5位のゲマインデ（%）										施設別宿泊数割合（%）		
		1		2		3		4		5		4星+5星	3星	アパート
ドイツ	25,619,724	Wien	3.8	ゼルデン	3.5	ミッテルベルク	2.6	イシュグル	2.5	サールバッハ	2.3	31.7	20.8	13.1
オーストリア	15,232,030	Wien	7.2	Salzburg	2.2	バートホーフガスタイン	1.7	サールバッハ	1.7	Bad Tatzmannsdorf (B.)	1.6	42.1	20.0	4.1
オランダ	5,490,610	サールバッハ	4.5	ゲルロス	3.7	ゼルデン	3.5	フッラハウ	2.8	フィス	2.7	18.1	17.6	18.4
イギリス	2,127,524	ザンクトアントン	11.5	Wien	8.8	ゼルデン	6.4	マイヤーホーフェン	6.2	サールバッハ	4.7	48.7	21.3	6.3
スイス	2,083,986	Wien	8.0	ゼルファウス	5.0	イシュグル	4.6	ゼルデン	3.6	フィス	3.5	60.3	16.6	6.2
ベルギー	1,483,257	ゼルデン	6.6	イシュグル	4.0	Wien	3.2	サールバッハ	3.1	マイヤーホーフェン	2.8	40.2	22.9	9.5
チェコ	1,359,434	Wien	4.7	ヘルマゴール	3.9	ノイシュティフト	2.6	カプルン	2.5	バートクラインキルヒハイム	2.2	19.6	19.7	17.7
ロシア	1,355,433	Wien	27.1	マイヤーホーフェン	9.5	ゼルデン	8.6	イシュグル	4.7	ツェルアムゼー	4.6	48.9	22.5	8.8
デンマーク	1,031,460	ヴァグライン	15.5	バートガスタイン	7.0	ゼルデン	5.7	サールバッハ	5.6	ザンクトアントン	4.5	22.3	25.4	16.8
ポーランド	1,024,494	Wien	5.6	ノイシュティフト	4.0	ゼルデン	3.1	カプルン	2.5	レンゲンフェルト	2.2	19.5	22.0	21.0
イタリア	1,016,014	Wien	31.2	Innsbruck	6.5	Salzburg	5.6	ゼーフェルト	3.1	バートクラインキルヒハイム	3.1	42.2	25.8	6.6
ハンガリー	990,790	St.Georgen ob Murau (St.)	7.8	Wien	7.2	Schönberg-Lachtal (St.)	4.1	ヘルマゴール	3.1	バートクラインキルヒハイム	2.9	20.7	23.3	9.4

注：アルファベッド表記について，イタリック体は都市またはスキー場をもたない温泉地，それ以外は表8-2に含まれないスキーリゾート．B.はブルゲンラント州，St.はシュタイアーマルク州

資料：Österreich Werbung: *Marktinfo*（各国版）

(3) 顧客圏からみた特徴

既述のようにオーストリアのスキーリゾートでは，ドイツ人の安定した滞在がみられることに加えて，そのほかの主要出発国からの冬半期宿泊数が大きく増加してきた。ところが，それぞれの出発国から滞在地をみると，それぞれが特定のスキーリゾートを目的地としている傾向がある。

一般に，ヨーロッパの人々は，バカンスを利用してスキーリゾートのみならずリゾートに滞在する。リゾートの定義には「高リピート性」，つまり足繁く通うという要素が含まれるように，多くの人々は毎年同じリゾート目的地とする傾向が強い。

出発国別に冬半期宿泊数の上位5位を検討すると（表8-3），大規模なスキーリゾートが多くを占めている。都市観光地の目的地を除くと，表8-2で上位にあるゼルデンやサールバッハ，イシュグルが多くの出発国の目的地となっている。しかし，出発国ごとにかなり異なった傾向もみられる。その一つは近接効果が作用したものである。ドイツのミッテルベルク，スイスのゼルファウスとフィス，ハンガリーによるシュタイアーマルク州の諸スキーリゾートがそれに該当し，いずれも隣接国から到達しやすいスキーリゾートと位置づけられる。さらにはチェコとポーランドが，ともにノイシュティフトとカプルンを含むといった，東ヨーロッパの共通性もみられる。ちなみに，ノイシュティフトとカプルンはいずれも氷河スキー場を有し，積雪の確実性や雪質の良さが評価されていると考えられる。また，デンマークのヴァ

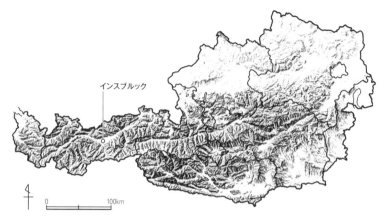

図8-10 オーストリアの地勢

注：図中の境界は州の境界

資料：Leidlmair（1986）（筆者改変）

グライン，イギリスのザンクトアントン，ロシアのマイヤーホーフェンのように，1国による冬半期宿泊数の10％程度以上が1か所のスキーリゾートに集中する例もある。つまり，近接効果や積雪の確実性，知名度，さらには宣伝効果，嗜好などによって出発国による目的地がある程度集中する傾向がみられる。さらに，これを助長する一因は，先述のような好みのリゾートに繰り返し訪問するという行動パターンにあると考えられる。

これに関連して，出発地によって宿泊施設の嗜好も異なっていることも重要である。冬半期宿泊数の宿泊施設別割合をみると（表8-3），スイス，ロシア，イギリスのように高級なホテルを好む出発国がある。逆に，アパートメントでの宿泊数割合が大きいのはポーランド，オランダ，チェコ，デンマークで，伝統的に自炊しながらの長期滞在を好むオランダ人，経済的な理由でアパートメント滞在を志向する東ヨーロッパ人（Kureha, 2004b）といった性格を反映したものであろう。

4）大規模スキーリゾートの継続的発展の諸要因

前章の結果，オーストリア・アルプスでは，上位30位のなかでもとくに大規模なスキーリゾートで継続的な発展傾向がみられることが示された。冬半期宿泊数上位のスキーリゾートの順位はほとんど変更なく，ほぼそのままの順位でそれぞれの宿泊数増加が進んできた。それらは大規模なスキー場を持ち，また標高の高い地域にまでスキー場が展開している。一方で，停滞傾向からやや減少傾向を示す例外が若干みられた。それはミッテルベルクとゼーフェルトというスキー場規模の小さい

スキーリゾートであり，スキー場の最高到達点の低いキッツビューエルとキルヒベルク，また以前から高級化の傾向が強かったレッヒなどであった。以下では，継続的な発展をもたらした要因を検討する。

(1) 地形とのかかわり

　大規模で標高の高いスキー場をもつスキーリゾートが発展傾向にあることに関係する条件として，まず地形条件がある。オーストリア・アルプスは，国土中西部の大部分を占める (図8-1)。チロル州付近では地質構造の異なる山脈が東西方向に延びており (図8-10)，インスブルックを東西に走るイン川を挟んでほぼ北側が北アルプス，南側が中央アルプスとされる。北アルプスは主に石灰岩質であり，侵食が進んで標高の低い山地が多く，スキー場の規模も小さい。ゼーフェルトやミッテルベルクなどはこの山脈に位置する。一方，中央アルプスは主として結晶岩質からなるために侵食が比較的進んでおらず，標高の高い山地が連続する。またその高標高地域には氷河が存在し，複数の氷河スキー場もみられる。標高が高いことで，標高差の大きい滑降コースを有する大規模なスキー場が立地する可能性が高く，気温が低いために雪質がよく，多くの積雪が期待される。さらに，温暖化傾向下で少雪が生じたとしても，海抜高度が高いと，より低温になる可能性が高く，人工降雪によって積雪をつくりだすことができる。ゼルデンやイシュグルなどは，中央アルプスに位置する典型的なスキーリゾートである。ただし，キッツビューエルやキルヒベルクは中央アルプスに含まれるものの，片麻岩帯ではなくグレイワッケ帯にあり (図7-2)，その標高はやや低い。

　こうした地形条件の有利性は，スキーヤーの技術とも関係している。スキーヤーが大規模なスキー場を求める傾向は，すでに1960年代や1970年代ころからみられた。しかし，1990年代後半以降，スキー用具の進化が急激に進んだことにより，この傾向が強まっていると思われる。カービングスキー板の出現によって，圧雪車によって整地されたスキーコースを，高速で快適に滑降することが可能になった。それゆえ，スキーヤーはより長い距離の斜面を快適に滑降することを求めている。一方，これとは逆の動きとして，圧雪されていない新雪斜面を滑降する専用のスキー板 (ファットスキー) も現れた。その結果，さまざまな性格の斜面を有する大規模なスキー場が求められるようになったといえよう。

　もちろん，地形的な条件によってスキー場を標高の高い領域へと拡大できない場合もある。しかし，その場合には水平的に拡大させる工夫がみられる。つまり隣接するスキー場と物理的にスキーリフトで結んだり，シャトルバスで結んだりして，周囲の複数のスキー場とともに広域の「スキーエリア」を形成する例が多くみられ

図8-11 ゼルファウス・フィス・ラーディスの広域スキー場（2015年）
注：図中の矢印線は主要索道，グレー線は主要な滑降コース
資料：ゼルファウス・フィス・ラーディス観光局発行のスキーコースパンフレット（筆者改変）

る（図8-11）。たとえば，図に示したゼルファウス[11]は，フィス[16]とラーディスとともに広域スキーエリアを形成し，そのコース面積は450haであり，38の索道がある（2015年）。スキーコースは標高1,200mから2,828mにあり，延長距離は約200kmに達する。サールバッハはさらに巨大で（写真8-1），索道数は70，コース延長は270kmである。共通リフト券が販売されることによって，スキーヤーは平均で約1週間の滞在中にさまざまな斜面を滑降することができるのである。

地形条件がスキーリゾート発展と関係する意味は，時代とともに異なっている。1990年ころまでのオーストリアにおいて，スキーリゾートの最も重要な発展要因として地形条件が指摘されている（Kureha, 1995）。地形条件として標高差の大きいスキー場の開発が可能かどうかという点が強調された。ところが，近年では，地形条件に基づいて標高の高いスキー場が存在することが，積雪の可能性，人工降雪機の利用可能性を高めている。このように地形条件の意味は，近年異なってきた。また，前述した複数のスキー場の連結は，限られた地形条件を克服した例と考えられる。

(2) 施設の変化：高級化

オーストリア・アルプスにおいて継続的に発展しているスキーリゾートでは，5

星+4星施設における冬半期宿泊数が著しく増加し、全宿泊施設に占める割合も高まっている。しかし、ほとんどのスキーリゾートで、宿泊数の増加に比べ、宿泊施設のベッド数の増加分はかなり小さい。つまり、宿泊施設のベッド数からみた規模はさほど変化していないが、その構成内容が変化しているのである。具体的には、高級な宿泊施設

写真8-11　イシュグル中心部のアプレスキー施設（2016年2月）
イシュグル中心部の宿泊施設に併設された喫茶店が、アプレスキー施設としてスキーを終えたスキーヤーの憩いの場となっている。冬季でも天候によっては屋外席が好まれる。

である5星+4星施設やそのベッド数の比率増加が高級化を示していると考えられる。またアパートメントにおける宿泊数も継続的に増加しており、流行に対応した施設整備も継続的に進行している。

　つまり、大規模スキーリゾートでは、高級な宿泊施設やそのベッド数が増えたことによって、全体として高級化が進行していると考えられる。それは、とくにイシュグルで顕著にみられ、そのほか、ザルツブルク州のフラッハウ、チロル州のゲルロスなど、最近の発展が著しいスキーリゾートが該当した。これらのスキーリゾートでは、全般的な傾向としてはベッド数が停滞しているのに対して、その数値が継続的に増加しており、その増加分の多くは高級な宿泊施設で生じていると考えられる。

　一方、いわゆる高級スキーリゾートとして認識される、レッヒ、ゼーフェルト、キッツビューエルに加えて、ミッテルベルクでは、5星+4星施設における冬半期宿泊数は増加しているものの、全宿泊施設の冬半期宿泊数は、分析期間では停滞もしくは減少を示している。つまり、1990年代前半の時点で、もしくはそれ以前の時期において、すでにある程度高級化が進んでいたスキーリゾートでは、近年、高級化施設での冬半期宿泊数の増加がみられない。すなわち、そこではすでに高級化施設自体が飽和しており、拡大が困難な状況にあると考えられる。

　リゾート内では、サービス業の充実が顕著である。飲食店では、スキーの後で夕方から、もしくは午後早い時間からビールやラードラー（ビールのレモネード割り）、ワイン等を飲んで楽しむ、アプレスキー（Après-ski、アフタースキー）施設（写真8-11）の増加が著しい。2013/14年度シーズンにオランダで刊行された、当時のヨーロッパで最も詳細と認識されるスキー場ガイドブック（Snow Plaza, 2013）による

と，アプレスキーからみて推薦されるスキーリゾートとして5か所があげられており，そのうち，オーストリアのリゾートが4か所を占める（イシュグル，ゼルデン，サールバッハ，ゲルロス）。また，スポーツ店が増えていることも特徴である。冬季はスキーレンタルの地位が近年かなり上昇しており，最新のスキーモデルを備えたスポーツ店の需要が高い。スキー靴は持参するスキーヤーが多い。もちろんスキー用具のみならず，スキーウェアやヘルメットなどの販売も重要になっている。夏季には，ハイキング用具（ウェアやトレッキングシューズ）の販売が重視される一方で，マウンテンバイクのレンタルを行う経営体も多い。そのほか，一般のブティックや宝石店などの立地もみられる。

また7章ですでに述べたように，スキー場内ではスキーリフトやレストラン等の施設更新がさかんに行われ，人工降雪機の設置増加も進んでいる。つまり，スキー場における施設更新などの開発は継続的になされている。

(3) 顧客の多様化

すでに述べたように，オーストリアのスキーリゾートで伝統的顧客であり続けてきたドイツ人については，その冬半期宿泊数は停滞傾向にある。一方，ドイツ以外の顧客圏からの冬半期宿泊数は，変化に波はあるものの，継続的に増加する傾向にある。この増加が，近年のスキーリゾートの継続的な発展をもたらしている。とくに，スイスとイギリス，さらに東ヨーロッパ諸国（チェコとポーランド，ロシア）からの滞在者増加が目立っており，さらにオランダからのスキーヤーの訪問も安定して増えつつある。その結果，オーストリアのスキーリゾートにおける顧客圏は多様化している。

ただし，個々のスキーリゾートにおいて顧客圏の多様化がみられる一方で，出発国ごとに好みのスキーリゾートが存在する。特定の顧客が，特定のスキーリゾートに好んで滞在しており，そこではスキーリゾートがもつ何らかの特徴が選好条件となっていると考えられる。すでに，近接性や積雪の確実性，知名度，宿泊施設の種類構成などが影響することは指摘した。前述のようなアプレスキー施設の充実する目的地が好まれることも重要であろう。つまり，停滞しているスキーリゾートを除いて，継続的に発展しているリゾートでは，さまざまな国からの顧客を受け入れるようになり，さらには特定の国からの顧客を継続的に受け入れることで，発展傾向を続けている。これを助長しているのは，ヨーロッパ人の間に根付いている，好みのリゾートに繰り返し訪問するという行動パターンであると考えられる。

スキーは，比較的消費額の多いレクリエーションである。それゆえに，EU諸国の一部で経済が安定しているといった条件は重要である。さらに，東欧革命後約

25年が経過し，東ヨーロッパでは，国内の個人格差や都市と農村の格差が強調されるものの，経済が発展していることも関連する。オーストリアの言語がドイツ語であることも，最大市場のドイツ人やスイス人，オランダ人には大きな魅力であり，また英語も通じやすい条件も有効である。

(4) アルプス地域におけるオーストリアのスキーリゾート

2章で述べたように地球上でスキーリゾートは偏在している。ヨーロッパというスケールでも，ある程度の規模のスキーリゾートは高山に集中して立地する。なかでも，アルプス山脈は山岳規模が大きいこと，EUの人口集積地域からの近接性が良いことなどで，ほかの山地に比べて優位である。しかし，スイスではスキー場訪問者数は最近10年間減少傾向にある（Vanat, 2014）。同様に，フランスやイタリアでも停滞し，訪問者数ではオーストリアでも停滞傾向にある。データの性格は異なるものの，本章はオーストリアのスキーリゾートにおける冬半期宿泊数が増加していることを示した。ただし，全てのスキーリゾートで増加が著しいわけではなく，停滞または衰退しているリゾートも存在した。

近年のアルプス地域におけるスキーリゾートは，多様な施設やサービスに基づいてスキーを「楽しむ」ことのできる空間としての性格を強めている。このように，多様な「楽しみ方」に対応するかたちでサービス展開していることは，宿泊施設の高級化が進んでいること，さらにはアプレスキーやスキー場内施設の更新が活発であることに反映されている。しかし，これらの特性はアルプス地域に位置する多くの国のスキーリゾートでも当てはまるであろう。

前述のように，オーストリアにおけるスキーリゾートの発展要因として地形条件は重要である。しかし，アルプス山脈のなかで，オーストリアの山地標高は，相対的に低位である。それゆえ，オーストリアのスキー場の標高は，スイス，フランスおよびイタリアのそれと比べて低く，今後，地球温暖化のもとで気温が摂氏数度上昇すると，積雪の確実性はかなり低下することが予測されている（Abegg et al., 2007）。気温が高いと人工降雪の効率も悪くなり，これらの点では，オーストリアのスキーリゾートは相対的に不利である。

オーストリア・アルプスにおいて，一部とはいえ，複数のスキーリゾートが発展している事実には，何らかの優位性が作用していることは疑いない。オーストリアの魅力は，まず第1にその価格に見いだすことができる。周知の通り，スイスの物価は高く，スキーリゾートでも宿泊のみならず，飲食やさまざまなサービスが高価である。フランスのスキーリゾートもそれに近い状態であろう。それに対して，オー

ストリアでは比較的安価な滞在が可能である[5]。大きく発展しているスキーリゾートでは，高級化が急激に進行しているが，依然として比較的安価である。逆に，滞在が比較的高価である高級リゾート（レッヒやキッツビューエル）で停滞傾向が続いている。

　第2に，重要な顧客であるドイツ，スイス，東ヨーロッパ諸国からの近接性も作用している。スキーリゾートが多く存在するアルプス地域において，オーストリアは外国人宿泊客が卓越するという特徴を有する。ちなみに，スキー場訪問者数で外国人が占める割合は，スイスで50％，フランス32％，イタリア15％，ドイツは10％である一方で，オーストリアでは66％に達する（Vanat, 2014）。スイスなどでは，個々のスキーリゾートで外国人宿泊客が卓越する例も存在するであろうが，外国人スキーヤーを惹き付ける魅力が，オーストリアのスキーリゾートには備わっていると考えられる。

　第3点は，リゾートの発展プロセスに関するものである。7章で説明したように，オーストリア・アルプスのスキーリゾートは，従来の農業集落を基盤に発展してきた（Barker, 1982）。また，Penz (1984) は，3章でも説明したようにチロル（オーストリアのチロル州とイタリアの南チロル）のスキーリゾートでは，開発が集落域から徐々に標高の高い地点に向かって進行していくことを示した。そこでは，ほとんどのスキーリゾートにおいて，宿泊施設や索道の経営は地元住民の資本による。それゆえ，安定した投資が少しづつ続けられてきたために，継続的な発展がみられた。また，スイスでも同様に農業集落からの発展プロセスがみられるが，そこではオーストリアに比べると早くからそのプロセスが始まっており（河村，2013），バトラーモデル（Butler, 1980）でいう停滞状態に入り，すでに安定していると思われる。一方，オーストリアの一部のスキーリゾートでは，依然として発展の余地があるために，低価格やアプレスキーの魅力に基づいて外国人スキーヤーの訪問が増え続けていると考えられる。ただし，オーストリアにおいても，伝統的な高級リゾートでは停滞傾向がみられる。これらの伝統的リゾートは，サンモリッツやダヴォスなどのスイスの形態に近いのかもしれない。

5）ホテル等の価格比較は困難であるが，スキーリフト券価格（大人）を比べてみると，2014/15年シーズンで，スイスのサンモリッツは2日券が148フラン（123ユーロ），ツェルマット146フラン（121ユーロ），フランスのシャモニーでは116ユーロであるのに対して，オーストリアのゼルデンでは97.5ユーロ，サールバッハでは92.5ユーロである。

5) まとめ：オーストリア・アルプスにおける大規模スキーリゾートの諸課題

　オーストリア・アルプスおいては，豊富な山地資源に基づいてスキーリゾートが発展してきた。とくに1990年代半ば以降，海抜高度が高く，大規模なスキー場を有するスキーリゾートで継続的発展がみられた。隣接するスキー場同士の結合による大規模化も進んでいる。そこでは，5星＋4星宿泊施設における宿泊数の増加が顕著で，施設の高級化が進んでいる。さらに，多様な施設やサービスに基づいてスキーを「楽しむ」ことのできる空間としての性格を強めている。

　こうした発展を支えているのは，顧客の多様化である。ドイツやオランダという安定的な出発国に加えて，近接性に基づいてスイスや東ヨーロッパ諸国からの宿泊数が増加を示している。さらに，特定の出発国からの顧客が特定のリゾートを好み，さらには冬のバカンス目的地として1週間程度の滞在を毎年繰り返していると思われる。これらの背景にあるのは，スキーリゾートでの滞在費用が，スイスなどと比べてオーストリアでは比較的安価であることである。

　以上のようにオーストリア・アルプスでは，冬季におけるツーリズムの発展傾向が顕著である。それはスイス（呉羽，2014a），フランス（Tuppen, 2000），アメリカ（Scott, 2006）で停滞などの問題がみられることとは対照的である。もちろん，第Ⅱ部で示したように日本においてスキー観光やスキー場経営が不振であることとも大きく異なっている。ただし，日本と同様に，オーストリアでもスキー場の閉鎖が出現している。

　しかし，現在，オーストリアにおけるスキーリゾートの課題は，温暖化との関連をみることにある。オーストリアのスキー場は，フランスやスイスと比べると標高が低いゆえに，温暖化の影響を受けやすい。近年でかなりの少雪とされた2006年度シーズンでは，スキー場経営の脆弱性は標高の低い中小規模のスキー場でみられた（Steiger, 2011）。逆に，オーストリアでも標高の高いスキー場では，これまで積雪の年々変動の影響をあまり受けてこなかった（Töglhofer et al.）。ただし，すでに7章で述べたように，温暖化の影響下では人工降雪が注目されており，オーストリアではその依存度が大きい（Steiger and Mayer, 2008）。また，Falk（2010）が示したような，スキーヤー出発国のGDPといった経済的条件，復活祭による休暇開始時期といった暦の条件も重要である。これらの点も，スキーリゾートの今後の展望を考えるうえで重要となろう。

9 ゼルデンにおけるスキーリゾートの発展プロセス

1）ゼルデンの概要

　ゲマインデ・ゼルデン Söldenは，イン川の支流であるエッツ川が形成するエッツタール（エッツ谷）Ötztalの最奥部に位置する（図9-1）。ゲマインデ内には，ゼルデン，ホッホゼルデン（またはホーホゼルデン）Hochsölden，ツヴィーゼルシュタイン Zwieselstein，フェント Vent，ウンターグルグル Untergurgl，ホッホグルグル（またはホーホグルグル）Hochgurgl（口絵11），およびオーバーグルグル Obergurglの地区が存在する（図9-2）。グルグルの三つの地区はあわせてグルグル地区と呼ぶ。本研究では，主としてゼルデン地区を扱う。以下，単にゼルデンという場合にはゼルデン地区をさす。ただし，オーストリア統計局やチロル州政府が発行している統計資料の分析についてはゲマインデ単位で行う。また一部の統計は，観光協会の管轄範囲による。ただしその範囲が含む地区には経年変化がみられるため，その都度説明する。

　ゲマインデ・ゼルデンの面積は46,688haに達し，オーストリアで最大規模のゲマインデである。しかし，その67.4％は，氷河や岩石地などの非生産地である。そのほか，放牧地が25.1％，森林が6.3％をそれぞれ占め，採草地と耕地は合わせてわずか1.2％にすぎない。ゲマインデは，中央アルプスで2番目に標高が高い山群であるエッツタール・アルプス Ötztaler Alpen内に位置する。標高3,000m以上のピークが多く存在し，主として結晶質の岩石からなっている。また大小さまざまな規模の氷河が多数存在する。

写真9-1　ゼルデンの外観（2011年8月）　ゼルデンはエッツタール・アッヘ川の谷底に位置する。多くの建物は谷底にあり，またスキーコースの広がる西側斜面（写真左側）にも多くの宿泊施設がある。ゲマインデ・ゼルデンは新潟県南魚沼市（旧塩沢町）と姉妹都市提携を結んでいる。

図9-1 ゼルデンの位置

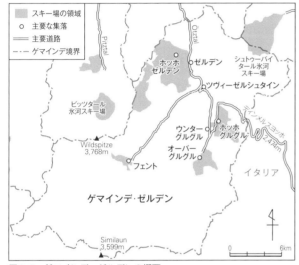

図9-2 ゲマインデ・ゼルデンの概要

図9-3 ゼルデンの空中写真（1947年）
注：1947年9月15日フランス占領地域撮影の空中写真を改変（地名記入）。
資料：Land Tirol: Laser-und Luftbildatlas Tirol (https://portal.tirol.gv.at/LBAWeb/)

　ゼルデンの気候についてみると，真冬には平均気温が氷点下4℃前後となり，夏季でも13℃前後で冷涼である（Liedler, 1978: 1881年から1930年の平均）。年間平均降水量は700mm程度で，夏季月に80mm内外で比較的多く，冬季月は40mm程度であった（1901年から1960年の平均）。ゼルデン中心部の平均積雪量は2月で約40cmであるが，スキー場内の標高2,000mを超える地域では豊富な積雪がある。ただし，近年の温暖化傾向で積雪量は不安定であり，人工雪の活用が顕著である。

　ゼルデンは役場などの中心機能を有するゲマインデの中心地でもある。その建物群は，エッツタール・アッヘ川Ötztaler Acheに沿って線状に存在する（写真9-1）。しかし，かつてはまとまった集落ではなく，条件のよい小規模な扇状地や段丘上，斜面の下部，一部の谷底にいくつかの小村Weilerとして分散して存在したり，孤立荘

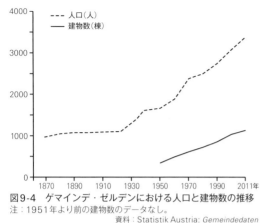

図9-4 ゲマインデ・ゼルデンにおける人口と建物数の推移
注：1951年より前の建物数のデータなし。
資料：Statistik Austria: *Gemeindedaten*

宅Einzelhofとして点在していた（図9-3）。しかし，観光化の進展とともに建築物が急増し，今日では連続した集落を形成している。ゼルデンの中心ととらえられる教会（口絵12）は，支流レッテンバッハRettenbachがエッツタール・アッヘ川に合流する付近にあり，その標高は1,370mである。一方，ホッホゼルデン（標高2,080m）は教会の西方斜面上にある。

　ゲマインデ・ゼルデンの人口は，1920年頃までは1,000前後でほとんど変化がなかった（図9-4）。その後，戦間期にやや増加した。第二次世界大戦後は，観光客の急増と同時に，人口は急激に増加している。2011年の人口センサス結果によると，ゲマインデの人口は3,365に達する。そのうち，ゼルデンおよびホッホゼルデンを合わせて2,378を，3地区からなるグルグルでは499をそれぞれ占める。

　ゲマインデ・ゼルデンには二つの大規模スキー場が存在する（図9-2）。すなわち，ゼルデンスキー場とグルグルスキー場である。前者は，かつて真冬には使用できなかった氷河スキー場を含んでいる。グルグルスキー場には，ホッホグルグルスキー場およびオーバーグルグルスキー場があり，ゴンドラリフトで結ばれている。

　以下では，ゼルデンのスキーリゾートとしての発展プロセスを説明する。その際，スキーリゾートの諸要素の変化に基づいて次の五つの段階に分けた。すなわち，観光開始期（1940年半ばまで），冬季観光導入期（1948から1966年），冬季観光成長期（1966から1979年），第一次発展期（1980から1997年），第二次発展期（1998年以降）である。

2）観光開始期（1940年半ばまで）

　氷河作用によって形づくられたエッツタール・アルプスへの登山は，1830年以降始まったとされる（Stolz, 1963）。その後，19世紀後半になると，アルプス全体，とくにスイス・アルプスにおけるアルピニズム普及（河村，2013）の影響を受け，エッツタール・アルプスにも多くの登山客が訪れるようになった。1870年代には，ゼルデンの住民によって，避難小屋や山小屋が建設された。1880年以降，ほかの東アルプスの諸山岳地域の場合と同様に，山岳会Alpenverein〈7章2)-(1)参照〉の諸支

表9-1 ゼルデンにおける宿泊施設(1920年)

宿泊施設	施設数	ベッド数	平均ベッド数
ガストハウス	3	220	73.3
ペンション	7	112	16.0
ボーディングハウス	4	85	21.3
大規模「部屋貸し」	8	103	12.9
「部屋貸し」	54	320	5.9
合　計	76	840	11.1

資料：Sulpetzky (1968)

写真9-2　ホッホゼルデンの全景（2015年9月）
ホッホゼルデンはゴンドラリフト・ギッギヨッホ山頂駅の直下（標高2,080m）に位置し，9軒の宿泊施設からなる集落である。立体駐車場が整備されている。

部によって複数の避難小屋が建設された。同時に，地元住民の一部は山案内人になった。さらに，1884年のアールベルク鉄道（トンネル）建設，1911年のエッツタール道路（イン川沿いのエッツタール駅からツヴィーゼルシュタインまで）建設は，夏季の避暑という新しい観光形態の成長を促した。

　ゲマインデ・ゼルデンにおけるスキーは，20世紀初頭に開始された。1905年頃に，最初のスキーツアーがグルグルからフェントに向かってなされた（Stolz, 1963）。1910年，エッツタールで最初のスキークラブがグルグルで設立された。そこから，エッツタール内の住民に谷を下ってスキー技術が伝播したと考えられる。たとえば，ゼルデンのスキークラブの設立は1920年であった。こうした動きの中で，多くのスキー講習会がスキー登山者のために実施された。当時，スキーリフトは存在しなかったが，エッツタールを訪れるスキーヤーの数は急激に増加した。それは，当時のスキーは基本的に山岳スキーであったためである。さらに，大規模なエッツタール・アルプスの人気は，ほかの山岳地域に比べても高かった。その結果，ゼルデンやグルグルは著名なスキーリゾートとしての地位を確立しつつあった。

　この傾向は宿泊施設の増加に反映されている。1890年の時点では，ゼルデンにはわずか3軒の宿泊施設が存在したにすぎない（Stolz, 1963）。しかし，その後は宿泊施設数やその収容規模が急速に拡大した。1920年には，宿泊施設の総数は76となり，ベッド数は合計840に達した（表9-1）。76軒のうち，54軒は小規模な「部屋貸し」Privatzimmervermietungが占めていた。これは，民家がその家屋内の一部の部屋を観光客に提供するもので，日本の民宿に相当するものであった。当時，その平均ベッド数は6にも満たないものであった。一方，多くのベッドを有する大規模なガストハウス（Post, AlpenvereinおよびSonne）が3軒存在した。ガストハウス（またはガストホーフ）はいわゆる宿屋であり，食堂が併設されている。ペンションは賄い付きである点でほかの宿泊施設とは異なっていた。

今日，ホテル集落となっているホッホゼルデン（写真9-2）は，この時期に形成され始めた。1928年の夏，ゼルデンのスキー教師が，はじめてガストハウス（50ベッド）を建設した（Eiter, 1966）。1934年にはホッホゼルデンに最初のホテルが立地し，1941年当時，ホッホゼルデンには4軒の宿泊施設が存在していた。

　1928年11月から翌年10月までの1年間に，ゲマインデ・ゼルデンを訪れた宿泊到着者数は8,866人で，その宿泊数は71,804にのぼった（Bundesamt für Statistik, 1930）。到着者数および宿泊数ともに，当時のドイツからが80％を占めていた。その後，1936/37年は，ドイツ第三帝国による「1,000マルク封鎖」〈7章2)-(3)参照〉が廃止された直後であるが，10,739人が訪れて宿泊数は80,290に達した（Österreichisches statistisches Landesamt, 1938）。しかし，ドイツ人の割合は25％程度で，その代わりに，ベネルクス諸国からの観光客が卓越していた。1937年5月から10月までの夏半期には，到着者数は6,012で宿泊数は39,829であったが，同年11月から翌年4月までの冬半期では，それぞれ4,727と40,461であった。すなわち，1930年代当時においても宿泊数は冬半期の方が多く，ゼルデンにおいて当時すでにスキー登山が重要であったことが把握できる。

3) 冬季観光導入期（1948～1966年）

(1) スキー場の開設

　第二次世界大戦直後，ゼルデンにようやくスキーリフトが架設され，これ以降スキー観光は急速に発展した。表9-2は，ゼルデンに建設されたすべての索道施設をまとめたものである。1948年，最初のリフトとして一人乗りチェアリフト（No.1）が，ゼルデンとホッホゼルデンを結ぶかたちで架設された。このリフトの延長距離は2,060mで，終点はホッホゼルデンで最も標高の高いホテル地点であり，標高差は700mに達するものであった。当時の輸送人員は，片道1時間当たりわずか420人にすぎず，建設経費は当時約150万シリングに達した（Götzendorfer, 1968）。このリフトの建設は，ゼルデンの住民100人以上から出資された「ゼルデン・ホッホゼルデンリフト会社 Liftgesellschaft Sölden-Hochsölden」によってなされた。

　その後，ホッホゼルデンの近隣にチェアリフト・ロートコーグル Rotkogl（No.2）や複数のシュレップリフトが架設された。最初のスキーリフトは，ゼルデンとホッホゼルデンを結ぶ輸送路線としての意味が大きかったが，ホッホゼルデン付近で複数の索道が整備された結果，ホッホゼルデンを中心としたスキー場という形態が完成したといえよう。

　この「ホッホゼルデンスキー場」での施設整備後，レッテンバッハ谷の南側でもス

表9-2　ゼルデンスキー場における索道の設置・更新

番号1	番号2	No.	リフト名	開始年	種別	山頂駅標高 (m)	標高差 (m)	最大輸送人員 (人/h)	規模指数 (人·km/h)	廃止・変更
1		1	Sölden-Hochsölden	1948	1C	2,093	738	398		2012年廃止
		2	Rotkogel	1952	1C	2,388	294	600		1985年まで→No.32
2		3	Sölden Innerwald	1953	1C	1,464	104	710		2009年まで→No.49
		4	Giggijochlift	1959	SCHL	2,600	300	1,003		1981年まで→No.28
		5	Rechenau	1959	SCHL	1,440	57	392		1991年廃止
		6	Waldlift	1960	SCHL	1,580	90	350		1981-84年頃廃止
3	1	7	Innerwald I	1960	SCHL	1,540	70	1,000	70	
4	2	8	Innerwald II	1960	SCHL	1,590	120	1,000	120	
5		9	Rauthlift	1960	SCHL	1,598	157	600		1995年廃止
		10	Hanglift	1961	SCHL	2,070	167	620		1986年廃止
		11	Übungslift 3	1962	SCHL	1,590	120	400		1980年廃止
		12	Wiesenlift	1962	SCHL	1,575	100	600		1990年廃止
		13	Gaislachkogl I	1966	R	2,180	809	450		1987年まで→No.33
		14	Gaislachkogl II	1966	R	3,042	862	450		1987年まで→No.34
		15	Gratlift	1966	SCHL	2,452	292	802		1984年まで→No.29
6	3	16	Gaislachalm	1966	SCHL	2,130	169	1,010	171	
7		17	Hainbachkar	1966	SCHL	2,688	308	1,100		1998年まで→No.44
		18	Wasserkarlift	1966	SCHL	2,420	260	684		1985年まで→No.31
		19	Langegg I	1971	1C	2,215	262	695		1984年まで→No.30
		20	Langegg II	1971	1C	2,409	316	720		1974年まで→No.23
8	4	21	Mittelstation	1974	2C	2,178	684	920	629	
9		22	Stabelebahn	1975	2C	2,452	529	1,080		2004年まで→No.47
10		23	Langegg II	1975	2C	2,413	316	1,100		No.20から, 1999年まで→No.45
		24	Roßkirpel	1975	SCHL	2,750	470	1,440		1990年まで→No.36
		101	Rettenbachjoch	1975	2C	3,013	328	1,100		1988年まで→No.111
		102	Minilift I	1975	SCHL	3,200	60	700		1989年廃止
		103	Pitztaler Jöchl	1975	SCHL	3,003	203	1,440		1990年廃止
		104	Minilift II	1976	SCHL	3,260	60	700		1989年廃止
A		105	Schwarze Schneide	1976	SCHL	3,200	220	1,400		2003年まで→No.117
11		25	Sölden-Giggijoch	1977	G	2,283	931	1,620		1997年まで→No.39
B	5	106	Seiter-Jöchl	1978	SCHL	3,047	402	1,331	535	
12		26	Silberbrunnl	1979	2C	2,667	388	1,720		1993年まで→No.37
13		27	Heidebahn	1980	2C	2,485	553	1,686		2000年まで→No.46
C		107	Seiterkar	1981	3C	3,057	267	2,060		2004年まで→No.118
D	6	108	Mutkogel	1981	3C	3,229	439	1,435	630	
14		28	Giggijochlift	1982	3C	2,529	240	1,970		No.4から, 2007年まで→No.48
E		109	Tiefenbachferner	1982	3C	3,141	348	1,850		2000年まで→No.115
F		110	Tiefenbachkogl	1982	SCHL	3,250	140	1,440		2000年まで→No.115
15	7	29	Gratl	1985	2C	2,533	402	1,440	579	No.15から
16		30	Langegg I	1985	3C	2,301	348	1,980		No.19から, 1999年まで→No.45
17		31	Wasserkar	1986	3C	2,430	385	1,970		No.18から, 2014年まで→No.52
18	8	32	Rotkogel	1986	2C	2,329	394	1,440	567	No.12から
19		33	Gaislachkoglbahn I	1988	G	2,179	809	2,600		No.13から, 2010年まで→No.50
20		34	Gaislachkoglbahn II	1988	G	3,040	862	1,200		No.14から, 2010年まで→No.51
G	9	111	Rettenbachjoch	1989	4C	2,995	321	2,800	899	No.101から
H	10	112	Panorama	1990	SCHL	3,209	355	1,435	509	
I	11	113	Karleskogel	1990	SCHL	3,248	257	1,440	370	
21		35	Gampebahn	1991	4C	2,566	327	2,880		2012年廃止
22	12	36	Roßkirpelbahn	1991	4C	2,744	457	2,650	1,211	No.24から
J		114	MiniTiefenbach	1992	SCHL	2,848	65	750	49	
	14	38	Mini Giggijoch	1992	SCHL	2,306	22	733	16	
	15	37	Silberbrunnl	1993	4C	2,668	390	2,650	1,034	No.26から
		39	Giggijochbahn	1998	G	2,284	932	2,800		No.25から, 2016年まで→No.53
	16	40	Einzeiger	1998	4C	2,766	262	2,400	629	
	17	41	Seekogl	1998	4C	2,666	162	2,400	389	
	18	42	Gletscherexpress	1998	G	2,756	84	2,400	202	
	19	43	Schwarzkogl	1999	4C	2,964	391	2,400	938	
	20	44	Hainbachkar	1999	4C	2,573	294	2,650	779	No.17から
	21	115	Tiefenbachferner	2000	G	3,249	454	2,800	1,271	No.109, 110から
	22	45	Langegg	2000	6C	2,663	751	2,400	1,802	No.23,30から
	23	46	Heidebahn	2001	4C	2,428	476	2,400	1,142	No.27から
	24	116	Schwarze Schneid I	2003	G	2,991	317	2,800	888	
	25	117	Schwarze Schneid II	2003	G	3,247	256	2,800	717	No.105から
	26	118	Seiterkar	2004	6C	3,051	256	3,000	768	No.107から
	27	47	Stabele	2005	6C	2,394	434	2,600	1,128	No.22から
	28	48	Giggijoch	2008	8C	2,597	315	3,700	1,166	No.28から
	29	49	Zentrum Shuttle	2010	CC	1,457	107	800	86	No.2から, 非スキー用
	30	50	Gaislachkogl I	2010	G	2,174	811	3,600	2,920	No.33から
	31	51	Gaislachkogl II	2010	G	3,040	864	1,250	1,080	No.34から
	32	52	Wasserkar	2014	6C	2,430	575	2,400	1,380	No.31から
	33	53	Giggijochbahn	2016	G	2,283	921	4,500	4,145	No.39から
			合計					114,644	28,818	

現存するリフト(太字)の最大輸送人員は2016年現在の数値。斜体は氷河スキー場。
種別の略記号は次の通り。R:ロープウェイ, CC:ケーブルカー, G:ゴンドラリフト, C:チェアリフト(数字は乗車人数), SCHL:シュレップリフト
番号1は図9-9に, 番号2は図9-12に対応する。

資料: Amtliche Eisenbahnstatistik, Tourismusverband Ötztal Arena (Ötztal Tourismus)

表9-3 ゼルデンスキー場における索道数の種類別推移

年	索道数										標高差 (m)	最大輸送人員 (人/h)	規模指数 (人・km/h)
	合計	R, CC	G	8C	6C	4C	3C	2C	1C	SCHL			
1948	1	0	0	0	0	0	0	0	1	0	—	—	—
1950	1	0	0	0	0	0	0	0	1	0	—	—	—
1955	3	0	0	0	0	0	0	0	3	0	—	—	—
1960	9	0	0	0	0	0	0	0	3	6	—	—	—
1965	12	0	0	0	0	0	0	0	3	9	—	—	—
1970	18	2	0	0	0	0	0	0	3	13	—	—	—
1973	20	2	0	0	0	0	0	0	5	13	5,646	12,746	3,477
1975	26	2	0	0	0	0	0	4	4	16	7,920	19,826	6,183
1980	32	2	1	0	0	0	0	6	4	19	10,489	28,392	10,242
1985	34	2	0	0	0	4	7	3	1	17	11,615	37,302	13,217
1990	33	2	3	0	0	1	5	7	2	15	12,157	45,118	17,891
1995	32	2	3	0	0	4	5	6	2	12	11,972	49,078	19,158
2000	36	2	5	0	1	8	4	5	2	11	13,399	63,528	24,894
2005	35	0	7	1	3	9	2	2	5	9	13,081	67,612	26,330
2010	35	1	7	1	3	9	1	1	3	9	13,163	70,482	23,293
2015	34	1	7	1	4	8	0	3	1	9	12,288	67,634	24,673

注：種別の略号は次の通り。R：ロープウェイ，CC：ケーブルカー，G：ゴンドラリフト，C：チェアリフト（数字は乗車人数），SCHL：シュレップリフト，—：データなし　　資料：*Amtliche Eisenbahnstatistik*, Tourismusverband Ötztal Arena (Ötztal Tourismus)

キーリフトの建設が始まった。1953年には，西側斜面のインナーヴァルトInnerwald（口絵13）に一人乗りチェアリフト（No.3）が建設された。これは，ゼルデンの住民が出資した「リフト会社ゼルデンインナーヴァルトリフト会社Liftgesellschaft Sölden Innerwald」によるものであった。このリフトは谷底のゼルデンと段丘上の小村であるインナーヴァルトを結ぶ役割を有していた。その後，1962年までに，このインナーヴァルトに6基のシュレップリフトが整備された。いずれのシュレップリフトもゼルデンの住民による個人経営であった。当時のゼルデンにおいて，スキーリフト会社の建設は地区内の住民に限られていた。この状況は現在も同様で，たとえば「エッツタール氷河索道会社Ötztaler Gletscherbahn GmbH & Co. KG」の株主になる条件は，ゼルデン地区に10年以上居住していることとされている。そのほか，エッツタール・アッヘ川の東側でも，小規模なシュレップリフト（レッヒェナウ Rechenau，No.5）が建設された。

後述するようにゼルデンにおけるスキーヤー急増と並行して，1950年代初めから，ガイスラッハコーグルGaislachkogl（標高3,058m）へのロープウェイの建設が模索されるようになった。1960年頃には，ゼルデンとホッホゼルデンを結ぶ一人乗りチェアリフトは非常に混雑する状況にあった。このリフトの輸送人員は1954/55年シーズンには約7.8万人であったが，1961/62年シーズンには17.8万人へと増加した。また，ホッホゼルデンスキー場の斜面は非常に混雑していた（Götzendorfer, 1968: 46, 74）。

ガイスラッハコーグルへのロープウェイ Gaislachkoglbahn（No.13と14）は，1966年にようやく完成した。開発会社は，エッツタール氷河索道会社で，その主要株

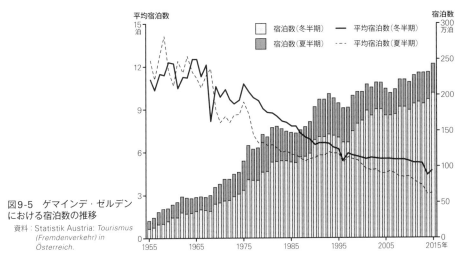

図9-5 ゲマインデ・ゼルデンにおける宿泊数の推移
資料：Statistik Austria: *Tourismus (Fremdenverkehr) in Österreich.*

主はほかのリフト会社，ゲマインデ，ゼルデンの住民であった（Götzendorfer, 1968）。この索道は，上部区間と下部区間とに分かれていたが，当時，合わせて延長距離4,029m，標高差1,672mで，1時間当たりの輸送人員は420人であった。このロープウェイの完成と同時に，3基のシュレップリフトが建設され，「ガイスラッハコーグルスキー場」が整備された。さらに，中間駅と山頂駅にそれぞれレストランが設置された。このガイスラッハコーグルスキー場の全体の整備には，当時，5,220万シリングが投資された。

表9-3は，リフト数の推移をその種類別にまとめたものである。1955年当時は，わずか3基のシュレップリフトが存在するだけであった。しかしその数は，1960年には6に，1965年には9へと増加した。1966年のガイスラッハコーグルスキー場整備の結果，1970年には18基の索道が存在するようになった。当時のスキー場の領域は，氷河スキー場と連結される前の冬スキー場とほぼ同じであった。またスキー場内には，6か所のレストランがあった。

(2) 観光客の動向

図9-5は，ゲマインデ・ゼルデンにおける宿泊数の推移を夏半期と冬半期に分けて表したものである。1950年代からすでに宿泊数は増加傾向を示していた。当時は夏半期の宿泊数が冬半期のそれを上回っていたが，その後は地位が逆転する。1960年代半ばには，冬季の宿泊数は30万泊程度で停滞していたものの，その後はスキー場開発の進行とともに宿泊数は急速に増加するようになった。

次に，宿泊客の滞在日数は（図9-5），1960年代半ばまでは，年による変動があるものの，平均滞在日数は10から14日を推移していた。すなわち10日から2週間程

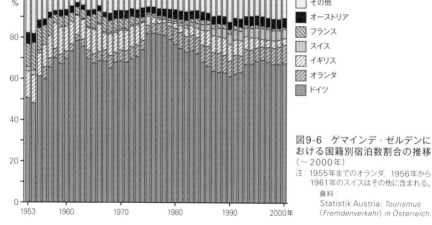

図9-6 ゲマインデ・ゼルデンにおける国籍別宿泊数割合の推移（～2000年）
注：1955年までのオランダ，1956年から1961年までのスイスはその他に含まれる。
資料：
Statistik Austria: *Tourismus* (*Fremdenverkehr*) *in Österreich*.

度の滞在が卓越していたと考えられる。また，その夏と冬の差も明瞭ではなかった。顧客圏については，宿泊数でみるとその多くはドイツ人であった（図9-6）。ドイツ人の割合は1960年代半ばにかけて強まり，ピーク年には約80％を占めていた。これに次いで，イギリスからの宿泊数が多かった。加えて，1950年代には，フランスからの宿泊数が比較的目立っていた。これは，ゼルデンが位置するチロル州が，第二次大戦直後にフランスの占領下にあったためであろう。

(3) 観光施設の増加と就業構造の変化

スキー場開発の進展，観光客数の増加と並行して，ゼルデンの諸集落には観光関連施設が多く立地するようになった。この傾向はとくに宿泊施設の増加にみられる。ゼルデンにおける宿泊施設数とそのベッド数の推移をみると（表9-4），1954/55年には，すでに111施設があり，そのベッド数は1,420に達していた。この111施設のうち，25は専業形態のホテルやガストホーフで，残りの86施設が兼業経営であった。その多くは朝食付きペンションである。5年後の1959/60年になると，それぞれの施設群の数は33と139へと増加し，またベッド数は全体で2倍程度になった。さらに，1963/64年にはベッド数は4,000に達した。1施設当たりの平均規模は，専業形態で約45ベッド，兼業形態で約11ベッドであった。

スキー観光の展開は，ゼルデンの経済構造を大きく変化させた。ゲマインデにおける産業人口（表9-5）をみると，1951年には，人口の58％が農林業に従事しており，農業集落的な色彩がかなり強かった。しかし，この割合は1961年には39％へと減少した。一方，ほぼ同じ期間における農林業経営体数は230から194への減少にとどまっており（表9-6），当時は依然として農業集落的な性格が維持されていた。宿泊業・飲食業人口は，1961年に265人であったものの，全体に対する割合はわず

表9-4 ゼルデンにおける宿泊施設数およびベッド数の推移[1]

年	経営体数	内訳		ベッド数	内訳	
1954/55[3]	111	H+GH+P:	25	1,420	データなし	
		FH+Pr:	86			
1959/60[3]	172	H+GH+P:	33	2,791	データなし	
		FH+Pr:	139			
1963/64[4]	217	H+GH+P:	44	3,922	H+GH+P:	1,981
		FH+Pr:	173		FH+Pr:	1,941
1969/70[4]	234	H+GH+P:	42	5,026	H+GH+P:	2,342
		FH+Pr:	192		FH+Pr:	2,684
1977/78[5]	290[2]	H+GH+P:	43	6,120	H+GH+P:	2,246
		FH+Pr:	234		FH+Pr:	3,686
		AP:	13		AP:	188
1982/83[6]	359[2]	5星+4星:	7	6,862	5星+4星:	571
		3星:	34		3星:	1,469
		2星+1星:	165		2星+1星:	3,534
		Pr:	153		Pr:	1,288
1986/87[7]	426[2]	H+GH+P:	63	7,736	H+GH+P:	2,865
		FP:	260		FP:	3,751
		AP:	103		AP:	1,120
1992/93[8]	491	5星+4星:	17	9,177	5星+4星:	1,570
		3星:	35		3星:	1,323
		2星+1星:	256		2星+1星:	5,036
		Pr:	183		Pr:	1,248
2008/09[9]	542	5星+4星:	24	10,610	5星+4星:	2,161
		3星:	73		3星:	2,395
		2星+1星:	97		2星+1星:	1,880
		大規模AP:	65		大規模AP:	1,277
		小規模AP:	189		小規模AP:	1,718
		Pr:	90		Pr:	801
		その他:	4		その他:	378
2015/16[9]	552	5星+4星:	26	11,261	5星+4星:	2,235
		3星:	69		3星:	2,293
		2星+1星:	77		2星+1星:	1,493
		大規模AP:	81		大規模AP:	2,042
		小規模AP:	217		小規模AP:	2,052
		Pr:	78		Pr:	764
		その他:	4		その他:	382

H: ホテル
Pr: 小規模宿泊施設(10ベッド以下)
GH: ガストホーフ
FP: 朝食付きペンション
P: ペンション
AP: アパートメント
FH: ゲストハウス

注および資料:
1) ホッホゼルデンおよびツヴィーゼルシュタインを含む。
2) いくつかの経営体では一般宿泊施設とアパートメントの両者を経営しているが,ここでは両者の数値に算入されている。1992/93年の経営体数は約320である(ツヴィーゼルシュタインを除く)。
3) Götzendorfer (1968) 4) Kessler (1970) 5) Frendenverkshrsverband Innerötztal資料 6) Schöpf (1984)
7) Tourismusverband Ötztal Arena: *Preisliste 1986+87* 8) Tourismusverband Ötztal Arena資料 9) Ötztal Tourismus資料

表9-5 ゲマインデ・ゼルデンにおける産業人口の推移

	年	農林業	工業・小規模産業	宿泊業・飲食業	商業・交通業	その他	合計
居住人口	1951	955	399	—	69	237	1,660
	1961	727	309	265	144	441	1,886
	1971	562	400	589	232	589	2,372
	1981	231	307	872	356	733	2,499
	1991	96	146	912	431	1,153	2,738
	2001	83	95	1,160	539	1,189	3,066
割合	1951	57.5	24.0	—	4.2	14.3	100.0
	1961	38.5	16.4	14.1	7.6	23.4	100.0
	1971	23.7	16.9	24.8	9.8	24.8	100.0
	1981	9.2	12.3	34.9	14.2	29.3	100.0
	1991	3.5	5.3	33.3	15.7	42.1	100.0
	2001	2.7	3.1	37.8	17.6	38.8	100.0

注:1951年の「宿泊業・飲食業」の数値は「工業・小規模産業」に含まれる。
資料:Statistik Austria: Volkszählung

表9-6 ゲマインデ・ゼルデンにおける農林業経営体数の推移

	年	専業	兼業1	兼業2	その他	合計
経営体数	1951	—	—	—	—	230
	1960	101	35	52	6	194
	1970	106	19	67	0	192
	1980	72	56	45	2	175
	1990	34	16	113	2	165
	1995	0	0	129	—	157
	1999	18	0	126	—	144
割合	1951	—	—	—	—	100.0
	1960	52.1	18.0	26.8	3.1	100.0
	1970	55.2	9.9	34.9	0.0	100.0
	1980	41.1	32.0	25.7	1.1	100.0
	1990	20.6	9.7	68.5	1.2	100.0
	1995	17.8	0.0	82.2	—	100.0
	1999	12.5	0.0	87.5	—	100.0

—:データ項目なし
専業農:農民夫婦の労働時間の90%以上が農作業に割かれる農家
兼業1:農民夫婦の労働時間の50-90%が農作業にさかれる農家
兼業2:農民夫婦の労働時間の50%以下が農作業にさかれる農家
農家の定義については,山本(1997:75)を参照のこと。
資料:Statistik Austria: *Land- und Forstwirtschaftliche Betriebszählung*

表9-7 ゲマインデ・ゼルデンにおける宿泊業従事者数（1963/64年）

宿泊施設の種類	労働者数（実数）とその種類別割合（%）				経営体数	ベッド数	ベッド当たり労働者数
	総数	家族(n=265)	通勤(n=189)	季節労働者(n=482)			
ホテル	566	8	17	75	29	2,347	0.24
ガストホーフ	74	27	24	49	14	537	0.14
ペンション	57	33	44	23	13	433	0.13
兼業経営施設	239	76	20	4	203	2,603	0.09
17-35ベッド	77	57	34	9	45	1,159	0.07
11-16ベッド	57	74	25	1	41	572	0.10
2-10ベッド	105	90	8	2	117	872	0.12
合　計	936	28	20	52	259	5,920	0.16

資料：Sulpetzky（1968）

か14%にすぎなかった。

　宿泊業の拡大によって，その労働力需要は大きく増加した。1963/64年，宿泊業従事者数は全体で939人であった（Sulpetzky, 1968）。そのほぼ半数は季節的労働者が占め，28%が家族労働者，残りの20%は地元住民による通勤労働者であった（表9-7）。季節労働者の割合は，宿泊施設によって差があるものの，ホテルで最も大きく，ガストホーフやペンションでは小さい。さらに小規模宿泊施設（10ベッド以下）では，その9割が家族労働力に依存していた。逆に，ホテルなどの大規模施設における労働力需要は，季節労働者によって補填されている。また，宿泊施設のベッド数が増えるほど，より多くの労働力が必要となっている。ベッド当たりの平均労働力は，ホテルでは0.24であるが，ペンションや小規模施設では0.09にすぎない。

　一般にサービス産業，とくに飲食・宿泊施設では多くの労働力を要する。季節労働者は，主として接客，掃除，料理やその補助の仕事に従事することが多い。一方，スキー教師やリフトの係員などは地元住民や通勤労働者が担当する場合が多い。1964年3月1日時点でゲマインデ・ゼルデンには397人の季節労働者がおり，その半数（190人）はチロル州からであった（Sulpetzky, 1968）。次いでイタリアが10%（41人）であったが，そのほとんどは南チロルからの労働者が占めた。さらに，シュタイアーマルク州（38人）やケルンテン州（34人），ザルツブルク州（25人）が続いていた。

(4) 景観の変化

　観光の発達とともにゼルデンの景観は大きく変化した。ゲマインデ・ゼルデンにおける建物数の推移をみると（図9-4），1951年には建物数は342であったが，1961年には493へと増加した。ちなみにゼルデン地区では同期間に232から348へと増加している。この建物数の増加は，同期間の人口増加に比べてやや大きく，観光関連施設の増加が比較的目立っていたことが把握できる。しかし，こうした

建物の増加には地区内の場所による差異もみられる。1923年から1962年にかけてのゼルデンおける集落景観の変化をみると、二つの主要なスキーリフト（Sölden-HochsöldenとSölden-Innerwald）の乗り場に挟まれた中心部において建物の増加が著しい（Picard, 1963）。一方、中心部の北には複数の小村が存在するが、そこでは建物減少がみられる。観光サービス施設の立地に注目すると（表9-8）、1967年では、レストランが7軒、喫茶店が5軒みられた。また、5軒のアフタースキー向けの施設（バー、ディスコ、パブ）も存在した。

表9-8 ゼルデンおよびホッホゼルデンにおけるサービス業施設数（1967年・1993年）

サービス業種	1967年	1993年
レストラン	7	37
喫茶店	5	21
バー・パブ・ディスコ	5	26
スポーツ店	2	13
薬局	1	3
スーパーマーケット	―	7
菓子店	1	5
洋品店・ブティック	3	9
銀行	2	5
自動両替機	0	4
旅行会社	2	4

―：データなし。
資料：Götzendorfer (1968),
　　　Tourismusverband Ötztal Arena: *Guide*.

4) 冬季観光成長期（1966～1979年）

(1)「冬スキー場」開発の進展

1966年までに、ゼルデンにおけるスキー場の領域は大きく拡大した。しかし、その後は1975年に始まる氷河スキー場の開発を除くと、「冬スキー場」ではスキー場としての領域に拡大はみられなかった。「冬スキー場」とは、上述した「ホッホゼルデンスキー場」と「ガイスラッハコーグルスキー場」を合わせた領域で、冬季のみに営業するスキー場をさす。この時期にさまざまな施設の建設が進行した。

1970年代には、「冬スキー場」に8基のスキーリフトが架設された（表9-2および表9-3）。1960年代半ばまでは主としてシュレップリフトの建設が卓越したが、この時期に建設されたのは4基のペアリフト、2基のシングルリフト、1基のシュレップリフト、1基のゴンドラリフトであった。最初のペアリフト（Mittelstation, No.21〈表9-2〉）は、1974年に架設された。またシングルリフトからペアリフトへと変更される例（Langegg II, No.19→23へ）もみられた（1975年）。1977年には、最初のゴンドラリフト、ギッギヨッホ Giggijoch（No.25）がゼルデンとホッホゼルデン間に建設された。当時まで、この区間にはシングルリフトのみが存在していたため、このゴンドラリフトは連絡用・移動用経路としても重要な機能を担うようになった。

スキー場開発として重要な意味をもつものは、レッテンバッハ谷Rettenbachを挟んで、「ホッホゼルデンスキー場」と「ガイスラッハコーグルスキー場」の南北に分かれていた二つのスキー場を連結する索道が整備されたことであった。二つのスキー場を結ぶリフトが、1971年（Langeggbahn, No.19と20）と1975年（Stabelebahn,

写真9-3 氷河道路と氷河スキー場（レッテンバッハ氷河）（1991年8月） 氷河スキー場に至る道路は1975年に完成した。左（南）側の氷河がレッテンバッハ氷河で，右側は1975年から1990年までリフトが存在したピッツタールヨッフル氷河である。

写真9-4 ティーフェンバッハ氷河スキー場（2014年2月） ティーフェンバッハ氷河スキー場は1981年に完成した。積雪不足で岩肌が目立っている。

No.22）に架設された。これによって，スキーヤーはスキーを履いたまま二つのスキー場間を往来できるようになり，利便性が高まった。こうした，索道開発の結果，スキー場規模指数は増大した。ちなみにオーストリアの索道統計では，シュレップリフトに関するデータが得られるのは1973年以降である。同年3500人km/hだった指数は，1980年には1万人km/hへと増加した。ただし，1980年の数値には，次に述べる氷河スキー場の分が含まれている。

（2）氷河スキー場の開発

　この時期のスキー場開発にみられる最大のトピックは，氷河スキー場の開発である。ゼルデンにおけるスキー場は，標高の低い地点から徐々に高い地点へと開発が進行してきたが，最も上部の氷河にまで開発が及ぶこととなった。

　1960年代末に，レッテンバッハ氷河Rettenbachfernerをスキー斜面として利用する試みがなされた。オーストリアでは，すでに1966年に，ザルツブルク州のカプルンで氷河スキー場の開発がなされており〈7章2）-(4)参照〉，それに影響されたものであろう。しかし試行段階では，レッテンバッハ氷河は，ゼルデンの集落から直線距離で約8km離れており，一般的な利用者はそれほど多くはなかった。

　1971年からレッテンバッハ氷河への道路建設が始まった。1975年に，幅6m，長さ約13kmに及ぶ「氷河道路（有料）」が，ゼルデンからレッテンバッハ氷河の末端の標高2,800m地点まで完成した（写真9-3）。同年夏，3基のスキーリフト（No.101～103〈表9-2〉）を有する氷河スキー場がオープンした（口絵14）。同時に150席を有するレストランも併設された。レストランの席数は1977年に400へと拡大した。また，乗用車700台分の駐車場も設置された。

レッテンバッハ氷河におけるスキー場開発直後，訪問者が急増した。氷河道路の料金所の通過者数は1976年の16万人から，1978年には29万人へ，さらに1980年には32万人へと増加した(Babin, 1985)。その結果，レッテンバッハの氷河スキー場では混雑が生じるようになった。こうした混雑緩和のために，レッテンバッハ氷河の南に隣接するティーフェンバッハ氷河Tiefenbachfernerを開発することが決定された。二つの氷河を連結するためのトンネル（延長1.7km）が建設され，1981年にティーフェンバッハ氷河でのスキー場営業が開始された（写真9-4）。当時，トリプルリフトが1基（No.107），シュレップリフトが1基（No.108）であった。翌年には，500席を有するレストランが併設された。

　氷河スキー場では，夏と秋に訪問者が集中した。夏には氷河見物客が多くを占めており，一方，晩秋から初冬にかけては，ほぼ全てがスキーヤーであった。氷河では，例年，9月に新雪が降り始め，10月から12月初めにかけてはスキー斜面は最高の雪質となる。しかし，真冬には氷河道路の除雪が困難であり，また雪崩の危険もあるため，当時，氷河スキー場は冬季には閉鎖されていた。

(3)冬季観光の大量化

　1960年代半ば以降，ゲマインデ・ゼルデンにおける冬季の宿泊数は急増した（図9-5）。とくに，1970年代の増加が著しい。1960年代後半では，冬季の宿泊数は30万泊〜40万泊であったが，1970年代半ばには60万泊を超えるようになった。さらに，1980年には約90万泊となった。こうした冬季の傾向に対して，夏季の宿泊数は増加はしているものの，その程度は小さかった。

　一方，滞在日数は減少傾向にあった。1960年代半ばには，冬季の平均滞在日数は12日前後であったが（図9-5），その後は徐々に減少し，1970年代末には約9日となった。夏季では，冬季に比べ滞在日数の減少が顕著であり，1970年代末には約7日にすぎなかった。

　宿泊客の居住地に注目すると，以前と同様にドイツ人が多くを占めている（図9-6）。1960年代後半から1970年代前半にかけてドイツ人の割合は相対的に減少を示すものの，1970年代後半には再び増加し，80％以上を占めるようになった。この時期，宿泊数の総数も急増しているため，大量のドイツ人がゼルデンに滞在したことがわかる。ドイツ人に次いで多いのは，イギリス人とオランダ人であった。このように外国人が卓越する一方で，オーストリア人の割合はわずか5％程度であった。

　宿泊数の月別推移をみる（図9-7）。1977/78年（ここでは，1977年5月から1978年4月）の全宿泊数は85万であった。このうち19％が3月に集中し，1月と2月はそ

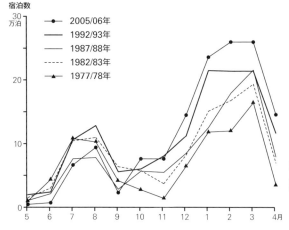

図9-7 ゼルデンにおける宿泊数の月別推移の変化
注：2005/06は2005年5月から2006年4月までを示す。
資料：Tourismusverband Ötztal Arena

れぞれ14%，12月は8%を占めた。この冬季4か月で年の55%に達した。冬季にどの月で多くなるかどうかは，イースター（復活祭）の時期によって異なる。一方，夏季では7月と8月が，それぞれ13%と12%であった。これに対して，4月と5月，および10月と11月は閑散期で，宿泊数は極端に少なかった。ただし，1974年以前，秋季は閑散期であったが，その宿泊数は，1975年の氷河スキー場の開発によって増加した（Liedler, 1978）。

（4）観光施設の整備

この時期，宿泊施設の規模は徐々に拡大する傾向にあった。ゲマインデ全体のベッド数は，ほぼ右肩上がりに増加していった（図9-8）。ゼルデンの施設数は1960年代の増加が著しい。1969/70年には134の宿泊施設が存在し，ベッド数は5,026となった（表9-4）。ベッド数からみると，その53%は兼業経営の宿泊施設が占めた。1977/78年には，その値は60%へと増加した。同年，兼業経営宿泊施設の施設当たりの平均ベッド数は15.7であった。このように，宿泊客数の増加には，兼業経営の宿泊施設が増加したことで対応したといえるであろう。それに対して，ホテル，ガストホーフといった専業経営のベッド数はそれほど増加がみられなかった。また，1970年代には，アパートメントまたは休暇用住宅Ferienwohnungと呼ばれる新たな宿泊施設形態が出現した。アパートメントの一つのユニット内には，居間，寝室，台所，バス・トイレがそれぞれ存在し，台所には冷蔵庫やコンロなど食材さえ用意すれば自炊できる設備がある。観光客は日常の居住空間とほぼ同様の構成の施設でくつろぐことが可能になっている。ただし，この時期にはアパートメントの数はまだ少なかった。

宿泊施設以外の観光施設としては，公営の室内プール，フライツァイトアリー

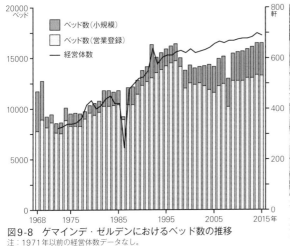

図9-8 ゲマインデ・ゼルデンにおけるベッド数の推移
注：1971年以前の経営体数データなし。
「小規模」は営業登録以外で10ベッド以下の施設。
資料：Statistik Austria: *Tourismus (Fremdenverkehr) in Österreich*.

写真9-5 フライツァイトアリーナ・ゼルデン（2013年8月）　中央奥に位置する大規模な建物がフライツァイトアリーナで，1974年に完成した。室内プールのほか，体育館，ジム，ボーリング場，レストランなどを有する。Ötztal Tourismusの事務所も所在する。

ナ（Freizeit Arena Sölden，写真9-5）が1974年に建設された。室内プールの規模は幅16m長さ25mであり，そのほかサウナ施設やレストランも併設された。建設費は当時の金額で約8,000万シリング（8億円）で，インナーエッツタール観光連盟Fremdenverkehrsverband Innerötztalとゲマインデが半分ずつ負担した（Liedler, 1978）。そのほかの観光施設やサービス施設については，詳細なデータはないものの，この時期に徐々にその数を増やしていった。

(5) 就業構造の変化と労働力需要の拡大

ゼルデンでは，スキー場開発の進展とともに住民の就業構造は大きく変化した（表9-5）。ゲマインデの農業人口はさらに減少を続け，1971年の562人から1981年には231になった。全人口に占める割合は，同じ期間に24％から9％へと低下した。この時期，農家数の減少も顕著であった（表9-6）。さらに専業農家から兼業農家への移行も進んだ。こうした農業の衰退に対して，宿泊・飲食サービス業人口は急激に増加した。その数は，1971年には589人（25％）であったが，1981年には872人（35％）へと増加を示した。同様に，商業・交通部門の就業人口も拡大した。

1981年の経営体調査によると，ゲマインデ・ゼルデンには440の経営体があり，労働力は1,212人であった。このうち，宿泊・飲食サービス業経営体が293（労働力511人）で最大であった。これに商業経営体37（111人），索道関連業経営体26（172人）が続いていた。

こうした観光業における労働力需要の増大は，他地域からの労働力を吸収することとなった。1973年12月からのスキーシーズンに，ゲマインデ内には最大2,782

表9-9 ゲマインデ・ゼルデンにおける冬季労働力（1973/74年）

地　区	ゲマインデ外労働力		ゲマインデ内労働力		合計
	人	%	人	%	人
ゼルデン	549	35.0	1,020	65.0	1,569
ホッホゼルデン	108	85.7	18	14.3	126
ツヴィーゼルシュタイン	16	15.1	90	84.9	106
フェント	49	37.1	83	62.9	132
ウンターグルグル	10	29.4	24	70.6	34
オーバーグルグル	401	71.7	158	28.3	559
ホッホグルグル	163	90.1	18	9.9	181
ハイリックロイツ	0	0.0	75	100.0	75
合　計	1,296	46.6	1,486	53.4	2,782

1973/74シーズンのデータ　　　　　　　　　　　資料：Von Busse *et al.* (1987)

表9-10 ゲマインデ・ゼルデンにおける滞在種類からみた
ゲマインデ外冬季労働力（1974年）

地　区	遠隔地域からの季節労働者		近隣地域からの通勤者		長期滞在労働者		合計
	人	%	人	%	人	%	人
ゼルデン	384	71.6	115	21.5	37	6.9	536
ホッホゼルデン	103	99.0	0	0.0	1	1.0	104
ツヴィーゼルシュタイン	6	37.5	1	6.3	9	56.2	16
フェント	43	91.5	0	0.0	4	8.5	47
ウンターグルグル	9	100.0	0	0.0	0	0.0	9
オーバーグルグル	320	81.6	41	10.5	31	7.9	392
ホッホグルグル	142	90.5	11	7.0	4	2.5	157
合　計	1,007	79.9	168	13.3	86	6.8	1,261

1974年3月1日のデータ　　　　　　　　　　　　資料：Von Busse *et al.* (1987)

人の雇用労働力が存在し，その47％が外来者であった（表9-9）。この比は，地区ごとに異なっており，ゼルデンでは地域住民が3分の2を占めていた。一方，ホッホゼルデン，ホッホグルグル，オーバーグルグルでは70％以上が外来からの労働力であった。1974年3月1日には，ゲマインデ全体で移入労働者数は1,261人に達した（表9-10）。この数値は1964年（同，582人）に比べると2倍以上に増加した。1,261人の構成は，季節労働者が1,007人，通勤者が168人，通年労働者が86人であった。一方，同年5月15日，8月15日，11月1日の移入労働者は，ゲマインデ全体でそれぞれ264人，685人，234人であり，冬季の労働者数が非常に多かったことがわかる。

これらの移入労働力の居住地は，より広域に拡大した。1974年には全期間で1,703人の移入労働者が存在したが，その40％はチロル州内で完結していた。またそのほとんどはエッツタール内部のゲマインデからの通勤者によって占められ，これ以外では東チロルからの季節労働者が多かった。チロル州以外では，シュタイアーマルク州とケルンテン州が多く，それぞれ200人前後の労働者が存在した。さらに外国では，ユーゴスラビアが311人と，全体の20％弱を占めていた。

こうした移入労働力の出身地と職種には関係がある。すなわち，ゼルデン近隣地区からの通勤者のほとんどは，スキー教師やリフト係員といった職種に従事していた。一方，より遠隔から来訪する労働者の多くは宿泊施設や飲食店で勤務する傾向

にあった。後者の場合，給仕や客室掃除といった職種が多く，また外国人のほとんどは，掃除や皿洗いといった専門的なスキルを必要としない職種に就いていた。

5）第一次発展期（1980～1997年）

（1）索道施設の更新

オーストリアの全国的な傾向と同様に，1980年以降，新しくまた輸送能力に優れ

写真9-6 ゴンドラリフト・ガイスラッハコーグルの山麓駅舎（1992年9月） ゼルデンで最初のロープウェイは1966年に完成した。これが1988年にゴンドラリフトへと更新され，山麓駅舎も改装された。

た索道施設が整備された。1980年におけるゼルデンの索道数は32であり（冬スキー場26，氷河スキー場6），そのうち19基がシュレップリフトであった。1995年になると，総数は同じであったが，冬スキー場では22基へと減少し，氷河スキー場では10に増加した。リフトの内訳をみると，シュレップリフトの数は12へと減少した。これらは，より能力の高いリフトへと変更されたのである。

1980年から1992年にかけて，冬スキー場では12基のスキーリフトが建設された（表9-2）。そのうち6基は，シュレップリフトや一人乗りのチェアリフトから多人数乗りのリフトへと転換されたものであった。たとえば，シュレップリフトであったGiggijochlift（1959年新設，表9-2のNo.4）は，1982年に3人乗りリフト（同No.28）へと架け替えられた。これは，ゼルデンでの3人乗りリフト建設の先駆けであった。1988年には，ガイスラッハコーグルへのロープウェイが24人乗りのゴンドラリフトへと転換された（写真9-6）。ロープウェイの輸送人員は1時間当たり450人であったが，新規のゴンドラリフトでは，山麓駅と中間駅間で2,600人／時間，中間駅と山頂駅間で1,200人／時間へと飛躍的に増大した。さらに1990年代初頭には，2基の4人乗りリフトが建設された。一方，一部の小規模なシュレップリフトは撤去された。

氷河スキー場では，レッテンバッハ氷河において1970年代末に6基のリフトが存在した。その後，ティーフェンバッハ氷河の開発によってリフト数は増加した。スキーリフトの更新は氷河スキー場でもみられ，レッテンバッハヨッホ・リフトは1989年に4人乗りチェアリフトに架け替えられた（表9-2）。一方，氷河の縮小によって3基のシュレップリフトが撤去された。

こうしたスキーリフトの更新に加えて，スキー場内のレストランも改装され，また拡大された。スキー場の中央部に位置するレストラン，ギッギヨッホは1991年に改築され，また収容人員も拡大された。同時に，1984年から人工降雪機の整備

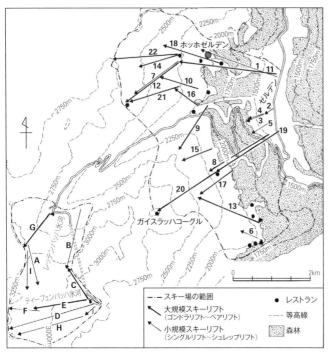

図9-9 ゼルデンスキー場における施設の分布（1993年）
注：スキーリフトの記号は表9-2の番号1に対応。
資料：5万分の1地形図
Sölden, Amt der Tiroler Landesregierung (1992)

も進んだ。それらは標高2,000m以下の範囲で利用され，1993年の時点で降雪面積は約50haに達した。

(2) 冬スキー場の特徴

　1990年代初め，スキー場の経営期間は，積雪の状態で変動するものの，12月初めから4月中・下旬までであった。冬スキー場の総面積は約1,000haで，そのうち356haが滑走斜面として整備された。スキー場の最低点は標高1,370m，最高点は3,040m（ガイスラッハコーグル）で，標高差は1,670mであった（図9-9）。滑走斜面コースの総延長は72kmに達し，圧雪車で整備されるコースの最長滑走可能距離は10kmである。地形条件に基づいて，ホッホゼルデンでは中級者向けの斜面が卓越する。一方，ガイスラッハコーグル上部は上級者向けである。

　スキー場における森林限界は，標高2,000から2,100mに位置する。森林限界よりも低い範囲では，スキー滑走コースは森林内の林間コースとなっている。一方，森林限界より上部では，アルムおよび荒地・岩石地がスキー斜面となり，スキー場全体の3分の2を占めている。1993年時点でのスキー場敷地の土地所有は，その下部では個人所有である。一方，アルムは農業協同組合所有で，いずれも賃貸契約となっていた。アルムでは，毎年5月中旬から10月中旬まで約1,000頭の羊が放牧さ

れる。さらに，6月中旬から9月にかけては，牛と仔牛が放牧される（100GVE分：GVEは大家畜単位〈基本的には500kgの家畜が1GVEに相当する〉，詳細は山本〈1997〉を参照）。小型の灰色牛 Grauvieh（写真9-7）がほとんどを占める。スキー場開発に伴う岩石の除去，地形改変による再緑化，交通路の開発などによって，アルムにおける放牧地としての利用が推進されている。

写真9-7　ゼルデンの灰色牛（2015年9月）
ゴンドラリフト・ギッギヨッホ山頂駅付近で放牧されている灰色牛。「チロルの灰色牛」としてブランド化されており，乳牛および肉牛として利用される。

1993年の時点で，スキーリフトは合計22基存在した。内訳として，10基はホッホゼルデンに，ガイスラッハコーグルに8基，インナーヴァルトに4基であった。種類別には，ゴンドラリフトが3基，チェアリフトが14基，シュレップリフトが5基となっていた。シュレップリフトのうちの3基はインナーヴァルトにあり，子ども向けの練習用ゲレンデとしての性格を有する。一方，ホッホゼルデンとガイスラッハコーグルでは，輸送能力に優れたリフトが中心となっている。そのほか，スキー場内には14ものレストランが立地していた。そのうち11は個人所有で，残り（Giggijoch, Gaislachkoglbahn中間駅および山頂駅）はリフト会社の所有である。レストラン全体での座席数は4,100に達し，そのうち2,670は屋内に，1,430は屋外テラスにあった。これらのレストランについては，1979年から排水工事が開始され，1993年までに全てのレストランの排水は下水処理場（1978年完成）と直結するようになっている。また駐車場は集落内に存在し，約1,300台の乗用車と25台のバスが駐車可能である。そのほとんどはゴンドラリフト山麓駅近隣に位置する。

(3) 氷河スキー場の特徴

1997年まで，ゼルデンの氷河スキー場の営業期間は，3月末から4月半ばにかけての時期から12月初めまたは半ばまでであった。営業開始日と終了日は，冬スキー場における積雪状況によって変動する。冬スキー場に初冬に豊富な積雪がある場合や初春に多くの積雪が残っている場合は，氷河スキー場は営業されない。冬季には氷河道路に雪崩の危険があるため，氷河スキー場は閉鎖となる。

氷河スキー場は2か所あるが，それは1997年までは，時期によって利用分けがなされていた。例年，4月末までは二つのスキー場を営業する。5月から7月初めまでは，ティーフェンバッハ氷河のみの営業となる。その後，9月末まではレッテンバッ

写真9-8 氷河スキー場でのワールドカップ大回転競技大会（1993年10月）
1993年10月30日に，男女の大回転競技がレッテンバッハ氷河スキー場で開催された。

ハ氷河のみが営業される。これは，この時期にはスキーヤーが少ないためである。もちろん，氷河の過剰利用を避ける意味もある。一方，10月初めからは氷河スキー場が最も混雑する時期となるため，二つの氷河スキー場ともに営業され，12月の閉鎖まで続く。

1993年当時，レッテンバッハ氷河の面積は240haで，そのうち69haがスキー斜面として利用されていた。一方，ティーフェンバッハ氷河は114haで，スキー場開発面積は76haである。両氷河ともに土地所有者であるオーストリア国有林からの借地である。合わせて29kmに及ぶスキーコースが整備されている。レッテンバッハ氷河では，標高2,674mから3,217mにかけて，ティーフェンバッハ氷河では，標高2,793mから3,235mにかけてスキー斜面となっている。

氷河スキー場には，1993年時点，10基のスキーリフトが存在した。流下する氷河上に索道を建設するという技術的な問題に基づいて，簡易な施設であるシュレップリフトが卓越していた（7基，写真7-1）。一方，露出した岩石地に支柱を設けた4人乗りリフトが1基存在した。それぞれの氷河スキー場下部には，1か所ずつレストランがあり，合わせて1,150席に達した（室内900席，屋外250席）。レストランに隣接して，1,800台分の乗用車および70台分のバス向けの駐車場が存在した。さらに，下水処理施設も1989年に完成した。

この氷河スキー場は，秋季には競技スキーの合宿地や大会会場として盛んに利用されている。しかし，そればかりではなく，スキー用具の新規モデルの試行をする場所としても重要である。ヨーロッパ各国のスキー用具製造会社によって，宣伝も兼ねた「スキーテスト」がなされている。さらに1993年に初めて，アルペンスキーのワールドカップ大回転競技（男・女）が10月末にレッテンバッハ氷河で開催された（写真9-8）。2回目の同競技会は，1996年10月に開かれた。

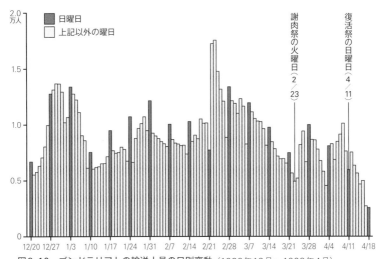

図9-10 ゴンドラリフトの輸送人員の日別変動（1992年12月〜1993年4月）
資料：Ötztaler Gletscherbahn GmbH, Skiliftgesellschaft Sölden-Hochsölden

(4) 観光客数の増加

　1980年代前半には，宿泊数の停滞がみられた。実数では冬半期で約100万，夏半期では約50万であった。その後，1980年代後半になると，宿泊数はさらなる増加を示すようになった。こうした増加傾向は冬季だけでなく，夏季でもみられた。一方，こうした傾向とは逆に，平均宿泊数（総宿泊数/総訪問者数）は減少傾向にある（図9-5）。1980年代の間に，冬季では，平均して9泊から7泊へと減少した。1992/93年，宿泊数は冬季で145万，夏季で56万にでピークに達した。その後はやや停滞した。

　宿泊数の月別構成に注目すると，冬季の卓越が依然として顕著である（図9-7）。さらに，冬季月における宿泊数の増加が著しく，夏季の宿泊数は減少傾向にあることと対照的である。

　月別の差異は滞在日数にも現れている。冬季の月では平均して宿泊数は7泊であり，夏季の月も同様である。一方，春季と秋季では3泊から4泊となる。秋季には氷河スキー場におけるスキーヤーが卓越するが，彼らは週末に滞在し，一般にリフト券として2日券を購入する場合が多い。

　観光客数の変動は日単位でも存在する。この変動を二つのゴンドラリフト（GaislachkoglbahnとGiggijochbahn，No.33と25〈表9-2〉）の輸送人員に基づいてみる（図9-10）。これらのゴンドラリフトは，スキー場上部への登行の役割を有しており，ほとんどのスキーヤーはこれらのリフトに搭乗し，さらに上部に位置する斜面でスキーを楽しむ傾向にある。つまり，これらのゴンドラリフトに複数回搭

乗するような利用形態は少ない。それゆえ，この図に示された数値は，スキー者数の日日変動の傾向を示していると考えられる。1992年12月20日から翌年4月18日までの120日間で合計105万人が搭乗した。クリスマスと年始の期間が最初のピークとなっている。その後の1月中旬から2月中旬には，日曜日の輸送人員が突出したかたちが現れる。1月末で利用者数はやや多い。2月の下旬には謝肉祭による二つ目のピークが出現する。謝肉祭の火曜日（2月23日）前後には1日約1.7万人が搭乗した。この年の復活祭の日曜日は4月11日とスキーシーズンにはやや遅いため，謝肉祭に合わせてバカンスを取得した人びとが多かったと推察される。ただし，復活祭前後の期間にもある程度のスキー客数が維持されており，4月中旬としては平年よりも多くのスキーヤーが存在した。

　上記のデータを曜日ごとに検討すると，日曜日が16%を占めて最も多かった一方で，土曜日が12%で最も少なかった。平日では，月曜日と火曜日がそれぞれ15%を，水曜日から金曜日はそれぞれ14%であり，曜日ごとの変動はあるとはいえ，その差はかなり小さいことがわかる。上述のように，当時の平均宿泊数は7泊であり，また索道会社への聞き取りによるとリフト券で最も販売数が多いものは6日券である。また，土曜日が移動日にされる場合が多い。つまり，土曜日に到着したスキーヤーは，日曜日から6日券で金曜日までスキーを楽しみ，次の土曜日に帰るという行動パターンの卓越が推測される。

　当時の氷河スキー場における利用者数は，季節・時期によって異なっていた。3月または4月から5月初めまでは多くのスキーヤーで賑わう。5月から9月までは，閑散期で1日当たり600から1,000人程度の利用者が存在した。また，夏季には氷河を見物する観光客も多くみられる。10月から12月半ばまでは再び繁忙期となる。週末にスキーヤー訪問が集中し，多い日には7,000人が訪れていた。一方，平日にはその半分程度の規模であった。

(5)観光客の出発地と行動

　既述のように，ゼルデンではドイツ人顧客が多くを占める（図9-6）。しかし，その割合は1970年代後半には85%程度を占めていたが，その後は徐々に減少し，1990年前後には70%を下回るようになった。ドイツ人宿泊数は1980年代後半には実数でも減少したものの，その後は1990年代後半にかけて増加しており，ドイツ人の割合は70%を維持していた。これに次いで，イギリスとオランダの地位が高かった。

　顧客圏の特徴を月別にみると（図9-11），全ての月でドイツ人の卓越が明白である。しかし，冬季と夏季の繁忙期にはその割合は低下する。冬季ではオランダ人とスイ

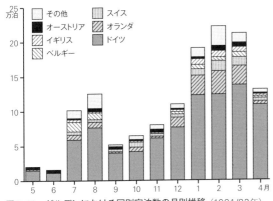

図9-11 ゼルデンにおける国別宿泊数の月別推移（1991/92年）
注：ホッホゼルデンおよびツヴィーゼルシュタインの数値を含む。
資料：Tourismusverband Ötztal Arena

表9-11 ゼルデンおよびホッホゼルデンにおける冬季観光客の参加活動割合*)

活動	ゼルデン（％）	ホッホゼルデン（％）
スキー	97.8	100.0
歓談	44.2	26.9
水泳	30.8	11.5
散歩	19.2	0.0
サウナ	16.3	23.1
見物・見学	7.0	0.0
買い物	7.0	0.0
ソリ	7.0	0.0
テニス	5.2	0.0
クロスカントリースキー	4.1	0.0
保養・静養	2.9	15.4

*)アンケート調査による複数回答（1987/88年）
資料：Haimayerによるアンケート調査

ス人の宿泊数が多くなる。一方，夏季ではベルギー人の割合が高い。これらの多様化は1990年代で顕著になっている。

このような観光客はどのような行動をするのかを，1987/88年に行われた既存のアンケート調査結果に基づいて説明する[1]。冬季では，98から100％の滞在者がスキーを行っている（表9-11）。さらに95％は毎日スキーを滑っていた。スキーのほかは歓談や水泳が多くを占めるが，ゼルデンおよびホッホゼルデンの環境を反映した差異がみられる。ホッホゼルデンは完全なホテル集落で，活動のほとんどはホテルが備える施設に依存するため，上記のほかには，サウナと静養・保養があり，これらの活動参加率はゼルデンに比べて高い。一方，ゼルデンでは，買い物やテニス，さらにはクロスカントリースキーも可能である。

一方，夏季ではトレッキングが76％を占め，スキー参加率は34％にすぎなかった。歓談の割合はわずか7％であり，冬季の夜長が歓談の多さに反映しているものと思われる。

(6) 宿泊施設の変化

宿泊数の増加は，後述する宿泊施設のみならず，建物数の増加ももたらした。1975年から1985年の間に，平均して毎年約15棟の建物が新設され，30棟で改築・増築がなされていたという（Bernt und Pauer, 1987）。1981年，ゲマインデには，合計して724の建物が存在した。この建物数は，1991年には852へ，さらに2001

---

[1] このアンケート調査は，インスブルック大学地理学教室のハイマイヤー Haimayer氏が，1987年の冬季と夏季，エッツタールの滞在者に対して行ったものである。冬季は442サンプル（うちゼルデンが172，ホッホゼルデンが26），夏季は444サンプル（うちゼルデンが192）であった。

年には1,031へと増加した（図9-4）。とくに1991年から2001年にかけての増加が著しい。

　ベッド数は，ゲマインデ全体において継続して増加した。1990年代半ばで15,000ベッドを超えるまでになった（図9-8）。ゼルデンでは，1980年代にベッド数はかなり増加した（表9-4）。1982/83年の6,862ベッドから，1992/93年には9,177ベッドとなった。この時期の特徴は，第1に安価な宿泊施設（2星＋1星）の増加である。第2にアパートメントの増加である。1977/78年の188ベッドから，1986/87年には1,120ベッドとなり，1992/93年には1,984へと上昇した。その後はデータがないものの，アパートメントの増加は進行した。一方，ホテルやガストホーフの変化はあまりない。しかし，より安価な朝食付きペンションや小規模施設におけるベッド数はかなり減少している。

　1990年代前半，アパートメントは，ホテルや朝食付きペンション，小規模宿泊施設内に複数のユニットが整備される例が多かった。たとえば，小規模宿泊施設のうち一般の貸し部屋のほかに，アパートメントを備えたものは1986/87年の48施設から1992/93年には84へと増えた。こうしたアパートメントの増加は，宿泊客にとっては日常生活と遜色ない広いプライベート空間が確保されること，自炊も可能であることなどのメリットに基づいていた。また，経営者側にとっては，掃除の手間が省けること（掃除は週一度またはチェックアウト後），食事の提供が義務ではなくなることなどの省力化が評価された。

　当時，スキー場も含めて，宿泊施設や後述するサービス業施設の全てが地元資本によっていた。一部の施設が外国の銀行から融資を受ける例がみられるのみで，外部資本の進出は全くなかった。

(7) 都市的施設の増加と就業構造の変化

　さまざまな都市的サービス業の増加が認められる。これらは，主として，滞在客向けのものである。とくに，レストランや喫茶店のような飲食サービスの増加が顕著である。1967年の時点では，わずか7軒のレストランと5軒の喫茶店があるのみであった（表9-8）。しかし，1993年にはその数は，それぞれ37と21へと大幅に増加した。レストラン数の増加は，多くのホテルがレストランを併設するようになったことに基づいている。これによって，十分な飲食サービスの供給がなされているようにみえるが，冬季の繁忙時期における夕食時には，需要が供給を上回ることが生じている。

　アプレスキー施設の増加も顕著である。ディスコ，ナイトクラブ，パブなどが26軒みられ，若者やアルコールを好むスキーヤーを集めた。さらに13軒のスポー

ツ店，9軒のブティック，7軒のスーパーマーケットが存在した。銀行もまた多く存在した。当時の通貨，ドイツマルクなどからオーストリアシリングへの両替が必要とされたため，銀行も人口規模に比べて多くみられた。そのほか，旅行会社も複数あり，インスブルック，メラーノやガルダ湖（ともにイタリア）などへの周遊旅行を企画・販売したりしていた。

　上記のような観光化に伴って，就業構造の第三次産業化も著しい（表9-5）。逆に農林業と「工業・小規模産業」の割合は大きく減少している。総農家数の減少は鈍化したものの，「兼業2」の形態，すなわち農民夫婦の労働時間のうち農作業に割かれる時間が50％以下の農家数は，1980年の56から1990年には113戸へと増えている（表9-6）。ゼルデンで50％を超える農外作業に該当するのは，ほとんどが観光産業で，たとえば，リフト会社の従業員，スキー教師，飲食店や宿泊施設での従業員などである。

　観光産業での労働力需要もますます増加している。1970年代においても季節労働者への依存が高まっており，すでに地元の労働力不足が顕在化していた。この傾向は，この時期にますます強まった。ゲマインデ役場での聞き取り調査によると，1990年代前半，冬季の労働力はおよそ2,800人いたと見積もられていた。そのうち2,000人は外部からの労働力であり，さらにうち1,500人が季節労働者，500人が通勤労働者であった。残りの800人が地元の労働力となっていた。また，全2,800人のうち，約2,000人（約71％）は宿泊施設と飲食店での労働力であった。さらに200人のスキー教師，160人のリフト会社従業員，60人のスポーツ店販売従業員などが存在した。通勤者のほとんどはエッツタール内から来ていた。一方，季節労働者の居住地は広く，エッツタール内以外のチロル州，ケルンテン州，シュタイアーマルク州が多い。さらに，旧ユーゴスラビア，トルコからの外国人も増えつつあった。

6）第二次発展期（1998年以降）

（1）スキー場の連結

　ゼルデンにおいては，1970年代半ば以降，冬スキー場と氷河スキー場とがそれぞれ異なる時期に営業されていた。それは，氷河スキー場へのアクセスが道路のみであること，その道路が真冬には通行不能となることに基づいていた。

　しかし，地球温暖化傾向下で，アルプス諸国の中でも比較的標高の低いオーストリア・アルプスでは，積雪の減少傾向や氷河の縮小が問題視されていった。そうした中，ゼルデンでは，積雪が豊富でまた雪質の良い氷河スキー場の冬季利用が実行されることになった。具体的には，1998年に3基のリフト（Seekogl, Einzeiger〈写

写真9-9　氷河スキー場へのリフト整備（2014年2月）　1998年に氷河スキー場へのリフトが整備された。左のリフトはアインツァイガー Einzeiger，右はシュヴァルツコーグル Schwarzkogl である。

写真9-10　ゴンドラリフト・ガイスラッハコーグルの山麓駅舎（2011年12月）　1988年に改築された山麓駅舎（写真9-6）は，2010年にガラス張りの斬新なデザインのものに置き換えられた。

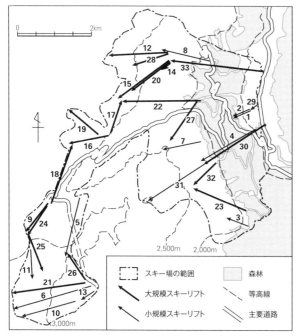
図9-12　ゼルデンスキー場における施設の分布（2016年）
注：スキーリフトの記号は表9-2の番号2に対応。
資料：Ötztal Tourismusのスキー場コース図．Amt der Tiroler Landesregierung (2011)

真9-9），Gletscherexpress）が建設され（表9-2のNo.40〜42），これらによって，ゼルデンスキー場と氷河スキー場が索道によって結ばれた（図9-12）。

　上記の「連結」によるリフト数増加があるものの，第二次発展期に総リフト数は逆に減少した（表9-3）。スキーヤーの流れを考慮して不要なリフトは撤去された（表9-2）。1998年以降のリフト建設は，ほぼその更新によるものである。例外は連結に伴ってその北部に4人乗りリフトSchwarzkoglが新設され（1999年）（写真9-9），新しいコースが整備されたことである。それ以外は，より輸送能力の高い，新規のリ

写真9-11 レッテンバッハ氷河でのスキーコースと人工降雪機
(2014年2月)
氷河スキー場にも多くの人工降雪機が設置されている。

表9-12 ゼルデンスキー場における人工降雪システム (2016年)

ゲレンデ	P	L	M	人工雪設置コース	コース延長(km)	その他
ギッギヨッホ＋その上部	148	19		11, 12, 13, 14, 15, 19, 20, 21, 22, 23, 24, 25	59.96	ポンプ施設4, 減圧施設1, ポンプ・減圧施設1, 貯水池1 (15.5万 m^3)
ガイスラッハコーグル＋その下部	62	15		1, 2, 2a, 3a, 3b, 4, 5, 6, 7, 7a, 7b, 8, 9, 10, 50	34.00	ポンプ施設4
氷河	45	0		30, 31, 33, 36, 38, 39, 40	17.05	ポンプ施設3, 分配施設1, 貯水池2 (41.5万 m^3 + 0.9万 m^3)
合計	255	34	74		111.01	

注:P:固定ファンタイプ, L:ガンタイプ, M:移動タイプ。コース番号は口絵15参照。
資料:https://www.soelden.com/schneeanlagen (2016/07/11参照)

フトに架け替えが進んでいる。それだけではなく、リフト駅舎のデザインにも工夫がなされるようになった。2010年に更新されたゴンドラリフト・ガイスラッハコーグルは洗練されたデザインの駅舎をもつ (写真9-10)。2015年現在のリフト総数は34基で、総輸送人員は1時間当たり68,000人に達する (表9-3)。スキー場内のレストラン・休息所は33か所である。こちらもリフト駅舎の更新と合わせて、洗練されたデザインへと改装されているものもある。

(2) 人工降雪システムの拡大

　地球温暖化の影響は人工降雪への依存を高め、また氷河スキー場の利用変化をもたらした。ゼルデンでは、既述のように1984年から人工降雪機の設置が進められてきた。2006/07年はオーストリアでは記録的な少雪であり、その直後、ゼルデンスキー場では2,300万ユーロが人工降雪システム整備のために投資された。その内容は、より標高の高いゲレンデへと人工降雪機を設置することであった。かつて、積雪が比較的豊富に存在した1990年前後までは、人工降雪は積雪の不安定なゲレンデ下部で使用され、人工雪の被覆は土壌や植生の保護のためにも重要であった。しかし、そうした利用空間は標高の高い地域へと拡大している (写真9-11)。そのために、2007年、ギッギヨッホ上部の2,600m地点に15.5万 m^3 の貯水池が、2010年には氷河スキー場 (ティーフェンバッハ氷河) の標高2,919mの地点に貯水量41.5万 m^3 の貯水池 (面積3.3ha) が建設された。そのほか、ポンプ設備や水道管

**表9-13 ゼルデンスキー場における
スキーコースの概要（2016年）**

コース番号	難易度	距離(km)	ゲレンデ	人工雪割合(%)
1	中級	3.86	ガイスラッハ	×
1A	初級	0.99	ガイスラッハ	100
1B	上級	0.44	ガイスラッハ	×
2	初級	5.29	ガイスラッハ	100
2A	中級	2.85	ガイスラッハ	100
3	上級	5.71	ガイスラッハ	100
3A	初級	0.62	ガイスラッハ	90
3B	初級	1.34	ガイスラッハ	100
4	中級	5.45	ガイスラッハ	100
5	中級	2.26	ガイスラッハ	100
6	初級	0.95	ガイスラッハ	100
7	上級	1.04	ガイスラッハ	100
7A	中級	0.47	ガイスラッハ	100
7B	初級	0.53	ガイスラッハ	100
8	初級	2.38	ガイスラッハ	100
9	中級	0.69	ガイスラッハ	100
10	初級	1.80	ガイスラッハ	100
50	初級	1.55	ガイスラッハ	100
11	中級	11.35	ギッギヨッホ	100
12	中級	4.96	ギッギヨッホ	100
13	初級	7.98	ギッギヨッホ	100
14	上級	10.21	ギッギヨッホ	40
14A	上級	1.32	ギッギヨッホ	×
15	中級	10.34	ギッギヨッホ	100
16	中級	0.45	ギッギヨッホ	30
18	中級	1.92	ギッギヨッホ	×
19	中級	3.21	ギッギヨッホ	75
20	上級	2.59	ギッギヨッホ	100
21	中級	1.84	ギッギヨッホ	100
22	上級	2.07	ギッギヨッホ	100
23	初級	1.01	ギッギヨッホ	100
24	初級	3.93	ギッギヨッホ	100
25	上級	2.29	ギッギヨッホ	50
30	初級	5.90	氷河	100
31	上級	2.95	氷河	100
32	初級	4.13	氷河	×
33	中級	4.91	氷河	20
34	初級	1.70	氷河	×
35	初級	0.67	氷河	×
36	中級	2.28	氷河	100
37	中級	3.14	氷河	×
38	初級	9.23	氷河	35
39	初級	4.31	氷河	30
40	初級	0.41	氷河	100
41	上級	0.71	氷河	×
61	山岳ルート	0.54	ギッギヨッホ	×
合計		144.65		

コース番号は口絵15参照。
資料：https://www.soelden.com/schneeanlagen
　　　（2016/07/11参照）

の敷設も行われている。

人工降雪機の数は，1998年には35基であったが，2010年には315基へと急増した。2016年では363基が存在する。降雪可能面積は1990年代では約50haにとどまっていたが，2010年には212haへと大きく拡大した（表9-12）。現在では，コースの長さでみると，総延長146kmのうち111kmで人工降雪機が整備されている。多くのスキーコースで人工雪整備が進んでおり，積雪の確実性を高めている（表9-13）。

地球温暖化による氷河縮小は，レッテンバッハ氷河およびティーフェンバッハ氷河でも生じてきている。それゆえに，氷河スキー場の利用も従前とは異なり，営業期間は短縮されるようになった。氷河スキー場は5月上旬から8月下旬まで閉鎖される。ただし，7月上旬から8月下旬の期間は，氷河見物客向けに1基のリフトが営業される。9月は積雪の状況によって営業の可否が判断されるが，通常は9月末から営業が開始される。

(3) スキー場の特性

連結によって，ゼルデンのスキー場は大規模化した（口絵15）。ゲレンデの最低点は標高1,350mで，そこから3,340m（Schwarze Schneide）まで広がる。標高差は約2,000mとなり，オーストリアのみならずアルプス全体でも大規模スキー場として位置づけられる。コース面積は434haで，総延長146kmに達する。最長滑降距離は約15kmで，その標高差は先述のとおり約2,000mに達する。コースのうち，青コー

ス（初級者〜中級者向け）がおよそ48％，赤コース（中級者向け）が30％，黒コース（上級者向け）が20％である（表9-13および口絵15）。ゼルデンのコース割合は，たとえばザンクト・アントンやキッツビューエル，ツィラータールなどのオーストリア国内のほかの著名なスキー場と比べると，初級者コースが多いことが特徴である。それは顧客の技術構成にも反映されている。著名なスキー場では，中級者コースが最も多く，さらにある程度の上級者コースの存在によって，地元のオーストリア人を含めて技術の高いスキーヤーを多く集めている。それに対してゼルデンでは，伝統的に競技スキー会場になることもなく，整備された斜面を快適に滑降するスキーヤーに好まれる。ただし，先述のように，レッテンバッハ氷河でのワールドカップ大回転競技大会が，開幕戦という位置づけで1993年に開始され，2000年からは毎年開催されるようになっている（2006年10月の大会は暖冬のため中止されている）。

　スキー場内でのイベントも多く開催される。DJによる音楽（毎週金曜日〈または土曜日〉），ガイスラッハコーグル中間駅での「チロル料理と音楽」のイベント（毎週水曜日）などがある。2014/15シーズンには映画「007スペクター」のロケ地になり，氷河スキー場への道路やトンネル，ガイスラッハコーグルの山頂駅舎が利用された。この事実はイベント宣伝材料として利用され，ロケ日のスケジュール公開もなされた。

　ゼルデンの集落谷底には，クロスカントリースキー（歩くスキー）向けのコースが二つ存在する（それぞれの延長距離は4.3kmと1.9km）。ゼルデンでは地形的な制約に基づいて平坦地が少ないことから，クロスカントリースキーには適していない。そのため，クロスカントリースキーを行う滞在客の割合も非常に小さい（Gurschler, 1985）。南部の集落ツヴィーゼルシュタインには延長6kmのコースがある。そのほか，約5kmの長さのそりコース（Rodelbahn）が二つある。一つは東側斜面のアルム小屋（Stallwiesalm）からのコース，もう一つはスキー場内最南端のガイスラッハアルムからのコース（夜間のみ）である。

（4）観光客数の継続的増加

　冬半期の宿泊数は，20世紀末から再び増加傾向にあり，2015年度には200万を超えた（図9-5）。一方，夏半期は大きな変動はなく，40万泊前後で安定した顧客を得ている。ただし，冬半期，夏半期ともに，到着数は大きく増加している。2015年度，前者は43万人，後者は13万人であった。それゆえに，平均宿泊数の減少が顕著であり，冬半期は4.7泊，夏半期は3.1泊となっている。つまり，短期滞在が増加する傾向にある。

　宿泊数の月別構成に注目すると，2005/06年には冬季の割合がさらに高まった（図

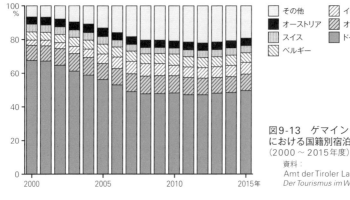

図9-13 ゲマインデ・ゼルデンにおける国籍別宿泊数割合の推移（2000～2015年度）
資料：Amt der Tiroler Landesregierung: *Der Tourismus im Winter (Sommer)*.

9-7)。11月から4月までの冬半期で80％を占め，また全ての月で過去を上回っている。逆に5月と6月，9月という閑散期では宿泊数は少ないという極端なリズムがみられるようになった。

　宿泊数の曜日変動をみると，土曜日に来訪し，また土曜日に帰るというパターンが固定化されてきた。7泊8日というパターンは，宿泊施設にとっても稼働率を効率よく高めることにつながっている。それゆえ，スキーシーズンには，ほとんどの宿泊施設が，直前まで土曜日開始の7泊の予約のみを受けつけている。このような傾向はアルプス全体でもみられる（Behnen, 2012）。イギリス，スカンディナヴィア，オランダ，ドイツ，ロシアからのスキーヤーは，土曜日に来訪する。それゆえ土曜日における交通の集中が顕著となる。

　1990年代半ば頃から顧客圏の特徴は，徐々に変化してきた。それは東ヨーロッパからの宿泊数の増加と，ドイツ人宿泊数の減少である。1989年に始まる東欧革命直後から，オーストリアにはチェコ，ポーランド，ハンガリーおよびスロバキアからのスキー客が増加してきた（Kureha, 2004b）。2000年代以降は，そのほかの東ヨーロッパから，とくにロシアからの宿泊数の増加がみられる。一方ドイツからの宿泊数は2000年代前半から，実数および割合ともに減少するようになった（図9-13）。ただし，2010年代ではやや増加傾向に転じている。そのほかに多くを占めるのは，オランダ，イギリス，ベルギー，スイスであり，この傾向は継続している。

　なお，ゼルデン北隣のゲマインデ・レンゲンフェルト Längenfeld の複数の地区にも多くの宿泊施設が存在する（池永，2002）。レンゲンフェルト全体の宿泊施設数は約380軒（4,700ベッド）で，冬半期の宿泊数は約42万で，夏半期は約30万である（2015年）。そこではゼルデンに比べて若干安く滞在することが可能である。そこからは，ゼルデンへの路線バスや頻繁に走るシャトルバスがあり，リフト券を有していれば無料で利用できる。

写真9-12　インナーヴァルトのアパートメント（2013年8月）
西側斜面のインナーヴァルト地区に存在するアパートメント。左は四つ星で高級なアパートメント（兼ホテル：朝食レストラン，バー有り）で，右は朝食付きペンション（アパートメント1ユニット有り）。

(5) 宿泊施設の大規模化

　ベッド数もまた，ゲマインデ全体において継続して増加している（図9-8）。ゼルデンでも依然としてベッド数は増加しているものの，施設数の増加はわずかである（表9-4）。2008/09年には10,610ベッドへ，2015/16年には11,261ベッドへと増えた。「2星＋1星」や「小規模」といった宿泊施設の減少がみられる一方で，高級な「5星＋4星」クラスでは増加している。そのほとんどは，改装や建てかえによって，宿泊施設の質向上が図られていることによる。さらに，アパートメントの増加も顕著である。とくに，11ベッド以上を有する「大規模アパートメント」でのベッド数の増加が目立っている（写真9-12）。2008/09年には65施設で1,277ベッドであったが，2015/16年には81施設で2,042ベッドへと増えている。ほとんどの宿泊施設では，ホームページで宿泊の外観や部屋，朝食部屋，レストラン，サウナ，プールなどの写真を紹介しているだけでなく，アパートメントの場合には間取り図も合わせて掲載している（図7-10参照）。これによって，利用者はある程度のイメージをもって予約をすることができる。

(6) 夏季観光の持続

　夏季の滞在者の活動は多様であるが，その中心はトレッキングやサイクリングとなっている。それ以外にもラフティングや岩登りなどもある。
　トレッキングは，伝統的な夏季の活動であり，現在でも多くの滞在者が行う。トレッカーの能力や時間に応じてさまざまなルートやコースが整備されており，観光局ではその情報を提供している。極端な例として，「エッツタールトレックÖtztal Trek」と呼ばれる約400kmのロングトレイルがあり，エッツタールの周囲の山脈を回るコースが整備されている。一方，ほとんどの滞在者はゼルデンに滞在しながら日帰りで周囲の山へのトレッキングを楽しむ。トレッカーのために，一部のゴンドラリフトが運行されている。氷河やフェント，オーバーグルグルに至るバスも運行されている。

写真9-13　ゴンドラリフト山麓駅舎でのマウンテンバイカー（2014年7月）　登りはゴンドラリフトを利用し、林道や専用コースをマウンテンバイクで下る。

写真9-14　自転車マラソン直前の国道（2012年8月24日）　2日後に迫った大会のために、コースとなる国道には装飾がなされていた。

　自転車も最近20年程度で人気が大きく高まった。ゼルデンではスキー場のコースや林道を下る、マウンテンバイクのコースが豊富である。登りはバイク持参でゴンドラリフトを利用する（写真9-13）。一方、ゼルデンからオーバーグルグル、ティンメルスヨッホ、フェントなどへのロードバイクのコースも人気がある。さらに、毎年8月末には「エッツタール・自転車マラソンÖtztaler Radmarathon」が、1982年以来開催されている（写真9-14）。ゼルデンからキュータイKühtai経由でインスブルックへ、さらに南下してブレンナー峠を越えてイタリアに入り、ティンメルスヨッホ経由でゼルデンに戻る、延長238km、延べ高低差5,500mにおよぶコースである。ゼルデンがその中心的な開催地になっており、競技スポーツ面でも充実がなされている。

　2004年10月、宿泊機能（400ベッド）も備えた温泉施設、アクアドームAQUA DOMEが北隣のゲマインデ・レンゲンフェルトに開設された。年を通じて、ゼルデンの宿泊客が多く利用するという。とくに、冬季悪天候時の温泉プール利用の人気が高い。

　エッツタール内の宿泊施設では、河谷内の全ての交通機関、索道、アクアドーム、プール、博物館を自由に利用できるカード（エッツタール・カード）を夏季に販売しており、滞在者の便宜を図っている。7日用が73ユーロ（大人、2016年）であった。このようなカードサービスは、オーストリア・アルプスの多くのリゾートで導入されている。夏季宿泊者には無料で提供される地域も多い。

写真9-15　国道沿いのスポーツ店（1992年9月）
1階部分が店舗，2階以上は宿泊施設となっている。

写真9-16　国道沿いの改装されたスポーツ店
（2014年2月）　写真9-15のスポーツ店は，地上2階地下1階の売り場を持つ大規模店へと建てかえられた。背後はアパートメントになっている。

7）リゾートタウン景観の変化

(1) リゾート形成期

　既に述べたように，ゼルデンにおける伝統的な集落は，小村もしくは孤立荘宅が分散した形態にあった。1947年9月に撮影されたフランス占領地域空中写真によると（図9-3），当時の小村分布が把握できる。これらの小村のほとんどは，山麓，または谷底よりもやや高い場所に立地していた。ちなみに，1987年8月24日にゼルデンでは洪水災害が生じたが，伝統的な小村では被害は少なかったことが報告されている（Muhar, 1988）。

　1950年代および1960年代に，建築ブームが生じた。その際，多くの建物が谷底に建設された。1953年当時，エッツタール・アッヘ川沿いには洪水調整のための自然保水機能空間があった（Pfitzner et al., 1989）が，そこにも盛り土工事がなされ建設が進んだ例がみられた。たとえば，ゴンドラリフト・ガイスラッハコーグルの山麓駅舎は，エッツタール・アッヘ川の旧河床上に設置されている。

　1963年時点の建物分布は（図9-14），1947年と比べると多くの拡大がみられる。とくにエッツタール・アッヘ川の西側を並行して走る国道に沿って，建物が立地した。その後，ガイスラッハコーグルへの索道が重視されると，その駅舎付近に多くの建物，すなわち，宿泊施設と商業施設が立地するようになった。

(2) リゾートの量的発展期

　第2の建設ブームは1980年代に生じた（Muhar, 1988）。その建設地は，徐々に山麓へと移行していった。それは，谷底での土地不足や地価高騰によって，さらには斜面における農業的土地利用の減少によっていた。とくに，エッツタール・アッ

ヘ川の東岸最南部のヴィルトムース地区では，村営住宅を中心に多くの建物が建設された（図9-14）。

1990年代前半のゼルデンにおいて，リゾートタウンの中心は国道に沿って回廊状に分布していた。この性格はそれ以前から維持されてきたものであり，ゼルデンには，教会とその前の広場のような，明確な集落中心がないことがその理由としてあげられる。ほかの集落でみられるような教会が中心的役割を演じるような性格が小さいためであろう。ゼルデンの教会は斜面上にあり，国道からもやや奥まっている。リゾートタウンの中心の範囲は二つのゴンドラリフト，ガイスラッハコーグルとギッギヨッホの間である。また，エッツタール・アッヘ川の東岸，フライツァイトアリーナやその西隣の役場付近にも中心機能が集積する。これらの中心では，商店や飲食店，スポーツ店（写真9-15）などのサービス業が存在するとともに，比較的大規模な宿泊施設も集積している。卓越する景観としては，1階部分に商業施設が入り，2階以上部分で宿泊業が営まれる形態である。

一方，中心からやや離れた地区では，農業的な色彩も残っている。畜舎や干し草小屋を有する農家が，数戸存在している。こうした地区では若干の農家民宿が立地することに加えて，離農した住民が経営する宿泊施設も多い。しかし，そこでは宿泊機能が存在する一方で，サービス業はほんの少数のみしか存在しない。

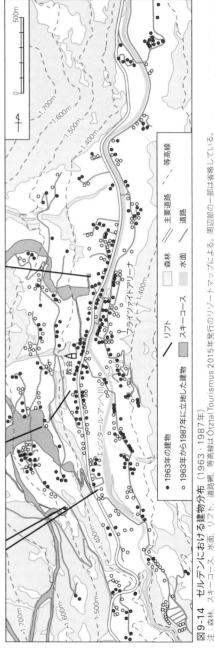

図9-14 ゼルデンにおける建物分布（1963・1987年）

注：森林，スキーコース，水面，リフト，道路網，等高線はOtztal Tourismus 2015年発行のリゾートマップによる。周辺部の一部は省略している。
資料：LandTirol: Laser- und Luftbildatlas Tirol（https://portal.tirol.gv.at/LBAWeb/）．1963年7月15日撮影，1987年8月30日撮影の空中写真による。

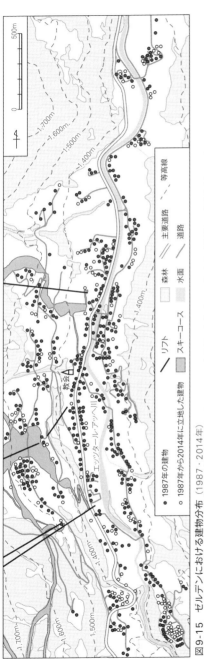

図9-15 ゼルデンにおける建物分布（1987・2014年）
注：森林，スキーコース，水面，リフト，道路網，等高線は Ötztal Tourismus 2015年発行のリゾートマップによる。周辺部の一部は省略している。
資料：Land Tirol: Laser- und Luftbildatlas Tirol (https://portal.tirol.gv.at/LBAWeb/). 1987年8月30日撮影の空中写真。2014年は現地調査による。

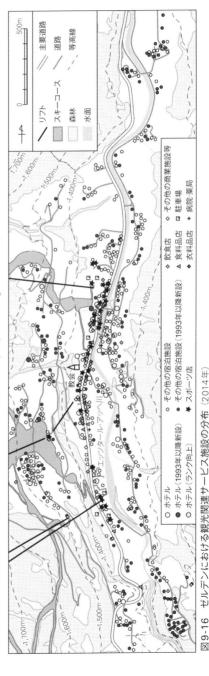

図9-16 ゼルデンにおける観光関連サービス施設の分布（2014年）
注：森林，スキーコース，水面，リフト，道路網，等高線は Ötztal Tourismus 2015年発行のリゾートマップによる。周辺部の一部は省略している。
資料：現地調査。1992年時点の宿泊施設は当時のリスト (Tourismusverband Ötztal Arena発行) による。

写真9-17　センターシャトル Zentrum Shuttle（2013年9月）　谷底部から段丘面にいたるセンターシャトルは，2010年に完成した（もとは1人乗りチェアリフト有り）。インナーヴァルト地区などへの動線として重要である。

写真9-18　ガラス張りのアプレスキー施設（2016年2月）　ガラス張りの部分が店舗であり，高い天井をもつ。スキー帰りの人びとがビールを楽しむ。2階以上は宿泊施設となっている。

（3）リゾートの質的発展期

　2000年前後以降は，それまでの急激な建設ブームではないものの，建物の増加は継続している。ゲマインデの建物数は2011年まで継続して増加してきたことに加え（図9-4），人口も同様に著しく増加している。

　建物増加の要因はアパートメントの増加である。1987年から2014年の間の建物新設は，周辺部に多い（図9-15）。傾斜の大きい森林が迫る東部では，最南部のヴィルトムース Wildmoos 地区を除いて新設が少ない。一方西部の山麓では，スキーコースとの近接性に基づいて，多数の新設建物がみられる。宿泊施設出入り口から直接スキーコースに出られる利便性は，スキーヤーを惹き付ける重要な立地要因である。

　最後に，2010年代半ばのリゾートタウン景観の特徴を説明する（図9-16）。リゾートタウンの中心が国道に沿って回廊状にみられる性格は維持されている。とりわけ，観光関連サービス業は，ゴンドラリフト・ギッギヨッホ山麓駅とケーブルカー（センターシャトル Zentrum Shuttle，写真9-17）山麓駅付近の間で分布密度が高い。すなわち，ゼルデンの飲食店，スポーツ店，食料品店，衣料品店の多くがこの地区に著しく集中している。一方，ゴンドラリフト・ガイスラッハコーグル山麓駅付近では，中心性の高まりはそれほどでもない。それは，ギッギヨッホ山麓駅からは氷河スキー場へのアクセスが良いためである。とはいえ，ある程度の数のスキーヤーがガイスラッハコーグル山麓駅からその日のスキーを開始し，またそこでスキーを終えるため，この駅舎付近にもスポーツ店や飲食店が集積している。

　飲食店は，宿泊施設に付随するかたちで従来と同様に多い。それに加えて，アプレスキー施設として，ビールやラードラー（ビールのレモネード割り），ワインやカクテルを中心に提供するものが増えている。ガラス張りの洗練された建物や（写真9-18），テラス席などの人気が高い（写真9-19）。スキー帰りに立ち寄るスキーヤーが多くみられる。

写真9-19 テラス席を備えたアプレスキー施設（2016年2月） 夕方にはスキー帰りの人びとで賑わう。

写真9-20 ゴンドラリフト・ギッギヨッホ山麓駅舎に隣接するスポーツ店（2014年2月） このスポーツ店は，ゴンドラリフト・ギッギヨッホ山麓駅舎に隣接し，スキー場の行き帰りに利用するのに便利である。右側は立体駐車場。

　スポーツ店は27軒存在し，その半分以上がゴンドラリフト・ギッギヨッホ山麓駅付近に分布する（図9-16，写真9-20）。1993年には13軒であったので，その数は倍増した（写真9-16）。実際には，7社がそれぞれ複数の支店を有している。スポーツ店増加の要因は，レンタルスキー需要，アウトドアファッション需要の増加などである。スキーヤーの多くが，スキー板を購入するのではなく，レンタルで済ますようになってきており，またさまざまな性格のスキー板（たとえばファットスキーなど）を試すことが可能であることなどに基づいて，レンタルスキーの重要性が高まっている。オンラインでの受付やスタッフの多言語対応によって，サービス提供がなされ，土曜日に集中するスキーヤーの来訪に対応している。大人のスキー板とスキーブーツのセットレンタル価格は1週間で200ユーロ前後である（2016年）。また，2000年代半ば頃以降，アウトドアファッションがヨーロッパで人気を集めており，その買い物の場としてもスポーツ店が重視される。個々のスポーツ店は複数ブランドの衣料品等の最新モデルを取りそろえている。個別のブランドの出店もあり，アウトドア製品以外の衣料品を扱う，衣料品店も複数立地している。

　食料品店については，スーパーマーケットが4軒（大規模3，小規模商店1），パン屋，肉屋などがある。斜面を利用して立地し，地下駐車場を備えた大規模なスーパーマーケットが最南部の国道沿いにあり（図9-16），それ以外は中心部に立地する（写真9-21）。しかし，アパートメントに泊まるとしても，本格的に夕食を自炊するスキーヤーは1990年前後と比べて少なくなってきており，朝食用の食材や飲料の購入が中心であるという。

　宿泊施設の大規模化については既に述べた。中心部を中心に大規模なホテルが分布する（図9-16）。既存宿泊施設の改築もあるが，周辺部では宿泊施設の新設（1993年から2014年）も多くみられる。ほとんどがアパートメントで，最近のものでは豪華な造りを強調した施設が多い。また，大規模なホテルが別棟としてアパートメ

写真9-21　国道沿いのスーパーマーケット（2014年2月）　中心部のスーパーマーケット。冬と夏のシーズンには滞在客で賑わう。

写真9-22　新しい様式のスポーツ店とホテル（2011年12月）　屋根が平らで機能的な建築物が増えており，景観の調和の観点から問題が出現している。

写真9-23　国道沿いの中心部景観（北部）（2014年2月）　スキーシーズン，時間帯によっては多くのスキーヤーが歩道をしめる。

写真9-24　国道沿いの中心部景観（北部）（2014年7月）　夏シーズン，歩道が比較的狭く，道路交通は比較的多い。

ントを設置する例もある。ベッド数という量よりも質の向上が目立っている。

　1990年代までに新設された建物は，そのほとんどがゼルデンにおける伝統的な建築様式と類似するものであった。しかし，2000年頃以降，芸術性や機能性を強調した建築様式が出現するようになった。ゴンドラリフト・ガイスラッハコーグルの駅舎（写真9-10），ガラス張りのアプレスキー施設（写真9-18），平らな形態の屋根（写真9-22）などがその典型例である。また立体駐車場も2か所設置されている（写真9-20）。

　既に述べたように，ゼルデンの中心は国道に沿って存在する（写真9-23，写真9-24）。この国道はオーバーグルグルやフェントに至る唯一の道路であり，夏季にはティンメルスヨッホを越えてイタリアへと通じる。こうした大動脈が，中心としての人びとの歩行空間と共存していることが問題視されてきた。排気ガスや騒音，歩行者の安全性などに関する問題である。これに対して通過交通軸を別に設けて対

応する案が出ている。その第一はトンネル計画である。しかし，2017年現在，実現はもう少し先のことになる予定である。

8）まとめ

　ゼルデンは第二次世界大戦直後まではリゾートとしての側面もみられたが，条件の厳しい山間農村であった。その後，スキー場開発が徐々に標高の高い地域へと進むなかで，宿泊者数が急増し，経済活動の中心は観光業へと移行した。景観的にも，スキー場の諸施設をはじめ，宿泊施設が卓越する。地区の中心部，国道の両側に飲食店やスポーツ店，その他の商業施設が集積し，リゾートタウンが形成されてきた。
　ゼルデンでは，氷河スキー場を連結したことによるスキー場の大規模化，そこでの継続的な施設更新にみられるように，スキー場開発が常に進行している。リゾートタウンでは，宿泊施設の高級化，サービス施設の多様化が目立っている。ドイツ人を中心とする宿泊数は，スキー場とリゾートタウンでの発展と連動して継続的に増加している。人口や建物も増加傾向を示しており，スキーリゾートとして継続的な発展がみられる。こうした傾向は，8章で示した国内高級スキーリゾートのレッヒやキッツビューエルの停滞傾向とは異なっている。それらの高級スキーリゾートとは異なったゼルデンの魅力や洗練されたイメージが定着したことによって，このような発展傾向が続いていると考えられる。
　こうした発展を可能とした点としてあげられるのは，まずゼルデンが有する自然条件であろう。山地の標高が高いことや，さらに氷河が存在することは，地球温暖化の影響を強く受けるアルプス地域，とくにオーストリア・アルプスにおいてゼルデンのスキー場が持つ有利な独自性である。また，スキーヤーの行動や好みが多様化しているなかで，ゼルデンではイベント開催，飲食店やスポーツ店などのサービス業においてそれらのニーズに対応してきた。隣接する高級リゾートのオーバーグルグル，スキー場はないものの安価な宿泊施設が卓越するレンゲンフェルト，同地にある大規模な温泉施設などとも連携して，エッツタール自体が巨大なリゾート空間を形成しているとみることもできよう。
　しかし，ゼルデンでは，毎年のようにリフト券や宿泊料金などの価格，すなわちサービスへの対価が上昇している。それは毎年のようにスキーリフトが更新され，新しいデザインの建物が増えている結果でもあろう。それゆえ，価格上昇傾向は，スキーリゾートとしての発展傾向が続くかぎり，維持されるのであろう。今後の動向を注意深く見守る必要がある。

IV

結論

オーバーグルグル（2016年2月）

　本書の目的は，スキーリゾートの発展プロセスを解明することであった。これまでの章で，日本およびヨーロッパ・アルプス地域を対象に両者を比較検討しつつ，スキーリゾートの発展プロセスにみられる諸特徴を示してきた。その結果は次のようにまとめられる。

1）日本とオーストリアにおけるスキーリゾートの発展プロセス

　オーストリアをはじめとするアルプス地域には19世紀末にスキーが伝播し，アルペンスキー技術が徐々に確立していった。日本でもやや遅れてアルペンスキー技術が移入された。その後徐々にスキー場がレクリエーション空間として成立するようになっていった。そのスキー場を核としてスキーリゾートが形成されていく。第二次世界大戦後のマス・ツーリズム時代には，両国ともに著しい発展傾向がみられた。スキー人口は増加し，彼らを受け入れるスキーリゾートは地域的に拡大するとともに，個々のスキーリゾートの規模も大きく拡大していった。

　リゾートタウンは，白坂（1986）が指摘したスキー集落を援用すれば，既存集落がスキー集落へと移行し性格変化する場合と，非居住地に新しく集落が生じる場合とがある。前者は東アルプスでみられる，農業集落をベースとして標高の高い地域へとリゾートが拡大していく形態であり，日本でも同様に農業集落，さらには温泉

地の背後のスキー場が開発されて，スキーリゾートへと変貌する例がみられる。一方，後者は西アルプス，とくにフランスで1960年代前後に計画的に開発されたスキーリゾートに代表される。また日本でも，1972年の斑尾高原を嚆矢とするが，1980年代のリゾート開発ブーム期に，安比高原など複数のスキーリゾートが非居住地域に開発された。

しかし，1990年代半ば以降，日本のスキー観光はスキー人口の減少や利用者数の減少にみられるように大きく衰退している。その結果，小規模なスキー場を中心にすでに4割近くのスキー場が閉鎖・休業されている。その要因は，積雪不足よりも，利用者減少に伴う経営悪化に求められ，さらには「近接逆効果」や市町村合併の影響も大きかった。一方で，継続して営業しているスキーリゾートも，ほとんどは停滞段階に入り，スキーリゾートとしての性格維持のために経営方法を工夫したり，夏季観光への依存を強めたりといった対応策がとられてきた。しかし，スキーヤーの訪問数が減少したために投資も減少せざるを得ないという悪循環がみられる。その結果，スキー場内の施設の更新はなかなか進まず，スキーヤーへのサービス向上があまり見込めない状況にある。

その一方で，オーストリアの一部のスキーリゾートでは，宿泊数が継続的に増加し，またスキーリフトや宿泊施設，サービス施設の更新が頻繁になされるなど発展傾向が続いている。オーストリアにおけるこうした継続的な投資は，スキーヤーの継続的訪問に基づくが，その根底にはスキーリゾートにおけるサービスの継続的向上があり，そうしたイノベーションが重要という指摘（Mayer, 2009）もある。

こうした日本とオーストリアの違いの背景には，日本の経済がバブル崩壊以降，継続的な不況が続いていることに対し，EUには統合深化とともに生じている経済成長があるように思われる。ドイツやオランダなど一部のEU諸国では，人びとのスキーバカンス消費が盛んであるし，オーストリアのスキーリゾートでは，チェコやポーランドなどの東欧諸国の一部の人びとの訪問が目立っている。

日本では，山地・積雪という自然条件はスキーリゾートの発展にとって重要ではあるが，これ加えて大都市からの近接性も重要な役割をもつ。それは後述するように，短期滞在が卓越するという，日本人スキーヤーのスキー旅行，さらには後述する「スキー文化」の性格に基づく。ただし，日本のスキーリゾートに外国人スキーヤーが多数訪問するようになった要因の一つは積雪であり，世界でも稀な新雪・深雪環境が評価されている。

一方，アルプス地域のスキーリゾートは，標高の高さなどの山地規模に基づいて大規模なスキーコースを有する。とくに標高が高いという条件は，地球温暖化傾向が続くなかで，人工雪利用によって積雪の確実性を高められるという，他のスキー

リゾートとの差別化を強調する点で有利である。この点がアルプス地域のスキーリゾートに発展をもたらした重要な条件である。さらに，スキー場の横の連携も重視されている。共通のリフト券を設定してスキーヤーに利便性をもたらすだけでなく，スキーリフトで物理的に連結する例も多くみられる。

2) 日本とオーストリアにおけるスキーリゾートの要素

両国のスキーリゾートにおいて，スキー場とリゾートタウンがある点は共通している。しかし，その内容はかなり異なっている。スキー場に関しては，上で示したように施設更新において差がみられるが，基本的にはともにスキーリフトやレストラン，人工降雪機が整備されている。サービスの提供でもほぼ共通しているが，スキーヤーが年末年始や週末に著しく集中する日本と，長期滞在で平日にも分散しているオーストリアとでは状況は異なる。つまり，スキー旅行形態の違いが，混雑という状況をもたらしている。逆にいえば，日々変動が少なく分散してサービスが提供可能なオーストリアのスキー場と，週末の混雑時を想定してサービスを提供しなければいけない日本のスキー場との違いにもつながっている。

リゾートタウンの内容の違いも，スキー旅行形態の違いに基づいている。リゾートタウンでは，宿泊施設が景観の中心を占めることは両国で共通する。宿泊施設の種類が多様である点も共通しており，これは経済的制約の強いスキー旅行において多様なスキーヤーを受け入れる基盤となっている。日本では伝統的には温泉旅館と民宿が宿泊施設の重要な柱であったが，1970年頃からペンションやホテルの重要性が増している。ただし，スキー観光停滞期には民宿やペンションの廃業が増えており，さらには全体的に施設の更新が進んでいない。さらに，日本のスキーリゾートの宿泊施設では1泊2食の提供が一般的であり，逆にこれが，民宿など個人経営の宿泊施設における労働過多をもたらしているともいえる。

一方，オーストリアではペンションが伝統的な施設で，それが大規模化されてホテルなどへと変貌している例が多い。4星＋5星の施設が増加し，宿泊施設の高級化が進んでいる。同時に，施設の更新も頻繁になされ，基本的にはバス・トイレ付きの部屋が大半を占めるようになり，近年ではインターネット環境整備や間取り情報の提示など，サービスが手厚くなっている。さらに，1990年以降はアパートメントの増加が顕著である。これによって，利用者は日常生活に類似した空間でスキーバカンスを過ごせるようになっている。両国でのこうした宿泊施設の違いは，リゾートタウンでの過ごし方の違いを反映したものであろう。

宿泊施設以外のサービス施設に注目すると，日本では，土産品店が比較的多く立

地する点は特異であろうが，そのほかのサービス施設はオーストリアに比べると極端に少ない。これは，土産品購入，宿泊施設での1泊2食サービスが文化として根付いている日本の特徴を反映したものである。オーストリアでは多様な飲食店，スポーツ店，スーパーマーケットなど，さまざまな業種がリゾートタウンの中心部に立地している。それは，高級ホテル以外では朝食付きの宿泊が主流であり，また食事の提供されないアパートメントの普及で飲食店の利用者が非常に多いことを反映したものである。さらに，アルコールを楽しむことのできるアプレスキー施設の人気も高い。そうした外食の楽しみも，バカンス長期滞在においては重要な地位を占める。さらにはスキー用具や衣料品，場合によっては宝石などの買い物も滞在中の楽しみの中で重要な地位を占めるため，スポーツ店や洋品店などの集積をもたらしている。その結果，洗練されたイメージが定着することによって，スキーヤーによる継続的な訪問がもたらされていると考えられる。

3) 日本とオーストリアにおけるスキー文化の差異

　このように両国のスキーリゾートの性格に多様な違いをもたらしている，「スキー文化」の違いはどのように形成されたのであろうか。ここでいうスキー文化とは，スキーヤーによるスキーの楽しみ方，スキーリゾートでの行動様式を含めたものである。

　マス・ツーリズム以前のスキー文化の担い手は，富裕層であった。アルプス地域と日本ともに，当時は，彼らによる長期滞在が卓越していた。アルプス地域では，もともと存在した夏季のバカンス滞在が冬季にもなされるようになった。一方，日本にスキー技術を本格的に移入したのは，既に述べたように，オーストリア・ハンガリー帝国のレルヒ少佐である。その後も，オーストリアやフランスなどからスキー技術が移入され，改変・定着してきた。技術移入当初は，外国人の避暑地滞在などに影響を受けた富裕層が，スキー技術移入後に温泉地などに長期滞在してスキーを楽しんだ。つまりこの時期までは両地域でスキー文化は，長期滞在という点では類似していたと考えられる。

　しかし，マス・ツーリズムになると，アルプス地域ではバカンスの普及と結びついてリゾートが発展した。すなわち，人びとの大半は夏季にバカンスを取得して海岸リゾートに滞在する一方で，一部の人びとはバカンスの一環として，スキーリゾートに滞在するようになった。さらに，当初は10日間や2週間の滞在が一般的であった。近年では滞在期間はそれよりも減少しているものの，7泊8日の滞在が多くみられ，滞在文化が継続して存在している。逆に稼働率を高めるという宿泊施設側の意向で，

土曜日が移動日に固定されるような傾向が生じてきた。

　一方，日本では，マス・ツーリズムの過程で，夜行列車の利用にみられるように短期滞在のスキー旅行が主体となった。その背景には休暇の少なさ，経済的な余裕の少なさがあったと思われる。そうした中でリゾートタウンには廉価で宿泊できる民宿が発展してきたのである。冬季以外の季節においても，同様に短期滞在の観光が主流をなしてきた。長期休暇制度の確立が望まれるが，ハッピーマンデーによる祝日数増加では，短期の連休が増えるのみである。したがって，観光全般に短期滞在という性格がみられ，この性格がスキー文化にも影響しているように思われる。その背景には，スキーヤーの出発地である大都市とスキー場が比較的近接していることもある。1980年代以降は積雪地域への高速交通網の整備が進み，大都市からより短時間でスキーリゾートに到達できるようになり，日帰りスキーヤーの利用に特化するスキー場も現れた。また，長期に滞在して楽しむことのできるスキーリゾートがかなり限られるということも影響しているかもしれない。

　観光は，日常生活圏を離れるという特性をもつ。この点では観光目的地は非日常空間である。これはスキーリゾートのみならず，リゾート全般についても同様である。しかし，人びとはリゾートにおいて，そこでの過ごし方の一部に日常生活と同じ水準の内容を求めるようになってきた。こうしたリゾートでの日常性は，すでに別荘での過ごし方にみられていた。ところが，スキーリゾートでも日常性が求められるようになると，日常の生活空間よりも狭い一般的なホテル客室よりも，日常の居住空間の間取りに類似したアパートメントが好まれるようになると考えられる。この傾向は，とくにアルプス地域で強いが，日本においてもニセコ地域や白馬村などで徐々に現れている。日本では，短期滞在向けのサービスや施設が立地しており，長期滞在というスキー文化を満喫しようとするインバウンド・ツーリズムに対応できる施設が存在しなかった。外国資本によるアパートメントの急増は，その供給のすき間をついたものであろう。スキー観光停滞期という時期もあって，投機対象という側面も強調されながら，外国人の進出によってアパートメントが集積している。

4）日本とオーストリアにおけるスキーリゾートの展望

　日本のスキーリゾートには，今後，インバウンド・ツーリズムへの対応がますます求められる。2000年頃以降，目立ってきたのはオーストラリアからのスキーヤーである。しかし，すでに欧米諸国やアジア諸国からのスキーヤーも増えつつあり，今後も成長する可能性は大きい。アジアのスキーリゾートという性格は，日本のスキーリゾートの今後の持続的発展には重要な視点となるであろう。

インバウンド・ツーリズムへの対応は，日本のスキーリゾートにとっては第二次世界大戦前以来のことである。当時は志賀高原や妙高赤倉に外国人滞在向けのホテルが外貨獲得政策の一環として整備された。また，当時はホテル内でのサービスが主体であった。しかし，現在は大量の外国人が日本のスキー場を訪問している。また，戦前とは異なって日本と欧米諸国とのスキー文化の差異が明瞭になっている。さらに，オルタナティブ・ツーリズムの発展によって，さまざまな形態で日本文化に触れて楽しむことも求められている。こうした状況下，日本人がそうした要求に対し，どのようにサービス展開をすべきかについて判断が遅れている。それゆえ，外国人が媒介の役割を演じ，彼らが中心となって欧米諸国のスキー文化というイノベーションを日本のスキーリゾートにもたらしてきた。ニセコ地域や八方尾根，野沢温泉などでそのイノベーションに基づいた起業が多く生じ，新しい宿泊施設やサービス業を急激に出現させているのである。この点は，スキーリゾートに外部からの経営を受け容れることのほとんどない，オーストリアの例とは大きく異なっている。日本のスキーリゾートがインバウンド・ツーリズムに対応するには課題も多いが，日本のみならず外国のスキーヤーのスキー文化を認識しつつ，サービス展開していくことが求められる。

　現在の日本のスキーリゾートでは，スキーヤー訪問が減少したことによって，宿泊施設・飲食施設などのサービス業が経済的に苦しい状態にある。それゆえに後継者が不足するといった悪循環が，インバウンド・ツーリズムへの対応にも後手後手に回らざるを得ない状況を生じさせている。今後は，ニセコひらふ地区でなされようとしているエリアマネジメントの考え方が参考になるかもしれない。しかし，重要であるのは，スキー場の性格を見極めてそれに合致するスキーヤー向けのサービスを展開することであろう。

　また，日本特有の合宿による観光者の受け入れが，スキーリゾートの持続的発展を支えている傾向もみられる。民宿の集積，さらにその拡大によって形成されてきたスキーリゾートは，グラウンドなどの施設が確保されれば，合宿の受け入れに適している。それに対して，農村ツーリズムの振興は単独では，ある程度の規模の顧客を継続的に受け入れることが難しいと思われる。トレッキングなどとも組み合わせたスキーリゾートの性格づけも重視される。積雪地でのスキー教育が，スキー人口維持やスキー場経営維持をもたらす可能性は大きい。究極的には，長期滞在というスキー文化が根付くことができれば，スキーリゾートの継続性は確実視されるのかもしれない。

　一方，オーストリアのスキーリゾートがいつまで発展傾向を継続させるのであろうか。施設更新によるサービス向上がいつまで続くのかは疑問であるし，人工降雪

写真10-1　ツィラータール・アルプス（2015年8月）
オーストリア，チロル州のツィラータールの中心地マイヤーホーフェンの南部にツィラータール・アルプスがある。スキー場開発の進んでいない山岳景観は人気が高い。ベルリン小屋（標高2,042m）付近からはイタリアとの国境をなす標高3,000mを超える稜線の氷河が見える。

写真10-2　オーバーグルグル付近のエッツタール・アルプス（2016年9月）
シェーンヴィース小屋（標高2,266m）には，オーバーグルグル（9章参照）から南西に谷を遡り，約60分で到達する。

機を過度に稼働させた経営が成り立つのかどうかも不明である。Bourdeau (2009) が示したモデルによれば，2060年にはアルプス地域は夏季の目的地になるという。高い標高のために，冷涼な夏季の気候を有するアルプス地域の特徴に基づくものであろう。一方，冬季は，海岸が避寒地としての目的地になると予測している。海岸は，夏季には猛暑になるためである。確かに，オーストリアでは夏半期の宿泊数は最近増加傾向を示している。この増加には都市観光の成長が大きく寄与していることが考えられるが（呉羽，2016），アルプス地域での夏季観光も訪問者数を継続して維持している。アウトドア系の衣料品や用具の流行とも相まって，トレッキングの人気も高い（写真10-1, 10-2）。ロッククライミング，マウンテンバイク，ロードバイク，ラフティングなどの多様な活動の展開もまた夏季のツーリズムを拡大させている。これによって，スキーリゾートの冬季経営の重要性が減り，その経営重点は夏季に移行するのかもしれない。これらの諸点は，今後の研究課題としたい。

文 献

青木栄一・山村順次(1976)：日本における観光地理学研究の系譜．人文地理 28: 171-194.
浅川倫子(1964)：積雪寒冷農業地域の観光化現象—長野県白馬村の場合を中心に—．愛知学芸大学地理学報告 21/22: 32-44.
浅山　章(2010)：決断迫られる公営スキー場．日経グローカル 161: 10-21.
安食和宏・柏倉明彦(1988)：岩手県安比高原スキー民宿の立地について．東北地理 40: 46-47.
阿部志朗(1991)：積雪南限地域におけるスキー場の立地と展開．日本地理学会予稿集 40: 144-145.
天野誠一ほか編(1970)：『世界のスキー(現代スキー全集1)』実業之日本社．
天野誠一ほか編(1971)：『スキー発達史(現代スキー全集5)』実業之日本社．
新井　博(2002)：日本のスキー普及期におけるスキー場—福井県のスキー場の場合から—．日本スキー学会誌 12: 93-107.
新井　博(2011)：『レルヒ 知られざる生涯—日本にスキーを伝えた将校—』道和書院．
池　俊介(1986)：長野県蓼科の観光地化による入会林野利用の変容．地理学評論 59: 131-153.
池　俊介(2006)：『村落共有空間の観光的利用』風間書房．
池田庄治(1993)：リゾート開発と地域経済に関する若干の考察(1)—新潟県湯沢町の現状と課題—．新潟大学教育学部紀要人文・社会科学編 35 (1)：105-116.
池田庄治(1994)：リゾート開発と地域経済に関する若干の考察(2)—日本型リゾートの形成を目指して—．新潟大学教育学部紀要人文・社会科学編 35 (2)：233-243.
池永正人(2002)：『チロルのアルム農業と山岳観光の共生』風間書房．
池野　悟(1981)：スキー場の開発に伴う林業集落の変容—新潟県湯沢町三国浅貝の事例—．日本地理学会予稿集 19: 198-199.
伊澤利久(1990)：交通条件の改善による観光地の成立—新潟県湯沢町の事例—．日本観光学会研究報告 22: 39-47.
石井英也(1970)：わが国における民宿地域形成についての予察的考察．地理学評論 43: 607-622.
石井英也(1977)：白馬村における民宿地域の形成．人文地理 29: 1-25.
石井英也(1986)：日本における民宿地域の形成とその地理学的意味—地域生態論の一つの試み—．人文地理学研究 10: 43-60.
石井英也(1992)：『地域変化とその構造』二宮書店．
石井　寛(1989)：観光開発にともなう林地移動と森林レクリエーション利用の現状．林業経済研究 115: 87-92.
石井雄二(1984)：菅平農業における土地利用の地域的変化—民宿経営が農業に及ぼす影響を中心に—．農村研究 58: 75-88.
石井雄二(1991)：会津フレッシュリゾート構想下の農家民宿の存立条件—福島県猪苗代町・磐梯猪苗代民宿協同組合の事業を中心に—．農政調査委員会編：『リゾート開発と農村の活性化』同会(日本の農業，No.180), 41-65.
石和利雄(1975)：夏スキーによる自然破壊とその対策．遺伝 29 (6)：55-62.
石塚啓子(1992)：長野県白馬村における観光資源の研究—色彩構成を中心として—．地理学研究報告(千葉大学教育学部) 3: 19-28.
石原照敏(1991)：リゾート開発計画と地域経済—蒜山地域の場合—．岡山大学産業経営研究会研究報告書 26: 1-32.
石原照敏(1998)：フランス・アルプスにおける観光の発達と観光計画．阪南論集(人文・自然科学編) 34 (2)：13-24.
石原照敏(1999)：「国際山岳観光都市」と観光産業—長野県白馬・八方尾根周辺地域の事例—．阪南論集(人文・自然科学編) 35 (4)：27-43.
石原照敏(2001)：地域開発計画による観光業と農業の共生システム—フランス・アルプス・ヴァルモレルの事例研究—．阪南論集(社会科学編) 36 (4)：9-25.
市岡浩子・成澤義親(2006)：国際リゾート地としてのニセコ地域の可能性についての考察—オーストラリアからの来訪客受け入れの現状と課題—．札幌国際大学紀要 37: 23-39.
市岡浩子・成澤義親・河本光弘(2008)：国際リゾート地としてのニセコの可能性についての考察(2)—インバウンド受け入れに関する現状と課題—．札幌国際大学紀要 39: 145-154.
市川貞夫(1981)：日本におけるペンション経営—菅平峰の原高原の一例—．新地理 29 (1)：1-17.
市川健夫(1975)：『雪国地理誌』銀河書房．
市川健夫(1998)：長野県におけるスキーの発展—ウインタースポーツの振興と社会的背景—．長野県立歴史館研究紀要 4: 1-12.
市川健夫(2004)：長野県におけるスキーの発展．同著：『信州学大全』信濃毎日新聞社，862-882.
市川健夫・白坂　蕃(1978)：乗鞍火山東麓における山地集落の変貌．新地理 26 (1)：1-27.
市川正夫(1997)：スキー場の開発と立地—越後湯沢・志賀高原・野沢温泉・八方尾根を例に—．信濃 49: 805-821.
伊藤貴啓(1992)：岩手山南麓における土地利用パターンの変化．愛知教育大学研究報告(社会科学) 41: 27-45.

伊藤達雄・青木栄一(1962)：観光産業の形成要因の分析的研究―菅平高原スキー場を事例として―．観光研究 69：55-64．
伊東宏修・前田和司(2003)：リゾート地における移住者に関する実証的研究―北海道ニセコエリアのアウトドア体験業者を中心に―．北海道教育大学紀要人文科学・社会科学編 54（1）：141-153．
今西英俊(2006)：深川スキー場の経済波及効果．地域研究所年報(旭川大学) 29：23-40．
岩鼻通明(1981)：観光地化にともなう山岳宗教集落戸隠の変貌．人文地理 33：458-472．
岩鼻通明(1993)：観光地化にともなう山岳宗教集落戸隠の変貌(第2報)．山形大学紀要(社会科学) 23（2）：179-198．
岩鼻通明(1999)：観光地化にともなう山岳宗教集落戸隠の変貌(第3報)．季刊地理学 51（1）：19-27．
ウィンパー，E. 著，ティンダル，H.E.G. 編，新島義昭訳(1998)：『アルプス登攀記』講談社．Whymper, E. (ed. Tyndale, H. E. G.) (1936): *Scrambles amongst the Alps*, 6.ed. London: Murray.
上崎　哉(2009)：景観政策領域における地方自治体の変化について―倶知安町およびニセコ町における景観地区指定を題材として．近畿大学法学 57（3）：1-39．
上江洲薫・徐　皎(1996)：新潟県黒川村における地域振興策としての観光事業．地域研究 36（2）：61-68．
上野福男・高校地理研究会 編 1969．『御岳・乗鞍周辺の地理』二宮書店．
浮田典良・加賀美雅弘・藤塚吉浩・呉羽正昭(2015)：『オーストリアの風景』ナカニシヤ出版．
臼井冬彦(2008)：スポーツ，ツーリズム，文化の3要素の新結合による地域活性化戦略―釧路市阿寒湖温泉における釧路市国設阿寒湖畔スキー場をめぐる地域活動の研究―．観光創造研究 3：1-21．
臼田　明(2013)：『日本のスキー・スケート―明治・大正期の長野県―』信毎書籍．
内川　啓(2003)：長野県飯山市太田地区における民宿地域の変容．総合観光研究 2：19-30．
梅沢　彰(1974)：飯山市太田地区における民宿の発達過程と地域変貌．地理誌叢 16：12-26．
瓜生卓造(1978)：『スキー風土記』日貿出版社．
エムブレトン，C. 編著，大矢雅彦・坂　幸恭監訳(1997)：『ヨーロッパの地形』大明堂．Embleton, C. ed. (1984): *Geomorphology of Europe*. London: Macmillan.
大浦由美・野口俊邦・佐藤晶子(2002)：国有林野における森林レクリエーション事業と地域社会―木曽谷地区を事例として―．林業経済研究 48（2）：1-8．
太田吉昭(1987)：雪とリゾート開発．新都市 41（12）：15-20．
大谷　毅(2001)：スキー場利用者数大幅減少と設備投資の視点―装置型観光事業の経営問題―．立教大学観光学部紀要 3：55-66
大田原望海・大西暁生・佐藤嘉展・佐尾博志・森杉雅史(2014)：地球温暖化による積雪量の変化がスキー場の営業に及ぼす影響―富山県を対象として―．土木学会論文集G（環境）70（5）：21-29．
岡田秀二(1988)：リゾート開発による「村おこし」―岩手県安代町―．農業統計調査 38（2）：32-41．
尾崎喜四郎(1979)：スキー地妙高高原「池の平」の微細地誌的考察．尾崎喜四郎編：『微細地誌』二宮書店，44-51．
長田　進(1934)：『全日本スキー地案内』隆章閣．
小澤丈夫(2010)：戦前の北海道におけるスキーコース網の形成過程と地域形成．日本建築学会計画系論文集 75（649）：759-766．
小澤丈夫・池村菜々(2011)：北海道におけるスキー場に隣接する地域の形成過程と空間構成―ニセコひらふ地区を事例として．日本建築学会計画系論文集 76（662）：843-850．
小野有五(1997)：『アルプス・花と氷河の散歩道』東京書籍．
甲斐幸太郎(1999)：観光開発過程から見た蔵王温泉集落の現状．菊地俊夫・石﨑研二編：『山形の地域研究』東京都立大学理学部地理学教室，83-99．
河西邦人(1999)：北海道スキー場の分析．札幌学院商経論集 16（1/2）：61-107．
河西邦人(2000)：北海道スキー場の生き残り戦略．札幌学院商経論集 16（3/4）：53-141．
河西邦人(2006)：公営スキー場の経営再生―びっぷスキー場を事例に―．札幌学院商経論集 23（1）：125-170．
河西邦人(2009)：ニセコ地域におけるビジネス戦略の成功の鍵．札幌学院大学経営論集 1：101-124．
加藤重広(2009)：北海道における外国人観光客と多言語化―ニセコリゾートを中心に―．日本語学 28（6）：110-121．
金原富士子(2013)：『ヨーロッパアルプス登山・ハイキング(改訂2版)』本の泉社．
金谷珠美(1992)：田沢湖高原におけるスキー修学旅行の発展と地域への影響．秋大地理 39：27-32．
加納弘二(1988)：スキー場開発に対する地域の対応と変化に関する社会学的実証研究―山形県東田川郡櫛引町梺代スキー場の事例―．筑波大学体育科学系紀要 11：59-69．
加納弘二(1993)：スポーツ社会学におけるスキー場開発研究の位置づけに関する一視角―観光地理学を参考にして―．武蔵丘短期大学紀要 1：7-16．
加納弘二(1994)：小規模スキー場開発の理論と実践に関する試論―シューマッハーと長野県飯山市K集落を参考に―．武蔵丘短期大学紀要 2：35-43．

加納哲也(1989)：スキー研究：競技成績による盛大地の推移．体育学研究集録(日本体育学会兵庫支部) 16: 1-10．
神谷秀彦(1993)：高冷地山村長野県開田村の観光地化．人文地理 45: 68-82．
川相元斉・下平勇毅・田瀬則雄(2000)：雪面に散布された硫酸アンモニウム(硫安)の挙動と散布による融雪水への影響．日本水文科学会誌 30: 137-147．
川崎淳平(1999)：福島県舘岩村高杖原地区におけるスキーリゾート開発に伴う地域変容．宇大地理 2: 1-14．
河村英和(2013)：『観光大国スイスの誕生―「辺境」から「崇高なる美の国」へ―』平凡社．
川俣修寿(1992)：過疎化が進む秋田県阿仁町の観光開発―スキー場開発を例に―．大原社会問題研究所雑誌 404: 58-68．
菊地達夫(1997)：本州との比較からみた北海道のレクリエーションスキーの特色とその地域性．北海道地理 71: 33-42．
菊地達夫(1998a)：スキー修学旅行を通しての環境教育的な地域学習―長野県志賀高原一ノ瀬スキー場の事例を中心として―．北海道地理 72: 43-51．
菊地達夫(1998b)：北海道におけるスキー修学旅行の動向．札幌地理サークル会誌 31: 37-44．
菊地達夫(1999)：北海道におけるスキー場の立地特性．北海道地理 73: 69-77．
菊地達夫(2000)：道内居住者にみるスキー場の選択条件．北海道地理 74: 3-7．
菊地達夫(2004)：トマムリゾートの再編―開発主体の動向を中心として―．大阪明浄大学観光学研究所報 4: 57-63．
菊地達夫(2008)：ニセコスキー観光地域における変容の実態．観光研究論集 7: 37-43．
菊地達夫(2008)：ニセコスキー観光地域における外国資本の進出と計画内容の影響．観光研究論集 8: 23-31．
菊地俊夫・横田雅博・田中隆志(1995)：三国山地南部の山村における生業システムの変容とその地域的性格―群馬県水上町藤原郷の場合―．エリアぐんま 2: 1-30．
北村修二(1990)：リゾート開発を中心とした地域開発とその課題―福井県勝山市の場合―．岡山大学創立40周年記念地理学論文集編集委員会編：『地域と生活II』同会，307-323．
きったこう・松村慎三・山田至誠・北見三千雄編(1982)：『樹林を縫って―青森林友スキー史―』林野弘済会青森支部．
木原 均(1937)：選手権大会に於ける成績を地方別に観る(出場選手数割当に関する一私見)．スキー年鑑 11: 101-109．
木村 毅(1992)：岩手県雫石町篠崎地区におけるスキー場開発と地域社会．地理学研究報告(千葉大学教育学部) 3: 35-37．
桐山和雄(1977)：妙高高原の観光開発とその課題．社会科研究紀要(新潟県社会科教育研究会) 7: 94-103．
倶知安町史編集委員会(1995)：『倶知安町百年史下巻』倶知安町．
熊谷ユリヤ(2009)：滞在型国際リゾートNisekoの過去・現在そして未来―オーストラリア人居住者と来訪者に対する面接調査と分析―．札幌大学総合論叢 28: 127-140．
熊谷嘉隆(2008)：グリーン・ツーリズム的活動の展開と地域住民気質の変容―北秋田市阿仁地区の事例から―．日本村落研究学会編：『グリーン・ツーリズムの新展開』農山漁村文化協会，127-160．
グラウエルトゥ, G., 佐々木博・石井英也・桜井明久訳(1980)：『アルプス―自然と文化―』二宮書店．Glauert, G. (1975): Die Alpen: eine Einführung in die Landeskunde. Kiel: Hirt.
楜沢能生・名和田是彦(1993)：地域中間集団の法社会学―都市と農村における住民集団の公共的社会形成とその制度的基盤―．利谷信義，・吉井蒼生夫，水林 彪編：『法における近代と現代』日本評論社，405-454．
呉羽正昭(1991a)：リゾート型スキー場開発にともなう周辺地域の変容―安比高原スキー場の事例―．地域調査報告 13: 139-152．
呉羽正昭(1991b)：群馬県片品村におけるスキー観光地域の形成．地理学評論 64A: 818-838．
呉羽正昭(1995)：新潟県湯沢町におけるスキー場開発の進展．愛媛大学法文学部論集(文学科編) 29: 131-155．
呉羽正昭(1996)観光開発に伴う首都圏辺山村の変容―群馬県片品村の例―．愛媛大学人文学会編：『愛媛大学人文学会創立20周年記念論集』愛媛大学人文学会，松山，99-120．
呉羽正昭(1997)：長野県におけるスキー場開発の進展．GINCO編：『国際シンポジウム・山岳文化の未来』名古屋大学，102-111．
呉羽正昭(1999)：日本におけるスキー場開発の進展と農山村地域の変容．日本生態学会誌 49: 269-275．
呉羽正昭(2001)：東チロルにおける観光業と農業の共生システム．地学雑誌 110: 631-649．
呉羽正昭(2002a)：日本におけるスキー人口の地域的特徴．人文地理学研究 26: 103-123．
呉羽正昭(2002b)：1990年代のオーストリアにおける観光地域の変化―観光客数と宿泊施設からみた分析―．愛媛の地理 16: 38-50．
呉羽正昭(2003)：レクリエーションと環境保全．高橋伸夫編：『21世紀の人文地理学展望』古今書院，239-251．
呉羽正昭(2006a)：観光地の開発と環境保全．山本正三・谷内 達・菅野峰明・田林 明・奥野隆史編：『日本の地誌2 日本総論II(人文・社会編)』朝倉書店，379-386．
呉羽正昭(2006b)：乗鞍高原におけるスキー観光地域の性格変化．斎藤 功編：『中央日本における盆地の地域性』古今書院，177-189．
呉羽正昭(2008)：スポーツと観光(2)―日本のスキー観光―．菊地俊夫編：『観光を学ぶ ―楽しむことからはじまる観光学―』

二宮書店，86-96．
呉羽正昭(2009a)：日本におけるスキー観光の衰退と再生の可能性．地理科学 64: 168-177．
呉羽正昭(2009b)：観光業 ―首都圏の観光レクリエーション地域．斎藤 功・石井英也・岩田修二編『日本の地誌6首都圏Ⅱ』朝倉書店，114-127．
呉羽正昭(2011)：観光地理学研究．江口信清・藤巻正己編『観光研究レファレンスデータベース』ナカニシヤ出版，11-20．
呉羽正昭(2014a)：グローバル観光時代における日本のスキーリゾート．松村和則・石岡丈昇・村田周祐編『開発とスポーツ」の社会学：開発主義を超えて』南窓社，85-101．
呉羽正昭(2014b)：アルプス地域のツーリズム―スイス・オーストリア・バイエルン―．山本健兒・平川一臣編『中央・北ヨーロッパ(朝倉世界地理講座 ―大地と人間の物語― 9)』朝倉書店，278-290．
呉羽正昭(2016)：オーストリア―アルプスのリゾートとウィーン―．淡野明彦編『観光先進地ヨーロッパ―観光計画・観光政策の実証分析』古今書院，117-135．
呉羽正昭・佐藤 淳・豊島健一(2001)：乗鞍高原におけるスキー観光地域の構造的変容．日本スキー学会誌 11(1)：61-72．
呉羽正昭・渡邊瑛季(2015)：高原リゾート菅平の性格変化．地図中心 519: 14-17．
桑原考史(2010)：グリーン・ツーリズムの担い手と事業的性格―東日本スキー観光地域の民宿を事例に―．農政調査委員会編：『グリーン・ツーリズムの担い手と事業的性格―東日本スキー観光地域の民宿を事例に―』同会(日本の農業，No.244)，1-125．
月刊レジャー産業資料編集部(2013)：マックアース．月刊レジャー産業資料 46(7)：90-93．
剣持 勝(2002)：米国に学ぶ，スキー場産業危機脱出方法．経済月報(長野経済研究所) 2002(6)：10．
小谷寛二(2003)：白馬村(スキー村)における定住条件としての自然へのこだわりとフォーシーズン・ツーリズムへの挑戦．社会情報学研究(呉大学社会情報学部紀要) 9: 15-31．
小谷達男(1978)：地域開発政策としての観光開発―その成果と問題点―：長野県白馬村を事例として．応用社会学研究 19: 33-65．
後藤英之・宮﨑義久・プラート カロラス・李 濟民(2016)：北海道ニセコにおける観光地域研究―アンケートによる冬季観光動態調査―．商學討究 67(1)：303-326．
小西止雄(1980)：妙高高原・杉野沢地区における民宿村の成立過程とその内部構造．人文地理 32: 312-327．
小松原尚(1993)：農山村における「地域活性化」の現状と課題―北海道羊蹄山麓地域を事例として―．北海道地理 67: 1-5．
小松原尚(2007)：スキー観光地と農業．同著：『地域からみる観光学』大学教育出版，103-112．
小室 譲(2014)：長野県白馬村八方尾根スキー場周辺地域におけるインバウンドツーリズムの発展．日本地理学会発表要旨集 84: 99．
米浪信男(1989)：リゾート開発についての一考察．旭川大学紀要 28: 1-27．
小山桂子・小林 詢(2000)：放置されたスキー場における植生変化．志賀自然教育研究施設研究業績 37: 1-22．
小山泰弘(2006)：長野県における休廃止スキー場の実態とその後の植生変化．信濃 58: 299-311．
小山泰弘・小山桂子(2002)：放置されたスキー場における20年間の植生変化．信州大学教育学部附属志賀自然教育研究施設研究業績 39: 1-6．
近藤浩幸(2003)：観光業におけるインターネット活用―斑尾高原における宿泊施設を事例として―．地域調査報告 25: 93-101．
阪口 豊(1973)：『ウィーンと東アルプス』古今書院．
坂倉海彦(2010)：日本のスキー場産業の生き残りに向けて．月刊レジャー産業資料 43(4)：100-103．
佐川日奈子(1992)：観光地理学におけるリゾート地域研究の視点．秋大地理 39: 9-14．
佐川日奈子(1993)：秋田県田沢湖町における高原観光地域の形成．秋田地理 13: 17-30．
桜田照雄(2015)：スキー場経営の新たなトレンドにそなえて．阪南論集社会科学編 50(2)：101-121．
笹岡達男・橋本善太郎・東海林克彦・鳥居敏男(1994)：湯沢町におけるリゾート施設整備の実態に関する研究．造園雑誌 57(5)：331-336．
佐々木博(1987)：日本の森林レクリエーション地域．人文地理学研究 11: 67-81．
佐々木博(1992)：「雪国」湯沢町のリゾートマンションの地理学的分析．人文地理学研究 16: 163-181．
佐々木博(1997)：上州草津温泉の文化景観の変貌．人文地理学研究 21: 39-67．
佐々木緑(2006)：観光産業の進出と山村住民の対応―大町市鹿島・青木集落の比較分析―．斎藤 功編：『中央日本における盆地の地域性』古今書院，191-206．
佐藤利明(1993)：磐梯山周辺地域の社会変動と山村開発の展開―「スポーツの現代化」と地域開発の課題Ⅱ―．石巻専修大学研究紀要 4: 293-313．
佐藤利明(1997)：裏磐梯の集落展開と観光開発．松村和則編：『山村の開発と環境保全』南窓社，114-136．
佐藤利明(2007)：『地域社会形成の社会学―東北の地域開発と地域活性化―』南窓社．
佐藤延子(1997)：地域開発と環境保全―丹生川村にみる地域振興開発と自然環境保全条例について―．大垣女子短期大学研究紀要 38: 51-66．

佐藤　誠(1990):『リゾート列島』岩波書店.
佐藤雅彦(1989):レクリエーション地域の形成とそれに伴う林野利用の変容―秋田市仁別地区を事例として―. 秋大地理 36: 37-42.
佐藤真弓(2015):豪雪山村における地域資源利用の変容と地域社会―長野県のスキー場立地地域を事例として―. 村落社会研究ジャーナル 22 (1): 13-24.
佐藤美津春・白坂　蕃(1983):山形県西川町志津における深雪山地集落の変貌. 東京学芸大学紀要第3部門社会科学 35: 153-172.
佐藤守正(1990):リゾート開発下の子どもたち(新潟・湯沢通信). 住民と自治 323: 62-65.
眞田隆法(2009):外国人旅行者誘致のための観光施策分析―長野県白馬村を事例に―. 日本地域政策研究 7: 177-184.
志賀高原スキークラブ(1991):『志賀高原スキー史』志賀高原スキークラブ.
篠田朗夫(1995):山村における農林地の存在形態とリゾート開発の問題―新潟県安塚町須川地区―. 林業経済研究 127: 221-226.
篠原重則(1996):愛媛県久万町の観光開発と山村振興. 香川大学教育学部研究報告第1部 96: 23-58.
柴田　高(2014):ポストバブル期のスキー場経営の成功要因. 東京経大学会誌 284: 165-186.
清水聡子(2014):山岳リゾートの再考. 松本大学研究紀要 12: 159-175.
下平勇毅・田瀬則雄・東　照雄・中村　徹・川相元斉・佐藤芳徳・建元喜寿(2001):スキー場で使用される雪面硬化剤・硫酸アンモニウム(硫安)の水・土壌・植生への影響. 環境科学会誌 14: 261-268.
白坂　蕃(1976):野沢温泉におけるスキー場の立地と発展―日本におけるスキー場の地理学的研究第1報―. 地理学評論 49: 341-360.
白坂　蕃(1978):蔵王火山西麓におけるスキー場集落の形成. 高野史男編『地方都市の成立および発展の地域的基盤に関する研究』昭和51・52年度文部省科学研究費総合研究(A)報告書, 93-102.
白坂　蕃(1982):中央高地栂池高原における新しいスキー集落の形成. 地理学評論 55: 566-586.
白坂　蕃(1983):民宿考. 山村研究年報 4: 14-22.
白坂　蕃(1986):『スキーと山地集落』明玄書房.
白石國男(1956):志賀高原の観光性序論(1). 信濃 8: 538-552.
進藤賢一・武田　泉・八巻一成・芸林民夫(1991):上川・石狩のリゾート開発と農村変化. 札幌大学教養部紀要 39: 21-102.
新藤多恵子・内川　啓・山田　亨・呉羽正昭(2003):菅平高原における観光形態と土地利用の変容. 地域調査報告 25: 19-45.
菅原　淳(2012):ニセコ地域における海外からの投資動向について. 日経研月報 408: 88-93.
鈴木　喬(2001):山村問題と森林管理の今日的諸相. 林業経済研究 47 (1): 11-18.
砂本文彦(2000):赤倉観光ホテルと国際リゾート地開発. 日本建築学会計画系論文集 535: 231-238.
砂本文彦(2008):『近代日本の国際リゾート－1930年代の国際観光ホテルを中心に』青弓社.
関戸明子(1994):都市との交流事業による地域活性化―群馬県川場村中野の事例―. 群馬大学教育学部紀要(人文・社会科学編) 43: 173-188.
関口孝治・八代　勉・柳沢和雄(1995):野沢温泉村にみる内発型リゾートの形成過程に関する研究. 体育・スポーツ経営学研究 11 (1): 1-14.
千　相哲・溝尾良隆(1997):山形県・宮城県境の蔵王山における一体的観光開発の課題と展望. 応用社会学研究 39: 87-107.
相馬克典(1991):大鰐町におけるリゾート開発―スキー場とその周辺地区を中心として―. 弘大地理 27: 46-52.
高池義則(1936):地理学的にみた霧ケ峰スキー場. 地理学 5: 695-700.
高田中学・高田高校スキー部OB会編(2005):『高田中学・高田高等学校スキー部史』高田中学・高田高校スキー部OB会.
高梨　光(2011):スキーリゾート再生のための市場分析. 月刊レジャー産業資料 44 (4): 76-83.
高橋次郎(1929):『アールベルグスキー術』博文館.
武田　泉(1993a):リゾート開発の展開と地域の対応―トマム開発を事例として―. 林業経済 532: 21-26.
武田　泉(1993b):キロロリゾート開発の始動と2年目の課題. 北海道地理 67: 57-60.
武田　泉(1994)リゾート開発による開発論議と地域変動. 産研論集(札幌大学) 13: 173-187.
建元喜寿(2002):スキー場を利用した環境教育プログラムの開発―筑波大学演習林における時間外新科目「自然環境野外実習」開講にむけて―. 研究紀要(筑波大学附属坂戸高等学校) 39: 163-167.
建元喜寿・中村　徹(1998):スキー場における硫安散布の実態. 野外教育研究 2 (1): 13-19.
建元喜寿・中村　徹(1999a):スキー場における自然環境問題. 日本スキー学会誌 9 (2): 109-115.
建元喜寿・中村　徹(1999b):スキー場において使用される雪面硬化剤の環境への影響. 日本生態学会誌 49: 287-290.
淡野明彦(1978):日本の主要観光地における大手私鉄資本進出の実態. 新地理 25 (4): 29-53.
淡野明彦(1998):『観光地域の形成と現代的課題』古今書院.
淡野明彦(2016):フランス―多様な観光資源と巧みな観光政策. 淡野明彦編『観光先進地ヨーロッパ―観光計画・観光政策の実証分析』古今書院, 45-67.

土田邦彦(1973)：上越沿線スキー場の地域形成．新地理 21 (2)：1-19．
土屋俊幸(1984)：公有林野における観光開発—地方自治体による自主開発の分析—．筒井迪夫編：『公有林野の現状と課題』日本林業調査会，287-313．
土屋俊幸(1986)：大規模スキー場の経営形態と土地所有．日本林学会北海道支部論文集 35: 10-13．
土屋俊幸(1987)：スキー場開発の進展と地域の対応—「リゾート開発ブーム」下の動向—．林業経済研究 112: 25-36．
土屋俊幸(1997a)：スキー場開発の展開と土地所有—「共同体的土地所有」の意味—．松村和則編：『山村の開発と環境保全』南窓社，34-56．
土屋俊幸(1997b)：リゾート開発反対運動の展開とその論理—自然保護運動における位置づけ—．松村和則編：『山村の開発と環境保全』南窓社，311-328．
露崎史朗(1988)：スキー場造成にみられる環境保全上のいくつかの問題点—北海道を例として—．人間と環境 14 (1)：3-11．
露崎史朗(1991)：北海道におけるスキー場植生の現状と推移—地表改変・播種により造成維持されている場合—．日本生態学会誌 41: 83-91．
露崎史朗(1999)：北海道におけるスキー場植生の現状と問題点．日本生態学会誌 49: 265-268．
鉄道省(1924)：『スキーとスケート』鉄道省．
徳久球雄(1978)：観光開発の地域的展開(Ⅱ)—スキー場開発事例（その１）—．青山経営論集 13 (2)：22-41．
戸田秀一(1981)：上越線沿線のスキー場と温泉．山崎久雄・磯部利貞・林　正己監修：『新潟県の地理散歩—中越編—』野島出版，151-164．
豊島健一・佐藤　淳・呉羽正昭(2001)：乗鞍高原における宿泊施設の空間変容．地域調査報告 23: 87-98．
中浦皓至(1999)：『日本スキー・もうひとつの源流—明治45年北海道—』北海道大学図書刊行会．
中浦皓至(2010a)：『日本スキー・ほんとうの源流—レルヒの指導から100年—』レルヒの会．
中浦皓至(2010b)：『眞相！日本雪艇(スキー)の源流：その文献的研究—明治・大正時代の高田—』日本雪艇史研究所．
中川　重・渋谷光夫(1985)：蔵王山における観光地の形成—蔵王温泉・スキー場を中心として—．山形県総合学術調査会編：『蔵王連峰』同会，408-420．
中川喜直(2011)：『もうひとつのスキー発祥の地—おたる地獄坂—』小樽商科大学出版会．
中口毅博(2010)：地球温暖化がスキー場の積雪量や滑走可能日数に及ぼす影響予測—気象庁RCM20予測を用いて—．芝浦工大紀要人文系 44 (1)：71-76．
中島直子(1992)：群馬県川場村における農林業と観光化．お茶の水地理 33: 45-56．
中島信博(1988)：林野利用の変遷とスキー場開発—安比高原スキー場を事例として—．東北大学教養部紀要 49: 155-174．
長津一郎(1973)：冬季における前夜行日帰型行楽について．東京学芸大学紀要第３部門　社会科学 25: 38-47．
中村　徹(1980)：生態学からみたスキー場の問題点．住民と自治 323: 66-70．
中村　徹(1988)：スキー場植生の植物社会学的研究．筑波大学農林学報 4: 1-142．
中村　徹(1999)：いまなぜスキー場か？—わが国におけるスキー場研究—．日本生態学会誌 49: 259-264．
中村　徹・建元吉寿・上條隆志(1999)：造成時の人為が異なるスキー場ゲレンデにおける硫安散布が植生に及ぼす影響．植生学会誌 16: 141-147．
成瀬玲子(1973)：自然条件とスポーツ．新堀通也編：『日本の教育地図（体育・スポーツ編）』帝国地方行政学会，143-156．
西野　仁 (1978)：スキー人口構造の変化に関する研究その１—スキー人口の推移について—．日本体育学会編：『日本体育学会第29回大会号』同，122．
西野　仁(1979)：スキー人口構造の変化に関する研究その２—スキークラブの推移について：全日本スキー連盟加盟団体の場合—．日本体育学会編：『日本体育学会第30回大会号』同，149．
西野　仁(1980)：スキー人口構造の変化に関する研究（その３）—変化を引きおこした要因(１)：スキー場とその付帯施設整備状況の変遷—．日本体育学会編：『日本体育学会第31回大会号』同，213．
仁藤祐治(1982)：『富士山—スキーとその周辺—』悦声社，御殿場．
野邊和博(1991)：福島県舘岩村における観光レクリエーション開発．地理学研究報告（千葉大学教育学部）2: 59-61．
野本晃史(1961)：妙高火山斜面開発と温泉集落．史学研究 81: 23-40．
野本晃史(1962)：積雪地域南限スキー場とスキー客—大山スキー場を中心に—．地理 7 (2)：223-226．
芳賀石子(1991)：北海道・富良野市における観光開発．地理学研究報告（千葉大学教育学部）2: 62-64．
畑中賢一・ブライリンク＝マインハルト・佐藤洋平・カラムザ＝パベル(2000)：地球温暖化がスキー場周辺地域の経済に及ぼす影響．農村計画学会誌 19: 67-72．
畑中賢一・M. Breiling・佐藤洋平・P. Charamza (2006)：中山間地域におけるウィンターツーリズムの意義，および地球温暖化による影響．雪氷 68 (1)：15-28．

服部英一（1995）：志賀高原の自然復元．社会科学（拓殖大学）3（2）：77-91．
花島裕樹・西田あゆみ・呉羽正昭（2009）：黒姫高原におけるスキーリゾートの変容．地域研究年報 31：1-19．
日暮賢司（1991a）：リゾート開発と農村の活性化．農政調査委員会編：『リゾート開発と農村の活性化』同会（日本の農業，No.180），1-40．
日暮賢司（1991b）：長野県白馬村：リゾートノウハウの蓄積過程．農政調査委員会編：『リゾート開発と農村の活性化』同会（日本の農業，No.180），66-84．
ひらふスキー場発達史刊行委員会（2011）：『ニセコパウダーヒストリー』実業之日本社．
廣井達人（1995）：利根郡水上町のノルン水上スキー場の1年目の現状と今後の展望．エリアぐんま 2：70-73．
広瀬　潔（1968）：スキー場形態論からみた志賀高原の停滞減少．日本観光学会研究報告 5：63-67．
福島立吉・長沢　武（1986）：『北アルプス乗鞍物語』ほおずき書籍．
藤森新作（1995）：村営スキー場を核とした中山間地域の活性化構造―中山間農村と都市を結ぶ情報流通―．農業および園芸 70（1）：218-224．
藤森新作・福与徳文・太田弘毅（1996）：観光立村による中山間地域活性化の展開構造と誘客情報活動の評価―長野県野沢温泉村の解析―．農業研究センター研究報告 25：21-85．
藤原　信編（1994）：『スキー場はもういらない』緑風出版．
船澤小百合（1986）：公営スキー場立地に伴う観光集落の形成―田沢湖高原の場合―．秋大地理 33：49-54．
PM編集部（2007）：西武グループスキー場をめぐる投資サイドの動向と売却資産の投資価値．プロパティマネジメント 8（1）：82-84．
ホイチョイ・プロダクション編（1987）：日本リゾート前史．ホイチョイ・プロダクション編：『極楽スキー』小学館，27-35．
堀江恭子（2001）：オリンピックが地域社会に与えた影響―白馬村を事例に―．長野県自然保護研究所紀要 4（3）：73-79．
保母武彦（1996）：住民自治を基礎に都市との連携を進める新潟県塩沢町石打区．保母武彦：『内発的発展論と日本の農山村』岩波書店，189-203．
堀場弘喜（1991）：新スキー場の開設に伴う塩原温泉の変容．地理学研究報告（千葉大学教育学部）2：65-67．
ボワイエ，M．成沢広幸訳（2006）：『観光のラビリンス』法政大学出版会．Boyer, M.（2000）: Le tourisme de l'an 2000. Lyon: Presses universiatires de Lyon.
松岡昌則（1997）：山村の衰退と住民の対応―秋田県北秋田郡阿仁町の事例―．松村和則編：『山村の開発と環境保全』南窓社，57-74．
桝田一二（1940）：信州菅平の地域性．地理学 3（1）：29-51．
松田宏道（1980）：スキー場の立地と地域に及ぼす影響について―長野県飯山市の場合―．駒澤大学大学院地理学研究 10：15-28．
松村和則（1993）：『地域づくりとスポーツの社会学』道和書院．
松村和則（1994）：レジャー・スポーツ化する山村への社会学的接近―磐梯山周辺の地域変動と「環境問題」をみすえて―．林業経済研究 125：2-11．
松村和則（1995）：スポーツ・リゾート開発と環境「問題」．環境情報科学 24（2）：78-81．
松村和則（1997）：レジャー開発への山村住民の対応と「身体性」―檜原湖北岸早稲沢集落の事例を中心として―．同編：『山村の開発と環境保全』南窓社，137-156．
松村和則・佐藤利明（1993a）：スポーツ・リゾートと変貌する「地方」―「スポーツの現代化」と地域開発の課題 I ―．筑波大学体育科学系紀要 16：11-30．
松村和則・佐藤利明（1993b）：レジャー開発の展開と山村住民の対応．日本村落研究学会編：『家族農業経営の危機―その日韓比較―』農山漁村文化協会，139-170．
松村和則・佐藤利明（1997）：磐梯山周辺のレジャー開発と「環境問題」．松村和則編：『山村の開発と環境保全』南窓社，94-113．
馬渕旻修（1990）：奥美濃の交通発達と高鷲村スキー場群．岐阜地理 31：26-34．
三井田圭介（1979）：『山村の人口維持機能』大明堂．
三井田圭介（1982）：山村地域の観光開発　―西武資本による新潟県湯沢町三国・三俣地域を例として―．大東文化大学経済論集 33：51-73．
三井田圭介（1986）：非過疎的山村の一考察―第三次産業による事例：新潟県湯沢町浅貝―．上野福男編著：『日本の山村と地理学』農林統計協会，243-266．
三浦雄一郎監修（1995a）：『'95スキーマップル東日本』昭文社．
三浦雄一郎監修（1995b）：『'95スキーマップル西日本』昭文社．
三井大相（1985）：スキー旅行の質的変化と交通手段．運輸と経済 45（2）：59-66．
三橋　勇（2003）：宮城県の第三セクター方式による観光・リゾート事業への一考察―鬼首スキー場を事例として―．宮城大学事業構想学部紀要 5：149-166．
溝尾良隆（1990）：『観光事業と経営―たのしみ列島の創造―』東洋経済新報社．

溝尾良隆（1994）：スキー場．同著：『観光を読む―地域振興への提言―』古今書院，13-21．
宮沢　裕（1994）：成熟するスキーリゾート．（財）日本交通公社調査部編：『観光読本』東洋経済新報社，82-92．
宮崎治夫（2005）：世代意識別市場とスキー産業の市場開発戦略．現代社会文化研究 33: 51-67．
宮本将規（2006）：大学生スキーヤーのイソウロウをめぐって―宿との相互利益に基づく労働―．長野県民俗の会会報 29: 52-72．
村上哲生・服部典子・舟橋純子・須田ひろ実・八木明彦（2003）：スキー場を集水域に持つ渓流に見られる窒素汚染．応用生態工学 6: 45-50．
村田　淳（2002）：スキー場の立地展開とスキー観光資源の地域特性．地理学研究報告（千葉大学教育学部）13: 56-58．
村山洋一（2005）：地元主体の冬季観光開発の成果と現状―飯山市太田地区（戸狩スキー場）を事例として―．内陸文化研究 4: 1-10．
望月真一（1990）：『フランスのリゾートづくり』鹿島出版会．
八木浩司・高野岳彦・中村　靖・村山良之・檜垣大助（1991）：東北地方におけるスキー場開発の推移とその立地類型．東北地理 43: 161-180．
矢島　巌（2004a）：兵庫県但馬地方のスキー観光地域について．ニューズレター（青森雇用システム総合研究所）7: 2-5．
矢嶋　巌（2004b）：山間地域における生活用水・排水システムの変容―スキー観光地域兵庫県関宮町熊次地区―．人文地理 56: 410-426．
安田初雄（1941a）：本邦に於けるスキー場分布．地理学評論 17: 83-84．
安田初雄（1941b）：スキー盛大地域に関する研究．スキー年鑑 15: 69-80．
山川和彦（2011）：北海道倶知安町の言語景観と地域ルールについて．麗澤大学紀要 93: 137-156．
山口和男（1999）：スキー場開発と地域振興―森吉山スキー場開発の事例を中心に―．地域研究（秋田経済法科大学経済学部経済研究所）10: 1-9．
山口　博（1990）：蔵王温泉観光地の形成と現状．地理学研究報告（千葉大学教育学部）1: 58-60．
山崎隆之・十代田朗（2009）：日本における国際リゾートと「まち」の関係に関する一考察―．ニセコひらふ地区と倶知安市街地地区を事例に―．日本観光研究学会全国大会学術論文集 24: 193-196．
山下清海（1988）：雪国に関する人文地理学的研究の展望．秋田大学教育学部研究紀要（人文科学・社会科学）38: 247-257．
山田耕生（2002）：木島平村における「グリーンツーリズム」事業への取り組みとその課題．東京立正女子短期大学紀要 30: 45-57．
山田耕生（2003）：地理学における山村地域の観光研究の動向．立教大学観光学部紀要 5: 138-143．
山田雄一（2004）：スキー場とスノーリゾート．（財）日本交通公社調査部編：『観光読本：第2版』東洋経済新報社，106-114．
山根宏文（2006）：スキー場活性化に向けて―若年層のスキー志向調査と提言―．地域総合研究（松本大学）6: 237-251．
山野明男（1980）：長野県小谷村における民宿立地の研究．駒澤大学大学院地理学研究 10: 3-14．
山村順次（1975a）：山村の観光レクリエーション地化―中央高地を例として―．地理学評論 48: 229-232．
山村順次（1975b）：『志賀高原観光開発史』徳川林政史研究所．
山村順次（1978）：草津温泉集落の再編過程―特に高原都市開発に関連して―．千葉大学教育学部研究紀要 27: 191-215．
山村順次（1985）：過疎山村における観光レクリエーション開発の新方向―岐阜県久々野町のふるさと村制度を中心として―．千葉大学教育学部地理学教室編：『地理学の社会化』大明堂，228-246．
山村順次（1990）：志賀高原のスキー場開発．同著：『観光地域論―地域形成と環境保全―』古今書院，233-242．
山村順次（1992）：『草津温泉観光発達史』草津町．
山村順次（1993）：福島県舘岩村におけるスキーリゾート開発と環境保全．地理学研究報告（千葉大学教育学部）4: 13-22．
山村順次（1994）：福島県田島町針生地区におけるリゾート開発と地域変容．地理学研究報告（千葉大学教育学部）5: 7-17．
山村順次（1995）：観光地理学の研究動向と課題．同著：『新観光地理学』大明堂，8-26．
山村順次（1998）：『新版日本の温泉地　－その発達・現状とあり方』日本温泉協会．
山村順次・五島建一（1983）：岩手県東八幡平における新温泉観光集落の形成．千葉大学教育学部研究紀要 32: 107-129．
山本正三・石井英也・田林　明・手塚　章（1981）：中央高地における集落発展の一類型―長野県菅平高原の例―．人文地理学研究 5: 79-138．
山本　充（1997）：『山地の土地資源利用』大明堂．
楊　海軍・丸山純孝・土谷富士夫・村井　宏（1997）：スキー場の造成による土壌環境の変化．日本緑化工学会誌 23（2）: 83-92．
万木孝雄・清水順一・窪谷順次（1993）：大規模リゾート開発による地元経済への波及効果―安比高原スキー場と安代町に関する実証分析―．農村計画学会誌 12（2）: 34-45．
横田忠夫（1980）：スキー場開設に伴う周辺農村の変貌―妙高山麓杉野沢部落の場合―．東北地理 32: 46．
横山秀司（1995）：宮崎県五ヶ瀬町のスキー場開発と地域住民．経営学論集（宮崎産業経営大学経済学会）3（2）: 185-201．
横山昭市（2003）：上越地方の温泉地とリゾート開発地の変容と課題．人文学論叢（愛媛大学人文学会）5: 1-14．
吉﨑光哉（1991）：秋田県における公営スキー場の存立特性．秋大地理 38: 41-46．

吉田秀雄（2006）：「民営化」は村を救うか 村営野沢温泉スキー場の転身．AIR21（朝日総研リポート）192: 83-103.
吉本剛典（2002）：農村地域におけるレクリエーション機能の展開―兵庫県北部のスキー場の立地―．兵庫教育大学研究紀要（第2分冊，言語系教育・社会系教育・芸術系教育）22: 59-68.
依光良三（1996）：御岳山にみるリゾート開発とグリーンツーリズム．依光良三・栗栖祐子（1996）：『グリーンツーリズムの可能性』日本経済評論社，129-169.
脇田武光（1989）：『アルプスの観光国スイス』古今書院．
和田一雄（1995）：一サル研究者から見た志賀高原自然保護の問題点．霊長類研究 11: 67-81.
渡辺隆一（1999）：長野県におけるスキー場開発をめぐる自然保護問題．日本生態学会誌 49: 277-281.
渡辺亮佑・Gaston Guido San Cristobal・山下亜紀郎・橋本 操（2016）：長野県北信地域のスキー場周辺における土地利用の変容―戸狩温泉スキー場および野沢温泉スキー場を事例に―．人文地理学研究 36: 55-75.
Abegg, B. (1996): *Klimaänderung und Tourismus: Klimaforschung am Beispiel des Wintertourismus in den Schweizer Alpen*. Zürich: vdf.
Abegg, B., Agrawala, S., Crock, F. and de Montfalcon, A. (2007): Climate change impacts and adaptation in winter tourism. Agrawala, S., ed.: *Climate change in the European Alps: Adapting winter tourism and natural hazards management*. Paris: OECD, 25-60.
ADAC, Hrsg. (1992): *Der ADAC Ski Atlas Alpen*. München: ADAC.
Allen, E. John B. (2007): *The culture and sport of skiing: From antiquity to World War II*. Amherst: Univ. of Massachusetts Press.
Allen, E. John B. (2012): *Historical dictionary of skiing*. Lanham: Scarecrow.
Allgeuer, W. (1986): Die Entwicklung der Seilbahnen und Schlepplifte in Vorarlberg. Landesfremdenverkehrsverband Vorarlberg, Hrsg.: *100 Jahre Skilauf Vorarlberg*. Bregenz, 23-38.
Allgeuer, W. (1998): *Seilbahnen und Sclepplifte in Vorarlberg: Ihre Geschichte in Entwicklungsschritten*. Graz: Neugebauer.
Amt der Tiroler Landesregierung (1992): *Seilbahngrundsätze des Landes Tirol*. Innsbruck: Land Tirol.
Amt der Tiroler Landesregierung (2011): *Tiroler Seilbahn- und Schigebietsprogramm (TSSP) 2005, das fortgeschriebene*. https://www.tirol.gv.at/landesentwicklung/raumordnung/ueberoertliche-raumordnung/wmdueberoertlro/seilbahnen-und-skigebiete/ [cited 2016/7/26].
Babin, J. U. (1985): *Das Gletscherskigebiet von Sölden und seine wirtschaftliche Bedeutung*. Frankfurt/Main: Diplomarbeit, Universität Frankfurt/Main.
Bätzing, W. (1991): *Die Alpen: Entstehung und Gefährdung einer europäischen Kulturlandschaft*. München: Beck.
Bätzung, W. (2003): *Die Alpen: Geschichte und Zukunft einer europäischen Kulturlandschaft*, 3. Auflage. München: Beck.
Bätzung, W. (2015): *Die Alpen: Geschichte und Zukunft einer europäischen Kulturlandschaft*, 4. Auflage. München: Beck.
Barbier, B. (1979): Ski et stations de sport d'hiver dans le monde. Sinnhuber, K. und Jülg, F., Hrsg.: *Beiträge zur Fremdenverkehrsgeographie, I. Teil*. Wien, 130-146. (Wiener Geographische Schriften, Bd. 51/52).
Barker, M. L. (1982): Traditional landscape and mass tourism in the Alps. *Geographical Review* 72: 395-415.
Barton, S. (2008): *Healthy living in the Alps: The origins of winter tourism in Switzerland, 1860-1914*. Manchester: Manchester Univ. Press.
Behnen, T. (2012): Sustainability and tourism transport: Regional impacts of ski-incoming tourism by plane to the Alps. Bendig, J. et al. ed.: *Book of Abstracts: 32nd International Geographical Congress*. Köln, 224.
Bernt, D. und Pauer, P. (1987): *Untersuchung der Nutzungsintensität und der Landschaftsbelastung in Fremdenverkehrsgebieten anhand aus gewählter Fallbeispiele, Teil II, Dokumentation der Fallbeispiele: Millstatt, Schladming und Sölden*. Wien: Österreichisches Institut für Raumplanung.
Beyer, L. (1987): Der Wintersportort Obertauern: von der saisonalen zur permanenten Besiedlung eines Paßraumes. Köhler, E. und Wein, N., Hrsg.: *Natur- und Kulturräume: Ludwig Hempel zum 65. Geburtstag*. Paderborn: Schöningh, 355-371 (= Münstersche Geographische Arbeiten, H. 27).
Birkenhauer, J (1980): *Die Alpen*. Paderborn: Schöningh.
Boddie, C. and Boddie, P. (2015): *Lost ski areas of Colorado's central and southern mountains*. Charleston: History Press.
Bourdeau, P. (2009): From après-ski to après-tourism? The Alps in transition? Reflections based on the French situation. *Revue de Géographie Alpine* 97(3): 171-183.

Broggi, M. F. und Willi, G. (1989): *Beschneiungsanlagen im Widerstreit der Interessen*. Vaduz: CIPRA (CIPRA Kleine Schriften, H. 3)

Bundesamt für Statistik, Hrsg. (1930): *Statistisches Handbuch für die Republik Österreich*. Wien.

Bundesministerium für Verkehr, Hrsg.(1978): *Österreichisches Seilbahnkonzept, Teil II: Grundlagen*. Wien.

Butler, R. (1980): The concept of a tourist area cycle of evolution: implications for management of resources. *Canadian Geographer* 24: 5-12.

Cernusca, A. (1986): *Ökologische Auswirkungen des Baues und Betriebes von Skipisten und Empfehlungen zur Reduktion der Umweltschäden*. Strasbourg: Council of Europe.

Chucholl, C. (2003): Entwicklungen und strukturelle Veränderung der alpinen Tourismusgemeinde Garmisch-Partenkirchen dargestellt am Modell des Destinationslebenszyklus. *Mitteilungen der Geographischen Gesellschaft in München* 86: 163-182.

De Jong, C. (2012): Zum Management der Biodiversität von Tourismus- und Wintersportgebieten in einer Ära des globalen Wandels. *Jahrbuch des Vereins zum Schutz der Bergwelt* 76/77: 131–168.

Eder, P. (1991): Raum-zeitliche Dynamik der touristischen Nachfrage in der Steiermark. Leitner, W., Hrsg.: *Festschrift für H. Paschinger zum 80. Geburtstag*. Graz, 67-88 (= Arbeiten aus dem Institut für Geographie der Universität Graz, Bd. 30).

Eiter, H. (1966): *Das Innerötztal: ein Juwel der Alpen*. Innsbruck: Tyrolia.

Falk, M. (2010): A dynamic panel data analysis of snow depth and winter tourism. *Toursims Management* 31: 912-924.

Falk, M. (2013): A survival analysis of ski lift companies. *Tourism Management* 36: 377-390.

Fischer, I. (1992):*Beschneiungsanlagen in Österreich: Bestandeserhebung und Literaturrecherche*. Wien: Umweltbundesamt.

Forcher, M. (1989): *Zu Gast im Herzen der Alpen: eine Bildgeschichte des Tourismus in Tirol*. Innsbruck: Haymon.

Fritz, G. und Fettner, F. (2013): *Skiguide Austria 2014*. Wien: Medianet.

Fukushima, T., M. Kureha, N. Ozaki, Y. Fujimori and H. Harasawa (2002): Influences of air temperature change on leisure industries: case study on ski activities. *Mitigation and Advanced Strategies for Global Change* 7: 173-189.

Gill, C. and Watts, D. (2015): *Where to ski and snowboard 2016: The definitive guide to the world's 1,000 best winter sports resorts*. Bath: NortonWood.

Goeldner, C. (1992): Skiing trends in north America. Gill, A. and Hartmann, R. ed.: *Mountain resort development*. Burnaby: Centre for Tourism Policy and Research, Simon Fraser Univ., 7-20.

Götzendorfer, E. (1968): *Das Innerötztal und seine Seilbahnen*. Innsbruck: Diplomarbeit, Universität Innsbruck.

Gonseth, C. (2013): Impact of snow variability on the Swiss winter tourism sector: Implications in an era of climate change. *Climatic Change* 119(2): 307-320.

Gurschler, M. (1985): *Statistische Analyse einer Gästebefragung als Basis für die Entwicklung einer Wettbewerbsstrategie für einen Fremdenverkehrsverbandes am Beispiel des Innerötztales*. Innsbruck: Diplomarbeit, Universität Innsbruck.

Haimayer, P. (1984): Tourismus im Alpenraum. *Geographische Rundschau* 36: 417-423.

Haimayer, P. (1987): Aspects écologiques, économiques et sociaux du ski sur glacier en Autriche. *Revue de Géographie Alpine* 75: 141-156.

Haimayer, P. (1988): Räumliche Strukturen und Prozesse des Tourismus in Tirol. *Österreich in Geschichte und Literatur mit Geographie* 32: 103-119.

Haimayer, P. (2006): Destinationsentwicklung am Beispiel Tirol. *Wirtschaftsgeographische Studien* 32/33: 141-155.

Hamberger, S. und Doering, A. (2015): *Der gakaufte Winter: Eine Bilanz der künstlichen Beschneiung in den Alpen*. München: Gesellschaft für ökologische Forschung. http://www.goef.de/_media/der_gekaufte_winter_20151212.pdf [cited 2016/8/20].

Hannss, C. (1974): *Val d'Isère: Entwicklung und Probleme eines Wintersportplatzes in den französischen Nordalpen*. Tübingen (Tübinger Geographische Studien, H. 56).

Hannss, C. (1977): Der gegenwärtige Stand und die Zukunft des Fremdenverkehrs in den Alpen. Röder, C. und Engsfeld, P., Hrsg.: *Probleme der Alpenregion: Beiträge aus Wissenschaft, Politik und Verwaltung*. München: Hanns Seidel Stiftung, 105-122.

Hannss, C. und Schröder, P. (1985): Touristische Transportanlagen in den Alpen: Bedeutung, Merkmale und räumliche Verteilung der mechanischen Aufstiegshilfen. *DISP* 79: 19-25.

Heise, M. und Schuck, C., Hrsg. (2016): *Aufgebaut, aufgegeben und aufgestorben: Verlassene Skigebiete in der Schweiz.* Essen: Klartext.

Hoffmann, V. H., Sprengel, D. C., Ziegler, A., Kolb, M. and Abegg, B. (2009): Determinants of corporate adaptation to climate change in winter tourism: An econometric analysis. *Global Environmental Change* 19(2): 256-64.

Hudson, S. (2000): *Snow business: A study of the international ski industry.* London: Cassell.

Hudson, S. and Hudson, L. (2015): *Winter sport tourism: Working in winter wanderlands.* Oxford: Goodfellow

Ishii, H. and S. Shirasaka (1988): Recent studies on recreational geography in Japan. *Geographical Review of Japan* 61B: 141-149.

Job, H. (2005): Die Alpen als Destination. Eine Analyse in vier Dimensionen. *Mitteilungen der Österreichischen Geographischen Gesellschaft* 147: 113-138.

Jülg, F. (1984): Die österreichischen Wintersportorte: Versuch einer Analyse. *Wirtschaftsgeographische Studien* 10/11: 61-83.

Jülg, F. (2004): Wintersporttourismus. Becker, C., Hopfinger, H. und Steinecke, A., Hrsg.: *Geographie der Freizeit und des Tourismus: Bilanz und Ausblick*, 2. Auflage. München: Oldenbourg, 249-258.

Kano, K. (1997): The social influences of ski-area development in Japan. Müller, E., H. Schwameder, E. Kornexl and C. Raschner ed. : *Science and skiing*.London:E & FN Spon, 592-603.

Kessler, A. (1970): *Eine fremdenverkehrsgeographische Untersuchung des Inner-Ötztals*. Hamburg: Diplomarbeit, Universität Hamburg.

Knafou, R. (1978): *Les stations intégrées de sport d'hiver des Alpes françaises*. Paris: Masson.

Krebs, N. (1928a): *Die Ostalpen und das heutige Österreich: eine Länderkunde (1. Systematischer Teil)*. Stuttgart: Engelhorn.

Krebs, N. (1928b): *Die Ostalpen und das heutige Österreich: eine Länderkunde (2. Regionaler Teil)*. Stuttgart: Engelhorn.

Kureha, M. (1995): *Wintersportgebiete in Österreich und Japan*.Innsbruck: Institut für Geographie der Universität Innsbruck. (=Innsbrucker Geographische Studien Band 24).

Kureha, M. (1998): Approaches towards sustainable regional development with regard to winter sports tourism in Japan. The Organizing Committee of the 8th Japanese-German Geographical Conference ed.: *Sustainability as an Approach for National, Regional and Local Development in Japan and Germany*, Proceedings of the 8th Japanese-German Geographical Conference in Japan (March 15-26, 1998), 238-248.

Kureha, M. (2004a): Changes in the regional pattern of ski tourism in Japan. Winter Sport Museum Mürzzuschlag ed.: *3rd FIS Ski History Conference*. Mürzzuschlag/Graz, 61-67.

Kureha, M. (2004b): Changes in outbound tourism from the Visegrád Countries to Austria. *Geographical Review of Japan* 77: 262-275.

Kureha, M. (2005): Development of ski areas in rural mountainous regions in Japan. Falkner, G., Hrsg.: *Internationale Skihistoriographie und deutscher Skilauf*.Planegg: Deutscher Skiverband, 137-142.

Kureha, M. (2008): Changing ski tourism in Japan: From mass tourism to ecotourism? *Global Environmental Research* 12: 137-144.

Kureha, M. (2014): Changes in Japanese ski resorts with the development of inbound tourism: A case study of Niseko-Hirafu District, Hokkaido. *Asia Pacific World* 5(2): 32-43.

Kureha, M., H. Uchikawa and T. Shinto (2003): Development of summer tourism for training camps in Sugadaira-Kogen as a winter resort. *Annual Report, Institute of Geoscience, University of Tsukuba* 29: 5-10.

Lichtenberger, E. (1976): Der Massentourismus als dynamisches System: das österreichische Beispiel. H. Uhlig, H. und Erlers, E., Hrsg.: *Tagungsbericht und wissenschaftliche Abhandlungen, 40. Deutschen Geographentag Innsbruck 1975*. Wiesbaden: Steiner, 673-695 (= Verhandlungen des Deutschen Geographentages, Bd. 40).

Leidlmair, A. (1986): Österreich –Allgemeiner Teil. Leidlmair, A., Hrsg.: *Landeskunde Österreich*, 2. Auflage. München: List, 11-93.

Leitner, W. (1984): *Winterfremdenverkehr, Bundesland Salzburg, 1955/56-1980/81*. Salzbug: Amt der Salzburger Landesregierung.

Liedler, N. (1978): *Der Sommer Skilauf als Wirtschaftsfaktor in Sölden (Ort)*. Wien: Diplomarbeit, Wirtschaftsuniversität Wien.

Lunn, A. (1927): *A history of ski-ing*. London: Oxford Univ. Press.

Martonne, E. (1926): *Les Alpes*. Colin: Paris.

Mathis, P., Siegrist, D. und Kessler, R. (2003): *Neue Skigebiete in der Schweiz? Planungsstand und Finanzierung von touristischen Neuerschliessungen unter besonderer Berücksichtigung der Kantone*. Bern: Haupt.

Mayer, M. (2009): Innovation as a success factor in tourism: Empirical evidence from western Austrian cable-car companies. *Erdkunde* 63(2): 123-140.

Muhar, A. 1988. Hochwasserschäden 1987 und Siedlungsentwicklung im Tiroler Ötztal. *Österreichische Wasserwirtschaft* 40: 188-194.

Obermayr, C. (2011): Gletscherskigebiete im öffentlichen Diskurs: Die Beispiele Kaunertal-Stubaital-Ötztal. Scharr, K. und Steinicke, E., Hrsg.: *Tourismus und Gletscherskigebiete in Tirol: Eine vergleichende geographische Analyse*. Innsbruck: Innsbruck Univ. Press, 15-20.

Österreichisches Statistisches Landesamt, Hrsg. (1938): *Statistisches Jahrbuch für Österreich 1938*. Wien, 39-48.

Pearce, D. (1995): *Tourism today: A geographical analysis*, 2. ed. Harlow: Longman.

Penz, H. (1984): Stellung und Funktionswandel der Hochweidestufe in Tirol und im Trentino. Grötzbach, E. und Rinschede, G., Hrsg.: *Beiträge zur vergleichenden Kulturgeographie der Hochgebirge*. Regensburg: Pustet, 305-325.

Pfitzner, I., Ritter, C., Kerschner, H. und Kaser, G. (1989) *Untersuchungen zu einem möglichen Zusammenfassung von Hochwasser- und Vermuhrungsgefahr und großflächigen Schipistenerschließungen*. Innsbruck: Institut für Geographie der Universität Innsbruck.

Picard, A. (1963): *Les vallées septentrionales du massif de l'Oetztal, Tome 2*. Paris: Cedes (Thesis).

Pöhl, A. (1987): La Grande Plagne: Skiretortenstation in den französischen Alpen. Österreichische Geographische Gesellschaft, Zweigverein Innsbruck, Hrsg.: *Jahresbericht 1984-1986*. Innsbruck, 18-41.

Profunser, D. (1980): *Der Winterfremdenverkehr in Südtirol und das Beispiel Corvara*. Innsbruck: Dissertation, Universität Innsbruck.

Rebhann, R. (1956): Seilfölderanlagen. Rebhann, R., Hrsg.: *Seilbahnen in Österreich (Sonderpublikation der Zeitschrift "Fremdenverkehr")*. Wien: Österreichische Verkehrswerbung, 39-154.

Schemel, H. J. und Erbguth, W. (1992): *Handbuch Sport und Umwelt: Ziele, Analysen, Bewertungen, Lösungsansätze und Rechtfragen*. Aachen: Meyer & Meyer.

Schneider, E. (1962): *Die Wirtschaftsgeographie des Arlbergs*. Wien (= Wiener Geographische Schriften, Bd.15).

Schöpf, E. (1984): *Strategische Planung im Fremdenverkehr am Beispiel des Fremdenverkehrsverbandes Innerötztal*. Innsbruck: Diplomarbeit, Universität Innsbruck.

Scott, D. (2006): US ski industry adaptation to climate change: Hard, soft and policy strategies. Gössling, C. and Hall, M., ed.: *Tourism and global environmental change: Ecological, social, economic and political interrelationships*. London: Routledge, 262-285.

Scott, D., Hall, C.M. and Gössling, S. (2012): *Tourism and climate change: Impacts, adaptation, and mitigation*. London: Routledge.

Shirasaka, S. (1984): Skiing grounds and ski settlements in Japan. *Geographical review of Japan* 57B: 68-86.

Shirasaka, S. (1993): The geography of skiing in Japan: with emphasis on the development of skiing grounds and ski settlements. *Les Dossiers de la Revue de Geographie Alpine* 11: 119-127.

Ski-Club Freiburg e.V. (1995): *100 Jahre Freiburger Ski-Geschichte*. Freiburg im Breisgau: Kehrer.

Snow Plaza (2013): *Ski atlas: Wintersport 2014*. Amsterdam: Spalder.

Statistik Austria (2009): Wintersaison 2008/09: Mit 62,9 Mio. Nächtigungen stabil auf hohem Niveau; 14,5 Mio. Inländernächtigungen bedeuten neuen Rekord. http://statistik.gv.at/web_de/presse/036682 [cited 2014/9/30].

Steiger, R. (2011): The impact of snow scarcity on ski tourism: an analysis of the record warm season 2006/2007 in Tyrol (Austria). *Tourism Review* 66(3): 4-13.

Steiger, R. and Abegg, B. (2011): Will Alpine summer tourism benefit from climate change? A review. Borsdorf, A., Stötter, J. and Veulliet, E. ed.: *Managing Alpine Future II*. Wien: Verlag der Österreichischen Akademie der Wissenschaften, 268-277.

Steiger, R. and Mayer, M. (2008): Snowmaking and Climate Change: Future Options for Snow Production in Tyrolean Ski Resorts. *Mountain Research and Development* 28: 292-298.

Steiger, R. and Stätter, J. (2013): Climate change impact assessment of ski tourism in Tyrol. *Tourism Geographies* 15: 577-600.

Stenzel, M. (1988): Aspekte des Fremdenverkehrs im Land Salzburg: Image, Wirtschaftseffekte, Entwicklungen und Probleme. Riedl, H., Hrsg.: *Beiträge zur Geographie von Salzburg*. Salzburg, 209-235. (= Salzburger Geographische Arbeiten, Bd. 17).

Stolz, O. (1963): Zur Geschichte des Ötztales. Klebelsberg, R., Hrsg.: *Ötztaler Buch*. Innsbruck: Wagner, 183-247 (= Schlern-Schriften, Nr. 229).

Sulpetzky, W. (1968): *Die Betriebs- und Arbeitskräftestruktur von Fremdenverkehrsgemeinden in Tirol*. Wien: Dissertation, Universität Wien.

Suzuki, T. (2015): *Transformation of Pension Villages in the Outer Zone of Tokyo Metropolitan Area: A Case Study of Minenohara Kogen, Nagano Prefecture*. Tsukuba: Dissertation, University of Tsukuba.

Töglhofer, C., Eigner, F. and Prettenthaler, F. (2011): Impacts of snow conditions on tourism demand in Austrian ski areas. *Climate Research* 46: 1-14.

Tsuyuzaki, S. (1994): Environmental deterioration resulting from ski-resort construction in Japan. *Environmental Conservation* 21: 121-125.

Tuppen, J. (2000): The restructuring of winter sports resorts in the French Alps: Problems, processes and policies. *International Journal of Tourism Research* 2: 327-344.

Vanat, L. (2014): *2014 International report on snow & mountain tourism: Overview of the key industry figures for ski resorts*. http://www.vanat.ch/RM-world-report-2014.pdf [cited 2014/8/30].

Vanat, L. (2015): *2015 International report on snow & mountain tourism: Overview of the key industry figures for ski resorts*. http://www.vanat.ch/RM-world-report-2015.pdf [cited 2016/3/6].

Vanat, L. (2016): *2016 International report on snow & mountain tourism: Overview of the key industry figures for ski resorts*. http://www.vanat.ch/RM-world-report-2016-vanat.pdf [cited 2016/8/30].

Veit, H. (2002): *Die Alpen: Geoökologie und Landschaftsentwicklung*. Stuttgart: Ulmer.

Von Busse, H., Seidel, T., Munz, D. und Heuberger, H. (1987): Der sozioökonomische Strukturwandel des inneren Ötztal (Gemeinde Sölden): Untersuchungen über Bevölkerungsentwicklung, Arbeitskräfte und Fremdenverkehr. Patzelt, G., Hrsg.: *MaB-Projekt Obergurgl*. Innsbruck: Wagner, 25-113 (= Veröffentlichungen des Österreichischen MaB-Programms, Bd. 10).

Wallner, R. (2011): Seilbahnstatistik Österreich: Eine Kurzinfo über den aktuellen Seilbahnbestand. *Internationale Seilbahn-Rundschau* 2/2011: 10-11.

Wilson, A. (2007): *Top ski resorts of the world*, 2. revised ed. London: New Holland.

Wingenbach, G. (2006): *100 best ski resorts of the world*, 2. ed. Guilford: Globe Pequot.

Wolfgang, F. (1985) *Mathias Zdarsky: Der Mann und sein Werk*. Lilienfeld: Bezirksheimatmuseum Lilienfeld.

Zdarsky, M. (1897): *Lilienfelder Skilauftechnik: Eine Anleitung für Jedermann, den Ski in kurzer Zeit vollkommen zu beherrschen*. Hamburg: Verlagsanstalt und Druckerei.

Zimmermann, F. (1984): Probleme und Perspektiven des Fremdenverkehrs in Kärnten. *Österreich in Geschichte und Literatur mit Geographie* 28: 113-139.

Zimmermann, F. (1985): Der Fremdenverkehr in Österreich: Skizze einer praxisorientierten räumlichen Fremdenverkehrsforschung aus geographischer Sicht. Backé, B. und Seger, M., Hrsg.: *Festschrift zum 60. Geburtstag von Dr. Elisabeth Lichtenberger*. Klagenfurt, 253-284 (= Klagenfurter Geographische Schriften, H. 6).

Zimmermann, F. (1987): Aktuelle Tendenzen des Tourismus in den österreichischen Alpen. *Zeitschrift für Wirtschaftsgeographie* 31: 106-117.

あとがき

　長野県北部に生まれ育った私が，初めてスキー場に行った記憶は定かではない。きちんとしたスキーを履いてスキーを経験したのは小学校1年のときで，自覚している目的地は志賀高原発哺温泉と野沢温泉であった。それ以来，年に数回スキーに連れて行ってもらったし，中学生になると友人同士で山田温泉スキー場（高山村，現山田温泉キッズスノーパーク〈鉄道事業法の索道はない〉）に出かけていた。そのころは，スキーは楽しいという意識しかなかったように思われる。高校生の頃，リンゴとブドウの畑のなかを自転車で通学中に北信五岳の風景を楽しんでいたが，その一つである飯綱山の山腹に森林が切り開かれたスキー場のコース（いいづなリゾートスキー場，1981年開設）が出現したことを鮮明に記憶している。さらに，家の近所の県道（現，国道406号線）や広域農道に，冬季になると大都市のナンバープレートを付け，屋根にスキーを積んだ自動車が多く通過することに気がつくようになった。それは志賀高原や野沢温泉などのスキー場の行き帰りであったのであろう。

　大学に入学した後は頻繁にスキーをするようになった。1980年代末はバブル経済絶頂期で，スキー観光も大きな発展を示し，多くのスキー場は週末には相当な混雑状態となっていた。当然，大学生・大学院生という立場にあった私は平日の空いている時期にスキーを満喫できた。

　大学3年次に人文地理学の門をたたいた時に，白坂蕃先生の一連のスキー集落研究に触れ，高校時代の記憶がよみがえってきた。なぜスキー場開発がなされるのか，なぜ民宿などの宿泊施設が成立・発展するのか，なぜスキーのためにわざわざ大都市から長野県に出かけてくるのかといった課題に興味をもち，卒業論文では長野県高山村の，修士論文では群馬県片品村のスキーと関係した観光現象を調査・分析した。

　国内のスキー観光やスキー場，農山村のスキー集落への興味を深める一方で，ヨーロッパ・アルプスのスキーリゾートにも興味を持つようになった。幸運にもロータリー財団からの奨学金をいただいて，オーストリアのインスブルック大学に留学する機会を得た。そこでは，多くの研究資料を入手できたとともに，アルプス地域におけるスキーリゾートの実際の姿を目の当たりにすることができた。スキー場では，

その規模の大ききを実感し、さらにはそこでのスキーヤーの行動生態に直に触れたことが大きな経験であった。とくに、ゲレンデが空いておりリフト待ちもほとんど無いこと、スキーを滑らずに日なたぼっこをしている人が多くいること、滑降姿勢には無頓着だが滑るのはかなり早いことなどが把握できた。また、リゾートタウンでは、小ぎれいで安価な宿泊施設が多いこと、飲食店や銀行、スーパーマーケットなどが目立っていること等、日本とは大きく違っている点も確認できた。これらの点について、インスブルック大学地理学教室スタッフの適確なアドバイスのおかげで、博士学位論文としてまとめることができた。

　しかし、博士学位論文をまとめた本が1995年にインスブルックで出版された後、22年が経過してしまった。その間、ドイツ語では誰にも読んでもらえないとのご批判も多く受けた。またこの約20年間は、日本のスキー観光をめぐってかなりの変化が生じた期間でもある。バブル経済期におけるスキー観光の絶頂期には、スキー場自体が閉鎖されるような「どん底」期が来るとは誰も予想しなかったであろう。1990年代半ばの時点では、「スキーリゾートはこのように発展してきた」というかたちで研究をまとめることができたのであろうが、そうはいかなくなった。もちろん、私自身の怠慢という理由もある。

　本書を何とかまとめようと思ったのは、2011年に10年ぶりに、オーストリア、チロル州の複数のスキーリゾートを訪れ、当時の日本のスキーリゾートでみられた衰退ぶりとは大きく異なっていたことに気がついたことによる。ゼルデンやマイヤーホーフェン、イシュグル、ゼルファウスでの著しい発展に驚き、再度調査してみようと思い立った。それから年に2回ほどオーストリアを訪問し、定期的に調査をするようになり、その成果の一部は本書の第Ⅲ部に含まれている。

　それと並行して、日本のスキーリゾートが衰退している現象についても研究すべきであると考え、複数のスキーリゾートの対応策を検討したり、スキー場の閉鎖・休業の地域的な傾向を分析したりすることを試みた。幸いにも、インバウンド・ツーリズムが成長することでスキーリゾートの回復もちらほら見え始め、それに関しても若干の分析をした。これら成果は本書の第Ⅱ部に含めた。

本書のもとになった主な論文等は次の通りではあるが，それぞれ構成やデータ等が大幅に変更・更新されている。

2章：「スポーツと観光(2)―日本のスキー観光―」菊地俊夫編：『観光を学ぶ　一楽しむことからはじまる観光学―』二宮書店，86-96, 2008．

3章：「日本におけるスキー観光に関する研究動向―地理学とその隣接科学の研究成果を中心として―」立教大学観光学部紀要 11: 148-164, 2009．

4章：「スポーツと観光(2)―日本のスキー観光―」同上. "Wintersportgebiete in Österreich und Japan" Innsbruck: Institut für Geographie der Universität Innsbruck, S. 90-121, 1995．

5章：「日本におけるスキー場の閉鎖・休業にみられる地域的傾向」スキー研究 11 (1)：27-42, 2014．

7章："Wintersportgebiete in Österreich und Japan" 同上, S. 21-49．「スポーツと観光(1)―ヨーロッパアルプス日本のスキー観光―」菊地俊夫編：『観光を学ぶ　一楽しむことからはじまる観光学―』二宮書店，75-85, 2008．

8章：「オーストリアアルプスにおけるスキーリゾートの継続的発展」地理空間 7: 149-168, 2014．

9章："Wintersportgebiete in Österreich und Japan" 同上, S. 52-90．

これまでつたない研究を続けることができたのは，多数の師友や先学の援助と激励のおかげである。とりわけ，筑波大学・同大学院在学中にご指導いただいた山本正三先生，故 奥野隆史先生，佐々木博先生，故 高橋伸夫先生，故 斎藤功先生，石井英也先生，田林明先生，手塚章先生からは，人文地理学の考え方や外国研究の重要性を教えられた。観光地理学の立場からは，山村順次先生，溝尾良隆先生，白坂蕃先生，淡野明彦先生，横山秀司先生をはじめとする多くの先生方に，さまざまな場面でご教示を得た。とくに，指導教員の山本先生とスキー集落研究の第一人者である白坂先生からは，いつも丁寧なアドバイスをいただいた。また，丸山浩明(立教大学)，山下宗利(佐賀大学)，山本充(専修大学)，篠原秀一(秋田大学)，酒井多加志(北海道教育大学)，森本健弘(筑波大学)，山下潤(九州大学)，伊藤貴啓(愛知教育大学)，須山聡(駒澤大学)，平篤志(香川大学)，橋本雄一(北海道大学)，松村公明(立教大学)，小田宏信(成蹊大学)，若本啓子(宇都宮大学)といった先輩や同級生，後輩の励ましが研究を続けていく上で大きな力となった。

インスブルック大学留学時代には，指導教員のボルスドルフBorsdorf, A.教授をはじめ，地理学教室のハイマイヤーHaimayer, P., ペンツPenz, H., ハフナーHaffner, M.といった方々に多大なる指導と援助をいただき，何とか学位論文を完成させることができた。また，多くの友人にも援助いただいた。須坂ロータリークラブの推薦でロータリー財団から奨学金を授与されなければ，留学することも本書が刊行されることもなかったに違いない。インスブルック大学への留学に際してアドバイスいただいた現ハイデルベルク大学のモイスブルガーMeusburger, P.名誉教授にもたいへん感謝している。

　愛媛大学奉職時には，横山昭市名誉教授をはじめ，深石一夫先生，藤目節夫先生，寺谷亮司先生にご指導いただくとともに，快適な研究環境を与えていただいた。筑波大学に転じてからは，山下清海先生，村山祐司先生，松井圭介先生，堤純先生，仁平尊明先生(現北海道大学)，兼子純先生(現愛媛大学)，山下亜紀郎先生といったスタッフのお世話になっている。

　調査地でも，多くの方々の協力を得た。卒業論文と修士論文の調査地である長野県高山村と群馬県片品村では，長時間にわたって多くの方々から聞き取り調査をしたり，公的機関などで資料をいただいたりした。そのほか，安比高原，ゼルデンなどの調査地においても多くの人びとの協力を得た。そうした協力がなければ，研究を続けることはできなかったであろう。以上，記して感謝申し上げる次第である。また，私の研究を支えてくれた家族にも感謝することをお許しいただきたい。

　末筆ながら，本書の刊行を快く引き受けていただいた，二宮書店の二宮健二社長，編集の労を執っていただいた田中明子氏に厚く御礼申し上げる。

　　　　　　　　　　　　　　　　2017年1月　志賀高原でのスキーリゾート調査直後に
　　　　　　　　　　　　　　　　　　　　　　　　　　　　　　呉羽　正昭

呉羽 正昭(くれは まさあき)

1964年長野県生まれ。インスブルック大学大学院博士課程修了。愛媛大学法文学部講師，筑波大学地球科学系講師，同大学大学院生命環境科学研究科准教授を経て，現在，筑波大学生命環境系教授。Dr. Phil.。
専門は人文地理学，観光地理学，ヨーロッパ地誌。

主な著書は，"Wintersportgebiete in Österreich und Japan"（単著, Institut für Geographie der Universität Innsbruck, 1995），『EU拡大と新しいヨーロッパ』（共編著，原書房，2007），『ヨーロッパ統合時代のアルザスとロレーヌ』（共編著，二宮書店，2008），『オーストリアの風景』（共著，ナカニシヤ出版，2015）など。

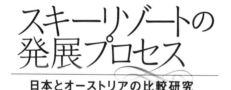

スキーリゾートの発展プロセス
日本とオーストリアの比較研究

2017年4月1日　　初版発行
2018年5月25日　　初版第2刷発行

著　者	呉羽　正昭
発行者	大越　俊也
発行所	株式会社 二宮書店

〒101-0047 東京都千代田区内神田1-12-6
　　　　　大森内神田ビル2階
Tel：03-5244-5850
振替　00150-2-110251

印刷・製本　半七写真印刷工業株式会社

©Masaaki Kureha 2017
ISBN978-4-8176-0423-1 C3025

http://www.ninomiyashoten.co.jp/